Eckhard Burmester
Plumpsklo und Zinkwanne

Eckhard Burmester

Plumpsklo und Zinkwanne

Rediroma-Verlag

Bibliografische Information der Deutschen Nationalbibliothek:
Die Deutsche Nationalbibliothek verzeichnet diese Publikation in der Deutschen Nationalbibliografie; detaillierte bibliografische Daten sind im Internet über http://portal.dnb.de abrufbar.

ISBN 978-3-98527-569-4

www.rediroma-verlag.de
13,95 Euro (D)

Prolog

Als kleiner Junge habe ich oft gespannt zugehört, wenn mein Großvater von alten Zeiten erzählt hat. Das hat mich vor allem deshalb fasziniert, weil ich vieles so nicht mehr erlebt habe. Ich habe mich später gerne mit älteren Menschen über Erlebnisse aus ihrer Vergangenheit unterhalten. Für mich war es immer interessant zu erfahren, wie es früher einmal war. Wenn man sich in gemütlicher Runde über Erlebtes aus vergangenen Zeiten unterhalten hat, wurde oft der Wunsch an mich herangetragen, die alten Geschichten aufzuschreiben, um diese der Nachwelt zu erhalten; denn bald könne man niemanden mehr fragen, wie es „früher" einmal war. Als ich schließlich damit begonnen habe, Erinnerungen an mein bisheriges Leben und alte Geschehnisse aufzuschreiben, war es tatsächlich so, dass ich bei bestimmten Themen kaum noch Ansprechpartner finden konnte, die mir dazu brauchbare Informationen geben konnten. Ich bin nach dem Krieg in einem landwirtschaftlichen Betrieb aufgewachsen und war in die Arbeitsabläufe schon früh eingebunden. Um einen genauen Einblick zu gewähren, schildere ich diese zum Teil sehr detailliert. Auch darüber wie es in „meinem" kleinen Dorf in der Vergangenheit zugegangen ist, berichte ich recht ausführlich. So ist vieles auch besser zu verstehen. Bei meinen Aufzeichnungen habe ich grundsätzlich darauf zurückgegriffen, was ich selber erlebt oder zuverlässig in früheren Gesprächen erfahren habe. Sie beziehen sich alle auf die Zeit vor Ausbruch der „Corona-Pandemie"; also vor Januar 2020. Wenn ältere Menschen meine Zeilen lesen, werden sich viele mit nostalgischem Rückblick an die alte Zeiten erinnert fühlen und sagen: „Ja, genau so war das damals";

denn so wie es in „meinem“ Dorf zugegangen ist und wie ich meine Kindheit erlebt habe, wird es auch in vielen anderen Orten gewesen sein. Jüngere Leser, die diese Zeiten nicht mehr kennen gelernt haben, werden einige Schilderungen vielleicht etwas ungläubig verfolgen. Ob die Erzählungen ein Rückblick auf die „guten“ alten Zeiten darstellt sei einmal dahingestellt. Sie mögen so erscheinen; aber auch früher war nicht alles Gold was glänzt. Harte Arbeit, die nicht immer gut bezahlt wurde, war angesagt. Allerdings waren die Ansprüche der Menschen nicht so groß wie in der heutigen Zeit und man war für jede kleine Verbesserung der Lebensbedingungen dankbar. Zumindest auf dem Lande ging alles noch etwas ruhiger zu und die Menschen waren größtenteils auch ausgeglichener und zufriedener. Zwei Begriffe, die das heutige Berufsleben oft prägen, gab es damals noch nicht: Stress und Burnout.

Rezension

Mit der Erzählung der Zeitgeschichte seines Dorfes, verknüpft mit autobiografischen Einschüben ist es Eckhard Burmester meisterlich gelungen, den Leser mitzunehmen in die Zeit des Nachkriegsdeutschlands über die Jahrtausendwende hinaus bis in die zwanziger Jahre des 21. Jahrhunderts. Er hat schöne wie schwere Zeiten eingefangen. Akribisch ausgeführte Beschreibungen, wie das Schlachtefest, die Feldbestellung und dörfliches Treiben spiegeln das Leben aus dem 20. und 21. Jahrhundert wider. Auch biografisches aus dem Leben des Autors lässt Einblicke in die Zeit von über 70 Jahren zu. Ein gelungenes, gut lesbares Werk!

Josepha Franziska Konsek

Inhalt

1. Kapitel
Meine frühe Kindheit

Schon der Zeitpunkt meiner Geburt hat mich richtungweisend für die Zukunft geprägt, denn der 9. Januar 1947 war ein eisiger Wintertag. Am Tag zuvor war ich noch wohlbehütet im Mutterleib in einem Krankenwagen zur zehn Kilometer entfernten Klinik gefahren. Ob ich auf der Rückfahrt von der Kälte etwas gespürt habe, weiß ich natürlich nicht, aber ich war in meinem späteren Leben nie ein Freund des Winters. Vielleicht hatte zumindest meine Nasenspitze etwas von der kalten Luft abbekommen.

Dieser Winter 46/47 ist als der „Hungerwinter" in die Geschichtsbücher eingegangen. Davon war ich nicht direkt betroffen und auch nicht die Familie in die ich hineingeboren worden bin, aber die vielen Flüchtlinge und Bewohner in den zerstörten Städten litten unter der strengen Kälte enorm. Es gab kaum etwas zu essen und zu allem Elend kam auch noch hinzu, dass das Heizmaterial ausging und viele Menschen in ungeheizten Räumen den Winter verbringen musste. Da hatte ich es in unserem Haus schon besser.

Zwar wurden auch auf dem Dorf die Lebensmittel rationiert, aber meine Familie, die unter anderem auch eine kleine Landwirtschaft betrieb, hatte dadurch schon andere Möglichkeiten. Auch wenn dieses streng untersagt war, wurde zum Eigenbedarf „schwarz" geschlachtet. Zu verheimlichen war das nicht, denn das auf dem Trog gezerrte Schwein quiekte so erbärmlich, dass es weithin zu hören war.

Aber es wurde nicht nur „schwarz“ geschlachtet, sondern auch illegal Schnaps gebrannt, denn man musste bei den Feiern ja auch etwas Hochprozentiges zum Trinken haben. Und gefeiert wurde oft und heftig. Die Bevölkerung hatte einen enormen Nachholbedarf.

Erinnerungen an meine frühste Kindheit sind nur bruchstückhaft; oft nur in Verbindung mit alten Fotos möglich. An eine Begebenheit, die wohl am weitesten zurückliegt, ich mag ungefähr zweieinhalb Jahre alt gewesen sein, kann ich mich auch ohne einen Fotohinweis sehr gut erinnern. Es ist jedoch für mich eine unangenehme Begebenheit. Ich hatte mal wieder in die Hose gemacht. Es ist haften geblieben, dass ich dafür zu einer bestimmten Stelle in unserem großen Garten gegangen bin. Diesen Ort des Geschehens kann ich noch auf den Meter genau bestimmen. In solchen Fällen war normalerweise eine strenge Maßregelung durch meinen Vater fällig, vielleicht sogar ein kleiner Klaps auf den Allerwertesten. Bei diesem Mal war es aber so, dass mich meine Mutter und Oma beschwichtigten und sagten: „das machen wir schnell wieder sauber und erzählen Papa davon nichts.“ Er hat es auch tatsächlich nicht bemerkt, weil er in der angrenzenden Stube Klavier spielte. Auf dem Abwaschstein in der Küche wurde ich in eine Schüssel mit warmem Wasser gestellt und gründlich gesäubert. Ob das mein letztes Malheur war, weiß ich allerdings nicht genau. Ich gehe aber davon aus, dass es nicht mehr vorgekommen ist. Und auf zweieinhalb Jahre lege ich mich deshalb fest, weil ich überzeugt bin, dass mir so etwas in einem späteren Alter nicht mehr passiert ist …

Friedchen

In der Nachkriegszeit hatten wir für einige Zeit auch zwei Schafe. Aber nicht deshalb, weil bei uns in der Familie gerne ein Lammbraten gegessen wurde, sondern das hatte allein darin seinen Grund, dass man Schafwolle erzeugen wollte. In dieser Zeit war es fast unmöglich, an andere Wollarten oder Garne zu gelangen; höchstens auf dem Schwarzmarkt. Auch fehlte das nötige Geld dafür. Leinen hatte man schon vorrätig, aber das wurde vor allem zu Decken und Handtüchern verarbeitet. Aber man brauchte dringend Wolle für die Unterwäsche und Socken, denn diese sollten vor allem schön warm für den Winter sein. Also wurde Schafwolle „gezüchtet". Noch heute zeugt eine verrostete Schafschurschere von dieser Zeit. Daran, dass wir ein Schaf besessen haben, kann ich mich nur insofern erinnern, dass ich noch das Bild vor Augen habe, wie ein solches tot an der Schlachteleiter hing. Aber an ein lebendes Schaf kann ich mich sonderbarerweise nicht mehr erinnern. Wohl aber daran, dass wir das zuletzt verbliebene „Friedchen" nannten. Aber auch nur deshalb, weil dieser Name bei späteren Erzählungen immer wieder fiel.

Eine Begebenheit, die in diese Zeit hineinspielt, ist mir aber doch in einer etwas peinlichen Erinnerung verblieben. Dieses Ereignis muss sich nach dem Osterfest des Jahres 1949 zugetragen haben. Ich war also etwa zweieinhalb Jahre. Es kann aber auch ein Jahr später gewesen sein. Jedenfalls durfte ich an diesem Osterfest zum ersten Mal traditionell Ostereier sammeln; zu meiner aber natürlich auch zur Freude der ganzen Familie. Darauf wurde man schon vorher entsprechend vorbereitet; mit Erzählungen vom Osterhasen und dem Bau von Osternestern am Ostersonnabend. Mir hat diese Tradition, wie wohl allen Kindern, viel Spaß gemacht. Zum einem weil das Sammeln eine spannende Angelegenheit war und zum anderen weil die gesammelten Ostereier eine willkommene süße Seltenheit zu jener Zeit waren. Auch wenn man sparsam damit umgegangen ist, waren die Vorräte bald aufgebraucht. Aber von der spannenden Ostereiersammelaktion war ich so angetan, dass ich begonnen habe, überall in unserem riesigen Garten zu forschen, ob der Osterhase auch nach Ostern noch einige kleine Eier versteckt hatte oder vielleicht von uns übersehen worden waren. Ich wurde hinten auf unserer Streuobstwiese, die von einer Weißdornhecke zur Straße abgegrenzt war, endlich fündig. Zwar waren diese Eier nicht ganz so bunte wie die, die ich zur Osterzeit gefunden hatte, aber sie schmeckten wohl köstlich und mir lief ein dunkler Saft an den Mundwinkeln herunter. Meine „Erziehungsberechtigten" haben dieses zunächst als normalen „Kinderdreck" abgetan und sich nichts dabei gedacht und sind der Sache auch nicht weiter nachgegangen. Kinder stecken eben alles Mögliche in den Mund. Als sich dieses aber mehrmals wiederholte und ich dann auch noch stolz meine „Spätostereier" vorzeigte, brach ein für mich unverständliches Gelächter aus. Ich hatte die Köttel von unserem Schaf „Friedchen" gesammelt und mit großem Vergnügen verzerrt.

Als mit der Währungsreform die „Deutsche Mark" eingeführt wurde, waren die Läden plötzlich prall gefüllt und man konnte nun alle Sachen für den alltäglichen Bedarf käuflich erwerben; auch Baumwolle. So hatte „Friedchen" bald ausgedient und kam in die Wurst. Wegen meiner Vorliebe für Schafsköttel wurde ich allerdings im späteren Leben immer mal wieder aufgezogen. Deshalb ist diese Begebenheit wohl auch in meinem Gedächtnis haften geblieben. Haften geblieben ist im Zusammenhang mit Schaf „Friedchen“ aber auch, dass ihr Produkt „Wolle“ wohl eine sehr wärmende Eigenschaft hatte, aber äußerst unangenehm auf der Haut zu tragen war. Mit Grausen denke ich dabei an das Leibchen, dass ich als wärmende Unterwäsche anziehen musste. Dieses Ungetüm habe ich noch bildlich vor Augen und das furchtbare Kratzen auf der Haut spüre ich noch heute. Auch wenn die Herstellungstechnik sich später wesentlich verbessert haben mag, habe ich stets vermieden, ein Produkt aus Schafwolle zu erstehen.

Die „Rosinenbomber“

Die Blockade Berlins durch die Sowjetunion dauerte von Juni 1948 bis Mai 1949. Die Bevölkerung von Westberlin wurde daraufhin von den Alliierten durch eine Luftbrücke mit allen Gütern versorgt. Pausenlos waren die so genannten „Rosinenbomber“ unterwegs. Ob eine Route dabei generell auch über unser Dorf führte, kann ich nicht genau sagen. Da aber auch der Flugplatz in Faßberg für die Blockadeflüge genutzt wurde, kann das schon möglich sein. Ich kann mich aber nur an einen Tag erinnern, an dem ich unzählige für mich riesige Propellerflugzeuge gesehen habe, die relativ niedrig über unser Dorf flogen.

Auf mich wirkte dieser Anblick bedrohlich, was auch an dem lauten Gebrumme gelegen haben mag. Es waren wohl die ersten Flugzeuge, die ich in meinem Leben gesehen hatte. Etwas rätselhaft bleibt für mich, dass ich mich nur an dieses eine Mal erinnern kann; denn es müssen ja fast täglich Flugzeuge geflogen sein. Oder wurde nur an diesem Tag, aus welchem Grund auch immer, die Route geändert und deshalb unser Dorf überflogen? Wahrscheinlich kann ich mich aber an die anderen Flüge nicht mehr erinnern, weil ich einfach noch zu jung war, um dieses abzuspeichern. Außerdem kann es gut möglich sein, dass die Flugzeuge nach dieser Wahrnehmung nicht mehr geflogen sind, weil die Blockade aufgehoben worden war.

Zwei Fotos und ihre Geschichte

Manche Ereignisse aus der frühen Kindheit kommen wieder in Erinnerung, wenn diese durch ein Foto belegt sind. Und ein solches zeugt von einer für mich etwas peinlichen Anekdote. Meine ein Jahr jüngere Cousine lebte mit ihren Eltern, der Vater war ein Bruder meines Vaters, und ihrer Oma bis 1960 sehr beengt mit in unserem Haus. Aus welchen Gründen auch immer hatte ich zu ihr ein besseres Verhältnis als zu meiner Schwester. Dieses veränderte sich auch im Erwachsenenalter nicht. Es existiert ein altes schwarz/weiß Foto, welches uns als ungefähr Drei- bis Vierjährig in gehockter Stellung bei der Verrichtung eines „Kleinen Geschäftes“ zeigt. Nach der Schilderung ihrer Mutter, die dieses Bild geschossen hat, fragte mich meine Cousine, als sie mich unten herum so beschaute: „was hast du denn da unten hängen?“ Da soll! ich geantwortet haben: „Ach, hab' keine Angst. Das wächst bei dir auch noch.“

Da ich mich an diese Begebenheit zwar ganz schwach erinnern kann, aber nicht an den genauen Wortwechsel, zweifle ich diesen Vorgang auch an. Trotzdem ist später im Kreis der Familie immer mal wieder davon amüsiert erzählt worden. Zugegeben! Warum sollte die mir wohl gesonnene Tante das frei erfunden haben? Die Fakten sprechen wohl eindeutig gegen mich.

Ganz schlecht dagegen war das Verhältnis zu deren Mutter; also zu der Oma meiner Cousine. Genauer ausgedrückt: es gab gar kein Verhältnis. Ich habe sie als alte vergrämte Frau in Erinnerung. Die Ursache darin mag auch die Vertreibung aus Pommern gewesen sein. Die Umstände der Flucht, vielleicht auch grauenhaft Erlebtes. Hinzu kommt eventuell auch noch der Neid darauf, dass uns alles erhalten geblieben war und sie alles verloren hatte. Da ich mich auch im späteren Leben nie mit ihr unterhalten habe, bleiben die Ursachen im Dunklen.

Bei dem nächsten Foto, das meine Erinnerung wachrüttelt, spielt diese Oma jedoch eine große Rolle. Ich weiß nicht, wessen Idee es war; jedenfalls sollte ein Foto von ihr und ihrer Enkelin, also meiner Cousine, gemacht werden. Obwohl diese beiden Frauen kein gutes Verhältnis zueinander hatten, sollte auch meine Oma mit aufs Foto. Wohl deshalb, weil sie ja auch die Oma meiner Cousine war. Ich war jedoch der Ansicht, dass ich dann auch mit aufs Foto sein müsste und forderte das energisch ein. Doch die andere Oma wies mein Ansinnen barsch zurück. Daran kann ich mich sogar noch schwach erinnern. Und was zeigt das Foto? Wie geplant die beiden Omas mit meiner Cousine, aber in einem gewissen Abstand davon auch mich auf einem kleinen Kinderstuhl sitzend. Das hatte meine Tante als Fotografin ganz geschickt gemacht. Allerdings hört man beim Betrachten des Fotos förmlich das herzzerreißende Weinen eines kleinen enttäuschten Jungen und sieht, wie er sich mit beiden Händen die verweinten Augen reibt.

Die Mitbewohner

Unser Haus ist ein für die Gegend typisches großes Bauernhaus aus rotem Backstein. Die eine Hälfte dient auch heute noch als Wohnhaus, die andere war der Wirtschaftstrakt mit Kuhstall, Korn- und Schrotkammer sowie einem großen Boden mit eingelagertem Getreide sowie Futterstroh und Heu für die Kühe. Ich habe noch lange miterlebt, dass das Getreide mit dem Mähbinder gemäht, zu kleinen Garben gebunden und dann in Stiegen aufgestellt wurde. Wenn es trocken genug war, wurde „eingefahren"; was bedeutete, dass es mit einem speziellen Leiterwagen vom Feld geholt und auf dem Boden eingelagert wurde. Bis zum Dreschen vergingen oft etliche Monate, so dass diese Getreidevorräte natürlich Ratten und Mäuse in unzähliger Menge anzogen. Sie lebten wie im Schlaraffenland. Vor allem nachts herrschte dort ein reges Treiben. Aber nicht nur auf dem Kornboden, sondern auch auf dem Bodenbereich, der über unseren Schlafzimmern lag. Unvergesslich bleibt das furchtbare Rascheln, wenn die Ratten auf der nur aus dünnen Brettern bestehenden Dachschräge unseres Zimmers hoch und runter liefen. Manchmal hatte ich den Eindruck, dass sie diese Schräge auch als Rutsche benutzten. Da die Angst davor groß war, sie könnten in das Zimmer eindringen, war ich so manche Nacht von furchtbaren Albträumen geplagt.

Schon Erwachsene haben oft Angst vor Ratten und Mäusen, werden dabei sogar manchmal hysterisch; da ist die Angst als Kind nur zu verständlich. Deshalb war es logisch, dass man ab und zu bei den Eltern im Bett Zuflucht suchte. Allerdings brachte das auch keine wesentliche Beruhigung; denn ich kann mich noch gut daran erinnern, dass ich, als ich im Bett liegend auf die Decke starrte, entsetzt feststellen musste, dass die Ratten in die Lehmdecke kleine Löcher genagt hatten durch die sie mit ihrem Kopf ins Zimmer lugten. Zwar wurden diese Löcher immer wieder mit Lehm verschlossen, aber schon bald war an einer anderen Stelle wieder ein Loch „gegraben“. Das war äußerst gruselig und für mich unvergesslich!

Vielleicht hat dieses auch dazu beigetragen, dass ich zeitweise nach unten zu meinen Großeltern in deren Schlafzimmer gezogen bin. Es war zwar nicht allzu viel Platz in dem Zimmer, aber für ein schmales Bett aus Eisenrohr und Drahtgeflecht reichte es gerade. Einige Male bin ich wohl hin- und hergezogen. Vielleicht habe ich im Winter unten und im Sommer wieder oben geschlafen.

Der Unfall

Wegen der vielen Mäuse waren damals immer zwei Katzen bei uns auf dem Hof. Unter ihnen manchmal auch eine weibliche. Da das Kastrieren noch nicht üblich vielleicht auch nicht möglich war, gab es hin und wieder auch Nachwuchs. Obwohl die Katzen für ihre Jungen ein gutes Versteck ausgesucht hatten, wurden diese jedoch meistens schnell entdeckt und dann getötet. Ich mag vielleicht sechs oder sieben Jahre alt gewesen sein, als ein Wurf bei ihrer Entdeckung schon offene Augen hatten und man darauf verzichten wollte, diese zu töten. Stattdessen sollten sie verschenkt werden. Es hatte wohl schon Interessenten gegeben.

Unglücklicherweise befand sich das Nest auf unserem Heuboden, über dem Kuhstall. Zu diesem Boden, auf dem auch das Getreide eingelagert war, führte eine Holzleiter, die an der Luke angelehnt war. Wahrscheinlich hatte ich dort oben schon vorher herumgestöbert; jedenfalls wusste ich, wo die kleinen Katzen versteckt waren. Während meine Eltern mit der Stallarbeit beschäftigt waren, kamen meine Schwester und ich auf die unheilvolle Idee, die kleinen Katzen nach unter zu holen, um mit ihnen zu spielen. Ob es ein Verbot gegeben hat, weiß ich nicht mehr, jedenfalls bin ich die Leiter hochgestiegen und habe nach den Katzen gesucht. Meine zwei Jahre jüngere Schwester war inzwischen auch oben angekommen und stand in der Luke auf der Leiter. Sie hatte eine kleine Schürze um, in der die Tiere transportiert werden sollten. Ich glaube der Wurf bestand nur aus drei Katzen. Sie lehnte sich an die Leiter und ich hatte schon die erste Katze in die offengehaltene Schürze gelegt. Als ich die zweite hineinlegen wollte, versuchte die andere, seitlich aus der Schürze zu springen. Meine Schwester versuchte dieses zu verhindern und griff reflexartig nach ihr. Dabei verlor sie das Gleichgewicht und stürzte aus vier Meter Höhe rückwärts nach unten auf den Zementboden. Entsetzt vernahm ich den dumpfen Aufschlag ihres Körpers. Sogleich durchfuhr mir der Gedanke, dass sie jetzt tot sei. Doch dann fing sie an zu weinen und ich im gleichen Moment panikartig an zu schreien. Davon aufgeschreckt kam mein Vater aus dem Kuhstall herangestürmt und trug das wimmernde Kind ins Haus.

Mit schlotternden Knien kletterte ich die Leiter hinunter und lief völlig verwirrt umher. Aber die Aufmerksamkeit galt jetzt in erster Linie meiner verletzten Schwester. Äußerlich war „nur“ eine kleine Schürfwund und Beule am Kopf zu sehen; laienhaft waren keine Knochenbrüche zu erkennen. Dieses bestätigte auch der gerufene Hausarzt. Dieser ordnete an, dass sie am nächsten Tag zum Röntgen gebracht werden sollte. Aus heutiger Sicht ist es nicht nachvollziehbar, warum sie nicht sofort ins Krankenhaus gebracht worden ist; denn innere Verletzungen hätte der Arzt mit Sicherheit nicht zweifelsfrei erkennen können.

Beim Röntgen wurde dann festgestellt, dass sie einen dreifachen Schädelbruch im vorderen Bereich erlitten hatte; ansonsten war dieser Unfall aber zum Glück noch relativ glimpflich ausgegangen. Allerdings hat meine Schwester im weiteren Leben oft mit Kopfschmerzen zu kämpfen gehabt. Für dieses unvernünftige Handeln bin ich, wie eigentlich erwartet, von meinen Eltern nicht gemaßregelt worden. Es gab auch keine Vorwürfe. Die Freude darüber, dass ihre Tochter überlebt hatte, hat wohl überwogen. Die Konsequenz war allerdings, dass fortan keine weiblichen Katzen mehr auf unserem Anwesen gehalten wurden.

Mein Zuhause

Mein Ur-Urgroßvater war im Jahre 1809 durch Einheirat vom Nachbarort Vorwerk nach Eddelstorf gekommen und meine Vorfahren bewohnten bis 1907 ein altes Haus auf unserem Grundstück. Als das neue Haus 1907 errichtet worden war, gab es zunächst noch keinen Stromanschluss. Erst später wurde unser Dorf mit Strom versorgt und ab 1913 auch unser Haus. Die Leitungen wurden, wie damals üblich, „auf Putz“ verlegt. Dieser Putz besteht zum größten Teil aus Lehm. Bis in die Nachkriegszeit hinein blieb das

Haus nahezu unverändert. Ich habe es also noch in dem Urzustand erlebt.

Den 2. Weltkrieg hatten unser Haus und auch das gesamte Dorf unbeschadet überlebt. Im April 1945 wurde aber auf einmal in unseren Mauern englisch gesprochen. Die einrückenden Briten hatten das Haus für ungefähr drei Wochen besetzt und meine Großeltern mussten während dieser Zeit ins Schweinehaus ziehen. Zwar hatten die Besetzer gestattet, alle wichtigen Habseligkeiten in einem bestimmten Zimmer zu verwahren, das nicht angerührt werden sollte, aber als sie wieder abgerückt waren, war auch das Zimmer leer und unter anderem auch wertvolle Musikinstrumente verschwunden. Auch andere vergrabene Sachen wurden von der polnischen Magd, die auf dem Hof beschäftigt war, verraten und von den Soldaten geplündert.

Im Rahmen der Zwangseinquartierung von Flüchtlingen nach dem Kriege wohnte sogar neben „meiner" Familie und der des Bruders meines Vaters noch eine weitere bei uns. Nachdem die erste Familie nach Australien ausgewandert war, bewohnte noch eine andere mit ihrem Sohn bis 1953 ein Zimmer unseres Hauses. Heute ist es für mich unverständlich, wie das alles auf engstem Raum möglich gewesen ist; aber es hat ganz gut funktioniert.

Meine Eltern hatten ihr Schlafzimmer oben im Erkerzimmer und ich schlief mit meiner zwei Jahre jüngeren Schwester im Nachbarzimmer mit Dachschräge. In diesen oberen Räumen gab es keine Möglichkeit, sie zu beheizen. Dieses geschah in dem unteren Bereich nur in den Wohnstuben und natürlich in der Küche. Hier stand ein großer

Herd mit weißen Kacheln. Dieser war mit Ziegel- und Schamottesteinen aufgesetzt worden. Befeuert wurde er von der Stirnseite. In diesem Bereich befanden sich drei Feuerstellen zum Kochen. Durch herausnehmbare Ringe konnten unterschiedlich große Töpfe eingesetzt werden. Bei manchen Gerichten wurden die Töpfe aber einfach auf die Platten gestellt. Zum Frühstück haben wir manchmal auf dieser Fläche unter Benutzung eines flachen Drahtuntersatzes Graubrot geröstet, „getoastet." Das war für uns dann eine willkommene Spezialität. In der Mitte des Herdes befand sich ein eingelassener rechteckiger Wasserbehälter in dem sich stets warmes Wasser befand. In dem großen Kessel am Ende des Herdes wurde unter anderem auch eine riesige Portion Pflaumenmus in stundenlanger Prozedur bei ständigem Rühren gekocht. Dieser Kessel konnte separat beheizt werden. Schließlich gab es noch in der Mitte der Längsseite einen Bratofen. Um den Herd herum führte eine glänzende Messingstange, auf der Tücher getrocknet werden konnten.

Im Winter waren auch die unteren Räume morgens ausgekühlt und wurden erst gemütlich, wenn wieder eingeheizt worden war. Gerade bei frostigem Ostwind war es sogar eisig kalt. Das hatte zur Folge, dass die in der Nähe der Haustür befindliche Handpumpe einfrieren konnte. Um die Küche vor dieser Kälte zu schützen, ist nach dem 2. Weltkrieg, noch vor meiner Geburt, von meinem Onkel ein geschlossener Vorbau errichtet worden.

In den anderen nicht beheizbaren Räumen herrschten im Winter zum Teil eisige Temperaturen. Und so war es in unseren Schlafräumen auch bitter kalt. An den Wänden glitzerten Eiskristalle und das für die Nacht mitgenommene Wasser war manchmal am Morgen im Glas zu Eis geworden. Diese Erfahrungen haben in der Summe wohl dazu beigetragen, dass ich die kalte Jahreszeit auch heute noch überhaupt nicht gerne mag.

Tapeten gab es bei uns nur in den Stuben. In den anderen Räumen waren die Wände mit Leinfarbe gestrichen auf denen mit einer speziellen Rolle ein Muster in einer anderen Farbe aufgerollt worden war. Etwa 30 cm unterhalb der Decke endete das Muster an einem sauber gezogenen breiten dunklen Strich.

Eine Toilette gab es im Haus noch nicht. Dafür aber ein „komfortables“ Plumpsklo im separat gelegenen Schweinestall. Hier lag auch unsere Tageszeitung aus, feinsäuberlich in maßgerechten Blättern zugeschnitten. So war nicht nur für ausreichend „Toilettenpapier“ gesorgt, sondern auch für eine interessante Unterhaltung beim Studieren der Zeitungsausschnitte. Vor allem im Winter war dieser „Klogang“ aber eine äußerst unangenehme Angelegenheit. Da ist einem im wahrsten Sinne des Wortes manchmal der A … abgefroren. Für nächtliche Bedürfnisse stand ein kleiner Nachttopf unter dem Bett.

Und wie sah es damals mit der täglichen Wäsche aus? Für die Morgen- und Abendtoilette stand eine Waschschüssel in der Küche. Kernseife und Waschlappen lagen daneben. Am Wochenende, bei uns war dies der Sonnabendnachmittag, stand dann das Großreinemachen an. Im Schweinehaus wurde im Waschkessel Badewasser erhitzt und damit eine große Zinkwanne gefüllt. Wenn der Winter nicht zu streng war, herrschten in der Schweineküche einigermaßen erträgliche Temperaturen. Zunächst stiegen die Erwachsenen in die Wanne und dann wir Kinder. Erst 1960 zog die Familie des Bruders meines Vaters in ihr eigenes Haus. Bis dahin waren auch sie in die Badeprozedur mit eingebunden.

Auch an unserem Haus ging das deutsche Wirtschaftswunder nicht spurlos vorbei. Es wurden Schritt für Schritt im Laufe der Jahre umfangreiche Modernisierungsmaßnahmen durchgeführt und auch der landwirtschaftliche Betrieb erweitert. Möglich wurde das dadurch, dass durch das Pachten von zusätzlichen Ackerflächen die Einnahmen gesteigert werden konnten. Aber auch die Nebeneinkünfte meines Vaters durch die Musiktätigkeit und Buchführung für einige Betriebe haben einen großen Anteil daran gehabt.

Die erste Maßnahme nach der Übernahme des Betriebes durch meinen Vater in 1952 war die Installierung einer Wasserpumpe, die durch eine Leitung unsere Küche, das Schweinehaus und auch den Kuhstall mit fließend kaltem Wasser versorgte. Die Schwengelpumpe in der Küche hatte nun ausgedient. Die im Schweinehaus blieb aber, im Gedenken an vergangene Zeiten, noch lange erhalten. Da der Kuhstall jetzt auch mit automatischen Tränkebecken versorgt war, gehörte das mühsamen Schleppen der schweren Wassereimer vom Schweinehaus zum Kuhstall der Vergangenheit an.

Die nächste entscheidende Veränderung fand 1958 statt. Durch die Anschaffung eines 15 PS starken Deutz-Treckers war das Ackern mit Kühen vorbei. Auch die

Ackergeräte wurden zeitgleich dementsprechend angepasst. 1963 folgte die Errichtung einer großen Holzscheune im hinteren Bereich unseres Grundstückes und 1965 wurde im Zusammenhang mit der Erweiterung des Kuhstalles nicht nur eine benötigte Milchkammer errichtet, sondern das Haus erhielt nun endlich auch ein Badezimmer. Das warme Wasser wurde durch einen elektrischen Durchlauferhitzer gewonnen und mit einem Heizstrahler konnte eine einigermaßen angenehme Temperatur erreicht werden. Dieser kam aber nur zum Einsatz, wenn geduscht werden sollte. Für die kalte Jahreszeit war ein mit Holz beheizbarer Badeofen vorhanden.

Für das Haus und den Bewohnern wurde es angenehmer und komfortabler, nachdem 1968 eine Ölzentralheizung installiert worden war. Jetzt konnten endlich alle Räume beheizt werden und das lästige Befeuern mit Holz und Brikett hatte ein Ende.

Nachdem ich meine Frau vor zwei Jahren kennengelernt hatte, sollte im Mai 1973 geheiratet werden. Aus diesem Grunde begann ich schon vorher mit einer größeren Umbaumaßnahme. Die oberen Räume und ein Teil des Kornbodens wurden zu einer geräumigen Wohnung ausgebaut. Durch die Errichtung einer Dachgaube veränderte sich auch das äußere Erscheinungsbild des Hauses. Schon bald stellte sich Nachwuchs ein. Drei Kinder, zwei Töchter und ein Sohn, vervollständigten die neue Familie. Als jedes Kind ein eigenes Zimmer haben sollte, wurde als letzte Baumaßnahme die Wohnung 1982 zum Kornboden hin erweitert. Die Stube wurde dadurch vergrößert und für die Eltern ein neues Schlafzimmer mit Bad geschaffen. Seitdem sind keine wesentlichen Veränderungen an unserem Wohnhaus mehr vorgenommen worden. Aktuell werden die oberen Räume nur noch von meiner Frau und mir bewohnt und die unteren stehen leer, weil meine Mutter in einem Pflegeheim untergebracht ist. Wenn die Kinder uns besuchen, beziehen sie aber immer noch gerne ihre Zimmer.

2. Kapitel
Meine Eltern

Hätte es den 2. Weltkrieg nicht gegeben, hätte es wohl auch mich nicht gegeben.

Mein Vater wurde am 7. Januar 1917 als dritter von vier Söhnen geboren und war somit nicht als Erbe des landwirtschaftlichen Betriebes vorgesehen. Sein schulischer Werdegang verlief auch anders, als bei seinen Geschwistern. Der erstgeborene Sohn ist leider schon mit knapp drei Jahren verstorben. Die damalige Diagnose lautete Hirnhautentzündung. Der zweitgeborene Sohn sollte daher in die Fußstapfen seines Vaters treten und den Hof übernehmen. Genau wie seine Vorfahren ging er nach der Volksschule auf eine Musikschule und wurde dort zum Trompeter ausgebildet. Somit waren alle Voraussetzungen für ein Fortführen der langen Tradition als Landwirt und Musiker erfüllt.

Der jüngste viertgeborene Sohn wurde nicht an die Musik herangeführt, sondern erlernte, genau wie sein Onkel (der Bruder seines Vaters), den Beruf des Zimmermanns. Warum nicht auch er ein Instrument erlernen musste, entschließt sich meiner Kenntnis. Eigenartigerweise habe ich das zu seinen Lebzeiten nie erfragt, denn das war ungewöhnlich. Sein Onkel, der Zimmermann, war nämlich auch als Musiker ausgebildet worden. Mein Vater, also der „Drittgeborene“, war ein sehr guter Schüler. Deshalb wurde sein Volksschullehrer bei seinen Eltern vorstellig, um sie davon zu überzeugen, den Sohn auf die Mittelschule in der zehn Kilometer entfernten Kleinstadt zu schicken. Da damals Schulgeld zu entrichten, außerdem der Abtrag für das neue Haus noch zu leisten war, wollten sie der Bitte aus Kostengründen zunächst nicht nachkommen. Erstaunlicherweise hat sich dann der Lehrer mit der Mittelschule in Verbindung gesetzt und erreicht, dass das Schulgeld auf ein erträgliches Maß heruntergesetzt werden konnte. So ging mein Vater ab der fünften Klasse doch zur Mittelschule. Jetzt war für ihn also eine andere Laufbahn, als die eines Landwirtes, vorprogrammiert. Aber er absolvierte trotzdem eine Ausbildung als Musiker. Parallel zum Besuch der Schule erhielt er regelmäßig Klavierunterricht. Zuhause hatte er nun ab sofort drei Aufgaben zu erledigen: Die Hausaufgaben für die Schule machen, für den Klavierunterricht üben sowie die Mitarbeit in der Landwirtschaft wenn seine Hilfe gebraucht wurde. Während der beiden letzten Schuljahre wurde er schon zum Musizieren in der Tanzkapelle herangezogen. Für angehende Musiker war es damals eine Normalität, dass sie schon in jungen Jahren mit zur „Mucke“, wie das Spielen bei Veranstaltungen in Musikerkreisen bezeichnet wird, genommen wurden. Fatal war nur, dass früher die Feierlichkeiten stets am Sonntag stattfanden und oft bis weit nach Mitternacht andauerten. Deshalb kam es nicht selten vor, dass ihm am Montag beim Schulunterricht ab und zu die Augen zufielen. Die Lehrer zeigten sich jedoch verständnisvoll und verziehen ihm diesen Schulschlaf. „Na, du hast wohl wieder Musik gemacht?“ lautete dann die mitleidige Frage. Wie die Mitschüler darauf reagierten, ist mir nicht überliefert. Aber es kann schon sein, dass er einige Sprüche ertragen musste.

Nach seiner „Mittleren Reife" absolvierte er eine kaufmännische Lehre im Landhandel. Danach verblieb er aber nicht mehr lange in diesem Betrieb und wechselte 1936 mit neunzehn Jahren zu einer Sparkasse im Mecklenburgischen. Er entfernte sich damit weit von der Landwirtschaft, der Musik und seinem Heimatort. Voraussichtlich wäre er auch nicht wieder zurückgekommen, wenn da nicht schon bald der Arbeitsdienst sowie der 2. Weltkrieg gekommen wäre und alles verändert hätte. Mein Vater ist während des Krieges bis zum Leutnant aufgestiegen und war auf Grund seines Bildungsstandes und seiner Veranlagung überwiegend als Ausbilder tätig. Des Weiteren verrichtete er seinen Dienst in einem Flack-Regiment. Das bedeutete, dass er nur selten in vorderster Front eingesetzt war. Trotzdem gab es Situationen, die für ihn hätten anders enden können. Erinnern kann ich mich noch an Schilderungen von einem Bombenangriff auf den Bahnhof in Hannover, den er nur mit viel Glück überlebt hat.

Auch die Umstände seiner Gefangennahme hätten für ihn bedeutend verhängnisvoller verlaufen können. Er war mit vier Soldaten auf einer Erkundungsfahrt mit einem kleinen Kastenwagen unterwegs und saß auf dem Rücksitz. Als sie auf einer fernen Anhöhe eine militärische Einheit erblickten, gingen sie zunächst von eigenen Truppen aus, die dort vermutet waren. Aber weit gefehlt! Im gleichen Moment der Wahrnehmung blitzte Mündungsfeuer auf und ein Geschoss schlug in den vorderen Teil des Fahrzeuges ein. Dabei wurden die beiden vorne sitzenden Soldaten getötet. Mein Vater blieb jedoch unverletzt und ging in einem Wassergraben in Deckung. Wenig später wurde er von den

Amerikanern gefangen genommen. Der Krieg war somit nicht nur für ihn beendet, sondern nach wenigen Monaten auch für alle Beteiligten. Seine Gefangenschaft auf französischem Gebiet war zunächst von großen Entbehrungen geprägt. Die Bedingungen wurden aber relativ schnell erträglicher. Außerdem wurden Offiziere etwas besser behandelt, als die gewöhnlichen Soldaten. Er hatte sogar damit begonnen, das Abitur nachzuholen. Hiervon zeugen noch die entsprechenden Unterrichtsbücher und Arbeiten. Zu einem Abschluss ist es aber nicht mehr gekommen, weil er nach Kriegsende schon recht bald entlassen wurde. Da seine letzte Arbeitsstelle nun von den Russen besetzt war, kehrte er an seinen ursprünglichen Wohnort zurück.

In späteren Diskussionen über die Zeit des Nationalsozialismus und den Krieg war er diesem System immer noch positiv gegenüber eingestellt. Auch mein Hinweis, dass der Geschützführer der Amerikaner die Zieleinstellung nur um einen zehntel Millimeter nach oben hätte verstellen müssen, um sein Fahrzeug total zu zerstört und das seinen sicheren Tod bedeutet hätte, änderte nichts an seiner Einstellung. Ich habe immer versucht, dieses zu verstehen, aber es war wohl darin begründet, dass er mit diesem System groß geworden war und den Krieg nie von der grausamen Seite kennen gelernt hatte.

Das war bei seinem jüngeren Bruder, der ebenfalls überlebte, anders. Dieser war als Pionier immer in vorderster Front eingesetzt, wurde mehrere Male glücklicherweise nur leicht verwundet. Dadurch, dass er an „Ruhr“ erkrankte, kehrte er ohne Gefangennahme nach Kriegsende zurück. Er war zwar auch ein glühender Hitleranhänger gewesen und hatte bis zuletzt an das große Wunder geglaubt, hat aber rückwirkend in Gesprächen mit mir gesagt, dass er es aus heutiger Sicht nicht verstehen könne, warum man damals so verblendet gewesen sei. Aber das ist wohl auch dem Umstand geschuldet, dass die damalige Generation nicht die Informationsmöglichkeiten hatte wie wir sie heute haben. Auch die Tatsache, dass der ältere Bruder in Stalingrad umgekommen ist, änderte nichts an der grundsätzlichen Sicht meines Vaters.

Auch wenn dieses für mich unverständlich war, muss ich gestehen, dass eine Verurteilung für ein solches Verhalten problematisch ist, weil ich nicht weiß, wie ich zu dieser Sache selber gestanden hätte, wenn ich in diese Zeit hineingeboren worden wäre. Vielleicht wäre es mir genau so ergangen. Wer kann das schon völlig ausschließen!?

Meine Mutter wurde am 29.11.1922 als zweites von vier Kindern geboren. Neben ihrer älteren Schwester kam zwei Jahre später ihr Bruder zur Welt und nach einigen Jahren noch eine weitere Schwester. Anfang der dreißiger Jahre ist sie zusammen mit der Familie vom Nachbarort in unser Dorf gezogen. Ihre Schulzeit hat sie am neuen Wohnort in der Volksschule fortgesetzt und 1937 nach der achten Klasse beendet.

Wie die meisten jungen Frauen zu dieser Zeit, ging auch sie danach in den Haushalt. Sie ging in „Stellung“, sagte man damals dazu. Und in Stellung war sie nun in unserer Dorfkneipe, die genau in der Mitte unseres Dorfes in unmittelbarer Nachbarschaft unseres Hauses liegt. Zu dieser Gastwirtschaft gehörten noch ein Kolonialwaren-Geschäft und eine kleine Landwirtschaft. Zu der damaligen Zeit war in den Dorfkneipen noch sehr viel Betrieb und es war reichlich Arbeit vorhanden. In der Regel waren dort zwei junge Frauen, zusätzlich noch ein Mann für die Landwirtschaft und ein Lehrling im Laden beschäftigt. Für meine Mutter waren das zunächst Lehrjahre. Als eine Ausbildung nach heutigen Maßstäben kann man das aber nicht betrachten. Zwar gab es auch eine Art Berufsschule und man konnte die Lehrzeit mit einer Prüfung beenden, aber das hat kaum jemand gemacht, der im Haushalt tätig war. Manchmal verblieb man auf der Stelle, aber oft wechselte man nach zwei oder drei Jahren den Standort.

Meine Mutter wechselte ihre Arbeitsstelle nach drei Jahren und ging auf einen Bauernhof in ein 15 Kilometer entferntes Dorf „in Stellung“. Hier bekam sie aber Probleme, weil sie großes Heimweh nach der gewohnten Umgebung hatte und kehrte schon nach einem Jahr zurück und arbeitete wieder im alten Betrieb. Diese Verbundenheit zu der gewohnten Umgebung begleitete sie das ganze Leben. Sie hatte nie das Verlangen, in die weite Welt zu reisen, sondern fühlte sich stets zuhause am wohlsten.

Zu dieser Zeit waren in den Dörfern sehr viele junge Menschen in der Landwirtschaft beschäftigt. Diese wurden damals oft als Magd bzw. Knecht bezeichnet. Das war keineswegs abwertend gemeint, sondern die gängige Bezeichnung. Aber es gab noch mehrere Gewerbetreibende, bei denen auch junge Menschen angestellt waren, sodass im Ort sehr viel los war, wie man so schön sagt. In den Wintermonaten wurde viel gehandarbeitet oder man traf sich in der Kneipe. In der wärmeren Jahreszeit spielte sich das

Leben vermehrt draußen ab. Oft war dann irgendeine Milchbank der Treffpunkt oder auf einer der damals noch zahlreichen Bänken vor den Häusern und man plauderte angeregt miteinander.

Als der Bruder meiner Mutter auch in den Krieg ziehen musste, unterstützte sie überwiegend ihre Eltern in der Landwirtschaft und half in dem Gastwirtschaftsbetrieb nur noch aus, wenn dort Bedarf war. Was jedoch häufig vorkam.

Viele junge Männer mussten das Dorf nun verlassen und in den Krieg ziehen. Und sehr schnell stellten sich auch die traurigen Mittelungen ein, dass gute Bekannte und Freunde zu Tode gekommen, „gefallen“, seien, wie das in der Kriegssprache genannt wird. Der Erste aus dem Dorf, dem dieses Schicksal schon nach wenigen Wochen ereilte, war ausgerechnet der einzige Sohn des Ausbildungsbetriebes meiner Mutter. Laut Todesanzeige ist er den „Heldentod für Führer und Vaterland“ gestorben.

Wenn die Soldaten auf Heimaturlaub waren, wurde in der Kneipe intensiv gefeiert. Am Anfang des Krieges kamen sie ja noch als Sieger zurück. Das änderte sich jedoch im Laufe des Krieges dramatisch, da viele Männer aus dem Krieg nicht wieder zurückkamen. Dafür waren aber viele Flüchtlinge übergesiedelt, sodass sich die Einwohnerzahl zeitweise verdreifacht hatte.

Mein Vater verbrachte während des Krieges seinen Urlaub nicht an seinem letzten Wohnort in Mecklenburg, sondern stets in seinem Heimatort. Und so kam es, dass sich meine

Eltern bei den Feierlichkeiten in der Kneipe näher kamen und kurz nach Ende des Krieges Anfang 1946 geheiratet haben. Schon bald gründete das junge Ehepaar eine Familie. Im Januar 1947 wurde ich geboren und zwei Jahre später im Juni meine Schwester.

Nicht nur durch die Eheschließung, sondern auch durch die Folgen des Krieges ergaben sich für meinen Vater große Veränderungen in seiner Lebensplanung. Weil sein älterer Bruder als vorgesehener Hoferbe leider nicht wieder aus dem Krieg zurückgekommen war, sollte er nun den Hof übernehmen. Wie in der damaligen Zeit üblich, war es für ihn eine Selbstverständlichkeit, diesem ungeschriebenen Gesetz zu folgen. Jetzt musste er einen Beruf ausüben, für den er gar nicht richtig ausgebildet war. Er musste sich zunächst Schritt für Schritt einarbeiten. In den ersten Jahren waren noch meine Großeltern für die Bewirtschaftung verantwortlich. So konnte er behutsam an seine neuen Aufgaben herangeführt werden. Seine kaufmännische Ausbildung kam ihm nun in vielen Bereichen zugute; denn auch in der Landwirtschaft ist es von großem Vorteil, wenn man gut rechnen und kalkulieren kann.

Aber auch in anderen Bereichen konnte er durch seine Ausbildung tätig werden und zusätzliche Einnahmen erzielen. So machte er für mehrere Betriebe die Buchführung und erledigte für die Gemeinde fast zwanzig Jahre alle Verwaltungsaufgaben. Aus diesem Grund diente für einige Jahre ein Zimmer unseres Hauses als Gemeindebüro. Und ich kann mich noch gut erinnern, dass ich später dabei helfen musste, Lohnsteuerkarten auszufüllen, zu stempeln und dann im Dorf zu verteilen. Letzteres habe ich gar nicht gerne gemacht, denn ich hatte panische Angst vor freilaufenden Hunden auf manchen Höfen. Obwohl ich nie gebissen wurde, ist diese Antipathie gegenüber Hunden mein ganzes Leben erhalten geblieben.

Mein Vater hat sich auch sehr lange ehrenamtlich engagiert. So gehörte er zu den Mitbegründern des Sportvereins im Jahre 1946. Von Beginn an hat er hier die Aufgaben des Schriftführers im Vorstand ausgeübt. Anfangs hat er auch noch als aktiver Fußballer mitgewirkt. Daran kann ich mich aber so gut wie gar nicht erinnern. Nur noch schemenhaft an eine Fahrt zu einem Auswärtsspiel. Ich habe von dem Spiel eigentlich nicht viel mitbekommen, aber ich meine, es wurde hoch verloren. Nach 27 Jahren hat er dann den Vorstandsposten aufgegeben und ich wurde sein Nachfolger.

Auch in der Freiwilligen Feuerwehr, die in unserem Ort schon seit 1902 bestand, hat er sogleich Führungsaufgaben übernommen. Er war ein leidenschaftlicher Feuerwehrmann und ist zuletzt sogar, bis zum Erreichen der Altersgrenze, Ortsbrandmeister der Wehr gewesen.

Als der landwirtschaftliche Betrieb ab Anfang 1952 auf den Namen meines Vaters überschrieben worden war, begann der unaufhörliche Aufstieg. In allen Bereichen wurden nach und nach umfangreiche Modernisierungen vorgenommen und durch Pachtung von weiteren Ländereien die bewirtschaftete Ackerfläche erweitert. Sicher war vieles auch nur durch die Einnahmen aus den Nebenerwerben möglich. Das bedeutet aber nicht, dass nun alles viel leichter wurde. Nein! Es musste trotzdem noch sehr hart gearbeitet werden. Und gerade meine Mutter war stark gefordert, da sie häufig das Vieh alleine versorgen musste, wenn mein Vater mit der Musikkapelle unterwegs war.

Schritt für Schritt wurde auch die Arbeit wesentlich erleichtert, wie zum Beispiel durch den Einsatz von modernen Maschinen bei der Getreide- und Kartoffelernte oder beim Zuckerrübenanbau. Zwar war die Arbeit immer noch umfangreich, aber sie war jetzt etwas leichter zu bewältigen.

Obwohl meine Eltern es zu einem gewissen Wohlstand gebracht hatten, waren ihre Ansprüche stets bescheiden. Diese Generation ist mit großen Entbehrungen aufgewachsen und es musste sparsam gewirtschaftet werden. Geld wurde nur für Dinge ausgegeben, die unbedingt nötig waren. Diese grundsätzliche Einstellung konnte auch nicht abgelegt werden, als dann später genug Geld zur Verfügung stand. Deshalb war es bei meinen Eltern auch kein Thema, regelmäßig in den Urlaub zu fahren. Die große Ausnahme waren die Ausflüge von der Feuerwehr, die alle zwei Jahre für drei Tage stattfanden. Aber das waren auch nur insgesamt fünf Reisen, weil dann keine mehr stattgefunden haben. Es ist ihnen auch nie in den Sinn gekommen, einmal in ein Lokal zum Essen zu gehen. Es sei denn, man war zu einer Feier eingeladen.

Als mein Vater das 65. Lebensjahr vollendet hatte, habe ich die Landwirtschaft als Pächter übernommen. Zumindest auf dem Papier. Die Bewirtschaftung wurde aber weiterhin von meinen Eltern vorgenommen. Und das aus dem Grund, weil mein Vater dadurch in den Genuss einer so genannten „Landabgaberente“ kommen konnte. Einige Jahre hat er noch Tanzmusik gemacht aber dann aufgehört, weil er keinen geeigneten Kollegen gefunden hat, der ihn begleiten konnte. Seine bisherigen Partner waren verstorben und als Alleinunterhalter, wie es heute praktiziert wird, konnte er auf Grund seiner damaligen technischen Ausstattungen nicht auftreten.

Um die Arbeiten etwas zu erleichtern, wurde die Bewirtschaftung im Laufe der Jahre nach und nach verändert. Zunächst wurden die Milchkühe abgeschafft und dafür junge Rinder zum Schlachten gehalten. Auch der arbeitsintensive Kartoffelanbau war bald Vergangenheit. Das hatte zur Folge, dass dann keine Schweine mehr gehalten wurden, weil vor allem die aussortierten Kartoffeln als Futter dienten. Bald beschränkte man sich nur noch auf den Getreide- und Zuckerrübenanbau. So konnte die Belastung stark reduziert werden. Trotzdem ist es für mich bemerkenswert, dass meine Eltern noch bis ins hohe Alter so weitergewirtschaftet haben. Unvergessen bleibt mir der Anblick meines Vaters, wenn er mit seinem kleinen Mähdrescher von der Ernte zurückkam. Da es damals noch keine heute üblichen abgedichteten Fahrerkabinen gab, war er total eingestaubt und sein Gesicht mit einer dicken Staubschicht bedeckt. Ein vor Mund und Nase befestigtes Taschentuch brachte nur eine minimale Erleichterung.

Ohne diese Aufgaben und Beschäftigungen hätte ihnen wohl etwas gefehlt. Wenn ich bedenke, welche Wehwehchen ich schon mit fünfzig Jahren hatte, ist es für mich ein

Wunder, dass er den Betrieb erst mit 79 Jahren aufgegeben und das Land verpachtet hat. Leider ist er dann, praktisch über Nacht, mit 84 Jahren verstorben. Meine Mutter lebt immer noch, ist aber auf Grund ihres Augenleidens, dass zu einer erheblichen Sehbeeinträchtigung geführt hat, seit ihrem 95. Lebensjahr auf eigenem Wunsch in einem Pflegeheim untergebracht. Ihr Allgemeinzustand ist für ihr Alter noch hervorragend. Obwohl sie „nur“ einen Volksschulabschluss in einer Dorfschule gemacht hat, ist es erstaunlich, welche Allgemeinbildung sie sich angeeignet hat und mit welchem großen Interesse sie die tägliche Politik verfolgt. Schon fast beschämend ist für mich, wie viele Gedichte und Gesänge sie noch auswendig aufsagen kann. Das ist für mich fast unbegreiflich, weil ich damit erhebliche Probleme habe und mir kaum einen Vierzeiler merken kann. Aber das geht anderen vielleicht auch so.

Meine Eltern haben in ihrem Leben Großartiges geleistet und nie geklagt. Sie waren mit Freude bei der Arbeit, wenn diese auch nicht immer ganz leicht war. Für ihre Lebensleistung muss ich sie bewundern und meinen Respekt zollen.

3. Kapitel
Oma und Opa

Wenn ich von meinen Großeltern berichte, so betrifft dieses vor allem die Eltern meines Vaters, die mit in unserem Haus wohnten. Die Eltern meiner Mutter wohnten auch im gleichen Dorf, aber zu ihnen hatte ich wenig Kontakt. Das hing auch ein wenig damit zusammen, dass das Verhältnis dieser beiden Familien, gelinde gesagt, etwas belastet war. Opa hatte einmal anklingen lassen, dass es bei einem Landkauf Streit gegeben habe. Als das an unserem Acker angrenzende Grundstück zum Verkauf stand, wurde er vom Vater meiner Mutter überboten. Seitdem war man sich nicht mehr so wohl gesonnen. Dass mein Vater ausgerechnet die Tochter des Überbieters geheiratet hat, musste wohl erst einmal verdaut werden. Obwohl meine Mutter nie schlecht von ihren Schwiegereltern gesprochen hat, meine ich, als Kind mitbekommen zu haben, dass sie es doch nicht so leicht gehabt hat.

Wie es in der Landwirtschaft üblich war, saßen wir bei den Mahlzeiten alle an einem Tisch. Des Abends hielten sich meine Großeltern aber in der kleinen Stube auf, die unmittelbar neben der etwas größeren Wohnstube liegt. Hier stand ein bis fast an die Decke ragender weißer Kachelofen, der später, als die Ölheizung gebaut worden war, leider abgerissen wurde. In der Ofenröhre stand immer ein Kessel mit Wasser oder Tee. Unvergessen bleiben mir die Bratäpfel, die im Winter auch darin zubereitetet wurden.

In der landwirtschaftlichen Großfamilie war es selbstverständlich, dass die Großeltern auf die Kinder aufpassten, wenn die Eltern bei der Arbeit waren. Ich habe mich gerne bei meinen Großeltern aufgehalten. Vielleicht auch deshalb, weil sie keine so strengen Regeln aufstellten. Aber das wird auch heute noch bei den Kindern so sein.

Wie wohl alle Kinder (und sicher auch viele Erwachsene) hatten meine Schwester und ich große Angst, wenn ein Gewitter aufzog. Dann verkrochen wir uns in das Zimmer meiner Großeltern und meine Oma holte die „Goldene Bibel" hervor und las daraus vor. Wir hörten aufmerksam zu und wurden so von dem Getöse des Gewitters abgelenkt.

Wie Opa zur Religion stand, kann ich nicht genau bestimmen. Mir ist nur in Erinnerung geblieben, dass beide, solange sie es aus gesundheitlichen Gründen konnten, am Sonntagmorgen regelmäßig in die Kirche gegangen sind. Meine Eltern eigentlich nie. Was aber für beide Paare gleichermaßen galt: Am Sonntag wurde sich „fein" gemacht und eine besondere Garderobe aus dem Schrank geholt. Bei meinen Großeltern war die Kleidung meist in schwarzweiß gehalten. Das lag daran, dass sie es einfach von jeher so gewohnt waren. Außerdem hatte diese schwarz-weiße Kleidung auch einen gewissen festlichen Charakter. Amüsiert habe ich des Öfteren miterlebt, wie Opa nach einem passenden Stehkragen zu seinem Hemd gesuchte hat. Dabei konnte er richtig quengelig (ungeduldig) werden; bis Oma, die, wie man so sagt, die Hosen anhatte, bestimmte, welcher Kragen zum jeweiligen Anlass der Richtige sei.

Wenn beide von dem gemeinsamen Kirchgang zurückgekommen waren, musste ich häufig von meinem Opa den Satz hören: „dort hät al wedder einer up min Platz seeten."

Es hatte wieder jemand auf „seinem“ Platz gesessen. Dazu muss man wissen, dass man früher ein Kirchengeld zu entrichten hatte. Dadurch hatte man das Anrecht auf einen bestimmten Sitzplatz in der Kirche erworben. Gekennzeichnet wurde dieses durch ein kleines Namensschild an der Kirchenbank. Der Hintergrund war die Tatsache, dass es früher noch keine Kirchensteuer gab und die Kirche sich unter anderem damit finanzierte. Dazu kamen noch Ländereien, die ursprünglich für die Lebenshaltung der Pastorenfamilie bestimmt waren. Der Staat leistete noch keine wie heute übliche Unterstützung, sondern die Kirchengemeinde war dafür überwiegend selbst zuständig. So ähnlich verhielt es sich übrigens auch lange bei den Lehrern; deshalb gehörte zu jeder Schule Land, das zur Selbstversorgung diente.

Vor allem in den Sommermonaten sind meine Großeltern, meistens mit dem Fahrrad, zu Verwandtenbesuche aufgebrochen. Manchmal bin ich dann auf dem Gepäckträger mitgenommen worden und lernt so auch das ehemalige Zuhause von meiner Oma schon früh kennen. Da die beiden Enkelkinder ihrer Schwester etwa gleichaltrig waren, bin ich dort sehr gerne mitgefahren. Aber auch zu den Geschwistern meines Opas sind wir relativ oft gefahren. Zwei Schwestern hatten in landwirtschaftliche Betriebe eingeheiratet und deshalb waren diese Besuche für meine Großeltern auch aus „fachmännischen“ Gründen interessant.

Auf einem dieser größeren Höfe ist mir aufgefallen, dass dort sehr damit geprahlt wurde, wie gut doch alles laufe. Doch dem war in Wirklichkeit gar nicht so, denn schon wenige Jahre später wurde der Betrieb aufgegeben und verkauft.

Meine Oma war sehr reiselustig. Wenn sich eine Gelegenheit bot, hat sie die auch wahrgenommen. Deshalb war sie auch begeistert, wenn sie von unseren Nachbarn zu einer Wochenendausfahrt mitgenommen wurde; zumal sie zu der Frau eine enge Freundschaft pflegte; auch wohl deshalb, weil diese sehr religiös war.

Neben seiner Tätigkeit als Landwirt hat mein Opa, wie schon seine Vorfahren, als Musiker zusätzlich Geld verdient. Er war ein sehr vielseitiger Musiker, der unzählige Instrumente spielen konnte: Geige, Kontrabass, Klarinette, Saxophon, Trompete und Tuba (vielleicht waren es sogar noch mehr). Mit dem Streichbass ist er, so hat er mir erzählt, in den 30er Jahren sogar eine Zeit lang regelmäßig mit dem Fahrrad in eine 20 Kilometer entfernte Stadt ins Theater gefahren, um dort zu spielen, weil ein Musiker ausgefallen war. Die kürzeste Strecke, war die „Alte Salzstraße“, die aber nur aus einem alten Feldweg bestand. Daher war dieser Weg auch recht beschwerlich. Die damals verwendeten Karbidlampen haben auch nicht unbedingt für eine große „Erleuchtung“ gesorgt, sodass die Fahrten sicherlich recht abenteuerlich waren. Dass Opa Karbid für seine Fahrradlampe vorbereitet hat, habe ich noch miterleben können. Dazu wurden größere Brocken in kleine Stückchen zerstoßen und dann in die Lampe gefüllt. Um das Karbid zum Brennen und Leuchten zu bringen, musste nur noch Wasser dazugegeben werden. Die Brenndauer war dabei natürlich begrenzt. Auf der Fahrt nach Lüneburg musste er sicherlich Ersatz-Karbid und Wasser als Reserve mitnehmen.

Die Musikkapelle, in der damals noch seine beiden Brüder mitwirkten, war im weiten Umkreis bekannt und beliebt. Vor dem Krieg haben auch mein Vater und vor allem der leider im Weltkrieg vermisste älteste Bruder mitmusiziert. Nach dem Krieg war mein Vater wieder dabei und hat diese Tradition bis ins hohe Alter weitergeführt. Es war also logisch, dass ich, aus der Tradition heraus, auch ein Instrument erlernen musste. Obwohl mein Vater Klavier spielen konnte, hat er mich nicht an dieses Instrument herangeführt. Was ich später bereut habe, denn das Klavier ist als Grundlagen für die Ausbildung eines Musikers sehr wichtig.

Es war mein Opa, der mich zum Musizieren brachte. Ich mag zehn Jahre alt gewesen sein, vielleicht auch erst acht, als er versuchte, mir das Geigenspiel beizubringen. Mit diesem Instrument konnte ich mich aber gar nicht anfreunden. Nach einigen Monaten wurde dieser Versuch eingestellt und wir versuchten es mit einer Trompete. Viel leichter war das auch nicht, aber dieses Instrument sagte mir schon eher zu und die ersten Erfolge stellten sich bald ein und ich konnte schon einfache Lieder spielen. Damals ahnte ich aber noch nicht, dass ich dieses „Hobby“ einmal zu meinem Beruf machen würde. Genau wie mein Großvater bin nämlich auch ich später Militärmusiker geworden; ich allerdings sogar als Berufssoldat. Er hat also schon früh die Weichen für mein weiteres Leben gestellt. Er wäre bestimmt sehr stolz darauf gewesen, dass auch sein Enkel Militärmusiker geworden ist.

Anzumerken ist, dass auch sein leider im Krieg vermisste ältester Sohn als Trompeter beim Militär gedient hat. Somit habe ich eine alte Tradition fortgeführt.

Meine Großeltern gehörten der Generation an, die zwei furchtbare Weltkriege miterleben und ertragen mussten. Dazu kamen auch noch extreme wirtschaftliche Entwicklungen, die Inflationen auslösten und darin gipfelten, dass das Geld entwertet wurde und einschneidende Währungsreformen durchgeführt wurden. Meine Großeltern haben bestimmt keine großen Reichtümer ansparen können, der Abtrag für das Haus stand ja immer im Vordergrund, aber auch der Verlust von bescheidenen Rücklagen war eine große Belastung. Als man später über mehr Geld verfügte, hatte das nicht zur Folge, dass man nun begonnen hat, mehr zu konsumieren. Nein, diese Umstellung war gar nicht möglich; denn die Erziehung und das Aufwachsen in relativ ärmlichen Verhältnissen hatten die Menschen so geprägt, dass die Abkehr vom sparsamen Lebensstil gar nicht möglich war. Und ich muss gestehen, dass diese Grundeinstellung auch in den folgenden Generationen bei uns verblieben ist und sich bis in die Neuzeit fortgesetzt hat.

Durch seine Musiktätigkeit hatte mein Großvater seine spätere Ehefrau in einem 10 km entfernten Dorf kennen gelernt. Im Jahre 1911 wurde geheiratet.

Erhalten geblieben ist aus dieser Zeit ein bemerkenswertes Dokument: Der Vertrag über die zu leistende „Mitgift“. Um deutlich zu machen, welche Belastung auf die Brauteltern zugekommen ist, sei der Wortlaut in Auszügen an dieser Stelle aufgeführt:

Der § 5 lautet:

„Die Braut heiratet in die Kötnerstelle in Eddelstorf und bringt dem Bräutigam als Brautschatz in bar Dreitausend Mark, eine Aussteuer im Wert von Tausendfünfhundert Mark. Das bare Geld wird seitens des Vaters am 1. April 1912 bezahlt.“

Da die Eltern der Braut noch zwei weitere Töchter hatten, war die Belastung durch die zu zahlende „Mitgift“ für die kleine Landwirtschaft enorm.

Trotz des Krieges wurde in der Heimat für Nachwuchs in der Familie gesorgt. Von den vier Söhnen kamen zwei Jungen in der Kriegszeit zur Welt (1914 und 1917). Ein Sohn davor (1912) und ein Sohn danach (1920). Diese Großfamilie lebte zwar sehr bescheiden, kam aber zu allen Zeiten auf Grund der vielseitigen Einnahmemöglichkeiten wirtschaftlich gut zurecht. Unvergessen ist für mich geblieben, wie stolz mein Opa war, als er mir erzählte, dass er den Betrieb 1952 schuldenfrei an seinen Sohn, also an meinen Vater, übergeben konnte. Immerhin hatte der Neubau im Jahre 1907 mehr als zehntausend Goldmark gekostet. Die Tilgung erforderte viel Fleiß und sparsames Wirtschaften.

Er ließ damals auch Zweifel anklingen, ob mein Vater als „Ungelernter“ die Arbeit erfolgreich fortführen könnte. Wie sich jedoch später gezeigt hat, waren diese Zweifel unbegründet.

Diese Gespräche zwischen uns beiden fanden stets bei den gemeinsamen „Sitzungen“ auf dem Sofa im Vorbau statt. In diesen Raum hat er sich immer zurückgezogen, wenn er genüsslich seine lange Pfeife rauchen wollte. Dabei hat er mir auch gelegentlich über seine Zeit beim Kaiserheer während seiner Wehrdienstzeit von 1900 bis 1902 und auch von der Kriegszeit berichtet. So habe ich auch erfahren, dass er im Krieg viel Glück gehabt hatte, weil er die meiste Zeit im Schützengraben in den Vogesen verbrachte und es in diesem Abschnitt kaum zu kriegerischen Handlungen gekommen war. Beide Seiten hatten ihre Gräben so dicht beieinander, dass die Gespräche untereinander vernommen werden konnten. Kein Verständnis hatte er allerdings für diejenigen, die sich in den gegnerischen Graben schlichen und dann stolz mit zwei oder drei gefangenen Franzosen zurückkamen. Das wäre für ihn viel zu gefährlich gewesen.

Da er Militärmusiker war, hatte er auch seine Tuba immer dabei. Neben dem Kriegsdienst wurden mit der Militärkapelle als Ablenkung und Abwechslung auch noch regelmäßig im rückwärtigen Bereich Platzkonzerte gegeben. Davon zeugt eine Abbildung auf einer Postkarte, die er an seine Ehefrau gerichtet hatte. Diese zeigt ihn mit seiner Kapelle bei einem Konzert in einer Stadt in Elsass-Lothringen. Bei Kriegsende musste er seine Tuba leider abgeben und sie fiel in französische Hände. Mit Stolz, aber auch großer Verwunderung, erzählte er mir die fast unglaubliche Geschichte vom weiteren Verbleib seines Instrumentes. Von der Zwecklosigkeit überzeugt, hatte er trotzdem an der Tuba einen Zettel mit seiner Anschrift befestigt. Wider Erwarten geschah doch ein kleines Wunder. Wenige Wochen nach seiner Rückkehr in die Heimat wurde ihm die Tuba von den Franzosen mit der Post zugestellt. Viele Jahrzehnte hat er dann damit noch Musik gemacht. Obwohl sie schon „in die Jahre" gekommen war und sich nicht mehr in einem guten Zustand befand, habe ich ehrfürchtig, viel später im Alter von 55 Jahren auf diesem Instrument die ersten Schritte zum Tubaspielen gemacht. Nun hat sie einen ehrenvollen Platz in unserem Haus bekommen.

Mein Opa übte praktisch drei Berufe aus. Landwirt, Musiker und Imker. Und das auch aus der Tradition heraus weil die alleinigen Einnahmen aus der Landwirtschaft nicht ausreichend gewesen wären. Sie diente vorwiegend der Selbstversorgung. Bei seinem Großvater stand allerdings an Stelle der Landwirtschaft noch die Schneiderei. Im alten Haus gab es deshalb auch noch eine große Schneiderstube. Weil sonst kein geeigneter Raum gefunden werden konnte, wurde seit der Schulgründung im Jahre 1835 bis zur Fertigstellung des Schulgebäudes in 1839 hier sogar der Unterricht abgehalten. Das war organisatorisch sicher nicht ganz einfach, aber die fällige Mietzahlung war für die Familie ein willkommenes Zubrot.

Mein Opa hat, genau wie seine Vorfahren, mit Kühen gewirtschaftet. Er war ein sogenannter „Kuhbauer". Vier Kühe standen im kleinen Stall, verrichteten ihre Arbeit und gaben nebenbei noch etwas Milch. Wenn die Kühe Milch geben sollen, müssen sie aber auch einmal im Jahr ein Kalb bekommen. Ohne Kalb keine Milch. Je nach Bedarf, wurden diese Kälber nach kurzer Zeit verkauft oder, wenn es ein Kuhkalb (also weiblich) war, als eigener Nachwuchs aufgezogen.

Durch seine Erzählungen weiß ich, dass er in den 30er Jahren für kurze Zeit auch ein Pferdegespann hatte, weil das Ackern mit Pferden schneller gehen sollte. Aber das war nur ein kurzes Intermezzo. „Die stehen die meiste Zeit im Stall und fressen den Hafer auf" war Opas niederschmetterndes Urteil über Pferde. Kühe würden wenigstens noch Milch geben. Also wurden die Pferde bald wieder abgeschafft. Wo vorher der Pferdestall war, wurde nun ein „Rübenkeller" gegraben und ausgebaut, um einen Vorrat für den Winter anlegen zu können. Darüber entstand eine neue Kornkammer. Jetzt war der Weg zur Schrotkammer, in der sich die Schrotmühle befand, viel näher.

Beim Bau des Hauses war die Kornkammer bisher auf dem Boden des Wohnhauses vorgesehen und die schweren Kornsäcke mussten die Treppe hinaufgetragen werden. Ein solcher Sack ist noch erhalten geblieben und besteht aus schwerem dickem Leinen. Aber das Unverständlichste ist die Größe. Diese Säcke fassten zwei Zentner (100 kg) Korn. Was für eine Plackerei! Die Frage, warum die Säcke so groß sein mussten, kann ich nicht logisch erklären. Aber durch die neue Kornkammer war nun eine gewisse Arbeitserleichterung erreicht worden.

Wenn Opa mit den Kühen zur Arbeit hinausging, half Oma beim Anspannen, denn das war zu zweit einfacher, weil die Kühe manchmal auch ihren eigenen Willen hatten und nicht so parierten wie sie sollten. Die Verpflegung für den Mittag gab es in einem Korb mit und Opa kam oft erst am

Abend vom Feld heim. Ab und zu brachte er auch eine Überraschung für uns Kinder mit: Ein „Hasenbrot“. Das war eine Stulle, die er tagsüber nicht aufgegessen hatte und uns wurde berichtet, dass er diese vom Osterhasen bekommen hätte. So schmeckte dieses Brot besonders gut, auch wenn die Ränder schon etwas hochgeklappt waren. Soweit ich mich daran erinnern kann, war ein Hasenbrot fast immer ein Schmalzbrot.

Bis im Jahre 1958 der erste Trecker angeschafft wurde, war mein Vater auch noch „Kuhbauer“ und hat diese Tradition des Hasenbrotes natürlich auch gelegentlich beibehalten.

Mühevoll war es oft, eine Kuh für die Arbeit neu anzulernen. Dazu wurde sie zunächst nur am Wagen angebunden und musste sich daran gewöhnen, nebenher zu gehen. Wenn sie dann mit angespannt wurde, ein Gespann bestand immer aus zwei Kühen, dann fasste jemand ins Zaumgeschirr und führte die Kuh. Das wirkte (meistens) beruhigend, denn so ohne weiteres war sie zum Ziehen nicht bereit. Wobei es allerdings große Unterschiede von Kuh zu Kuh gab. Einige waren einfach talentierter dafür. Von unseren vier Kühen gab es manchmal auch die eine oder andere, die gar nicht angespannt wurde, weil sie einen zu schwierigen Charakter hatte; nicht zu gebrauchen war. Wenn sie dafür etwas mehr Milch als die anderen gab, war das dann auch in Ordnung. Warum „du dumme Kuh“ allerdings zum Schimpfwort wurde, kann ich eigentlich nicht verstehen und nachvollziehen. Vielleicht liegt es auch an dem etwas stumpfsinnigen Blick wenn sie den Pflug oder Wagen zieht.

Aber so dumm sind Kühe gar nicht, wie ich manchmal erstaunt feststellen musste. Wenn sie zum Beispiel nach dem Winter im Frühjahr das erste Mal wieder auf die Weide konnten, fanden sie den Weg fast von allein. Wobei die Betonung auf „fast“ liegt. Sie konnten sich zwar an die grobe Richtung erinnern, aber nach dem langen Aufenthalt im Stall war die Freude an das freie Herumgehen manchmal so groß, dass sie begannen, wild herumzutoben. Deshalb beließ man sie auch zunächst auf dem Hof. Als sie dann schließlich etwas müde geworden waren, ging es ab zur Weide. Als Kinder mussten wir uns bei diesem Austrieb in die abzweigenden Straßen stellen, um zu verhindern, dass die „Herde“ vom rechten Weg abkam. Immerhin lag unsere Weide etwa 300 Meter außerhalb des Ortes. Diese Tradition beim Austrieb der Kühe hat sich übrigens auch bei den eigenen Kindern fortgesetzt, solange noch Kühe gehalten wurden. Auf der Weide angekommen, gab es dann wieder einen Ausbruch der Freude, ob des Anblickes von frischem Gras. Den Schwanz in die Höhe, mit den Hinterbeinen noch oben ausschlagend wurde im wilden Galopp, wenn man davon bei Kühen überhaupt reden kann, die ganze Wiese inspiziert.

Zum Thema „dumme Kuh“ kann man noch anführen, dass es erstaunlich war, wie sie bei der Rückkehr von der Weide im Stall wieder ihren richtigen Platz gefunden haben. Nicht so sehr bei unseren vier Kühen, sondern eher bei den großen Bauern, wo oft bis zu 30 Kühe in der Reihe standen. Um ehrlich zu sein, klappte das zwar häufig aber nicht immer! Wenn eine Kuh nicht aufgepasst hatte, dann kam alles durcheinander und ein großes Tohuwabohu brach aus. Dabei ist einem dann schon einmal „du dumme Kuh“ über die Lippen gekommen.

Ich kann mich gut daran erinnern, dass es auch bei unseren „Ziehkühen“ kluge und nicht so kluge Tiere gab. Manche Gespanne liefen hervorragend, andere weniger gut. Wenn zum Beispiel die Steckrüben geiggert (abgeleitet vom hochdeutschen „eggen“) werden sollten, wurde eine spezielle Egge durch die Reihen gezogen um das Unkraut zu bekämpfen und gleichzeitig den Boden zu lockern. Dann hat sich Opa manchmal abends furchtbar über „dee dösige Kouh“ aufgeregt, die „wedder up dee Planten peerd hätt“. Eine Kuh hatte nicht gut aufgepasst und war auf unzählige frische Pflanzen getreten. Da diese dann meistens zerstört waren, bedeutete das auch einen Verlust an späterem Futter und machte so den Ärger verständlich. Aber es gab auch Gespanne mit „schlauen“ Kühen die die Pflanzen verschonten.

Die gewonnene Milch wurde früher überwiegend noch innerbetrieblich verarbeitet. Aus dem abgeschöpften Rahm wurde Butter und auch Käse hergestellt, der Rest im Haushalt verbraucht oder als Magermilch dem Schweinefutter zugeführt und das „Abfallprodukt“ Buttermilch gerne getrunken. Ich kann mich aber nur noch an die Zeit erinnern, als der größte Teil an die Molkerei ging. Dazu wurde die per Hand gemolkene Milch durch ein „Abseihtuch“ gegossen und dann in zwei Milchkannen abgefüllt. Dieses Tuch wurde später durch einen speziellen Milchfilter ersetzt. Diese beiden Kannen mussten dann am Morgen nach dem

Melken zur Milchbank geschleppt werden. Diese Bank, die etwa hüfthoch war, stand ca. 50 Meter von uns entfernt. Der Milchwagen, der damals von einem benachbarten Landwirt im Nebenerwerb gefahren wurde und ein von einem Trecker gezogener spezieller „Gummiwagen" war, sammelte dann überall die Milchkannen ein. Damit die Kannen zugeordnet werden konnten, war für jeden Betrieb eine Nummer vergeben, die auf der Kanne als kleines Kupferplättchen aufgebracht war. Wir hatten zum Beispiel die Nr. 414. Man konnte auch noch vereinbaren, was man zurückerhalten wollte. Bei uns waren es immer einige Liter leckere Buttermilch zum Trinken und Magermilch für den Schweinestall. Zusätzlich war es noch möglich, einen „Butterkasten" mitzugeben in dem dann die bestellte Butter geliefert wurde. Dies geschah meisten einmal wöchentlich.

Dieser Ablauf war damals selbstverständlich, nach heutigen Maßstäben aber völlig undenkbar, denn die Milch wurde ja überhaupt nicht richtig gekühlt. In der kalten Jahreszeit kein Problem, aber im Sommer?

Auch wenn die Abend- und Morgenmilch zusammen mitgenommen wurde und der Milchwagen sehr früh kam, war das bei schwülem Wetter alles schon etwas problematisch. Aber erstaunlicherweise hat es trotzdem funktioniert. Später wurde verlangt, dass die Milch zu kühlen sei. Das geschah bis zum Ausbau des Kuhstalles im Jahre 1965 in einer großen Zinkwanne in der laufend kaltes Wasser mit einem Schlauch zugeführt wurde.

Alten Büchern ist zu entnehmen, wie penibel von meinen Großeltern alle Ein- und Ausgaben aufgezeichnet worden sind, was mein Vater später allerdings in unvergleichlicher

Art und Weise auch gemacht hat. Daraus ist zu ersehen, dass vor dem 2. Weltkrieg, aus der Landwirtschaft kein großer Überschuss erwirtschaftet werden konnte, sondern in erster Linie durch die Musik.

Aber selbstverständlich ist die Abdeckung der Lebenshaltungskosten auch als ein Wert anzusehen. Aus den Aufzeichnungen ist unter anderem auch zu ersehen, dass Opa für eine normale Tanzveranstaltung drei Reichsmark und für eine Hochzeit fünf Reichsmark erhalten hat. Nicht für eine Stunde, sondern insgesamt. Dies bezieht sich aber auf die „Kaiserzeit" als die Reichsmark noch einen sehr hohen Wert besaß. So erzählte mir zum Beispiel meine Oma, dass sie als Hausangestellte für das ganze Jahr zu Weihnachten nur drei Taler bekommen hatte. Das waren neun Reichsmark.

Zu dieser Zeit (um 1910) hatten die Angestellten in der Landwirtschaft freie Unterkunft und Verpflegung und die Bekleidung wurde selbst hergestellt. Dafür wurde vor allem in den Wintermonaten, manchmal auch mit sehr aufwendigem Muster, gewebt. An diese Zeit erinnert noch zahlreiches Leinen, dass oftmals mit einem kunstvollen Monogramm der Herstellerin versehen ist und ein alter Webstuhl, der noch erhalten geblieben ist. Gefärbt hat man üblicherweise in schwarz und blau. Das war zeitgemäß und außerdem waren andere Farben schlecht zu bekommen und auch viel zu teuer. Aber in Kombination mit weiß hatte auch diese Bekleidung einen gewissen Chic. Aus heutiger Sicht hat aber diese Farbzusammenstellung die Menschen auch alt gemacht. Es mag sein, dass sie tatsächlich früher gealtert sind, aber eher glaube ich, dass es auch an der Kleidung lag. „Kleider machen Leute…"

1906 hatte sich der Vater meines Opas, wahrscheinlich auf Drängen seines Sohnes, entschlossen, ein neues größeres Wohnhaus mit Wirtschaftstrakt zu bauen. Obwohl zu dieser Zeit das Kaiserreich in voller Blüte stand und die wirtschaftliche Gesamtsituation optimistisch betrachtet werden konnte, war diese Entscheidung sehr mutig. Zwar sollte die Landwirtschaft weiter ausgebaut werden, aber trotzdem war der Abtrag der Schulden, die auf dem Haus lasteten, eine große Herausforderung für die nächsten Jahrzehnte. Neben den wenigen Ersparnissen hatte man sich den Rest nicht von der Kasse, sondern von einem verwandten Bauern aus dem Nachbarort geliehen. Die Baukosten von 10.000 Goldmark hören sich nach heutigen Bedingungen nicht so gewaltig an, waren aber zur damaligen Zeit sehr belastend.

Nun könnte man denken, dass später, während der Inflation in den 20er Jahren, die Schulden in einem Ruck getilgt werden konnte. Dem war aber nicht so, denn vorausschauend war in dem Vertrag eingearbeitet worden, dass dem Wert des Geldes der Wert des Roggen- oder auch Weizenpreises gegenüber gestellt war. Dementsprechend entsprach eine Goldmark einem bestimmten Gewicht an Getreide. Das Darlehen war also vor einer Inflation geschützt. Man kann eine solche vorausschauende Vertragsabfassung auch ruhig mit „Bauernschläue" bezeichnen (von Seiten des Geldgebers). Jedenfalls mussten meine Großeltern sparsam wirtschaften und fleißig arbeiten, um allen Verpflichtungen nachkommen zu können. Aber der Betrieb entwickelte sich prächtig, denn durch die neuen

Gebäude hatte man bedeutend bessere Möglichkeiten als vorher.

Neben den vier Kühen waren noch etwa 20 Schweine zu versorgen. Gänse und Hühner liefen auf dem Hof und einer Rasenfläche frei herum. Die Hühner waren zunächst noch mit im Haupthaus auf dem Boden untergebracht, wurden dann aber bald in den Schweinestall umgesiedelt. Dort hatten sie auch einen separaten „Hühnerhof“ zugewiesen bekommen. Dieser Hof war für sie ein kleines Paradies, denn hier konnten sie frei herumlaufen, scharren und sich in Mulden ausgiebig plustern.

Als Kind war ich immer begeistert, wenn auf unserem Hof eine stolze Glucke mit ihren drolligen Küken herumlief. Aber die Glucken haben nicht nur Hühnereier ausgebrütet, sondern ihnen wurden auch „Kuckuckseier“ untergejubelt. Sie brüteten bereitwillig die großen Eier von Gänsen aus. Die kleinen „Gössel“ hatten kein Problem damit, die Glucke dann als ihre Mutter anzuerkennen. Meistens wurden sie aber bald getrennt und die kleinen Gänse konnten sich dann in einem abgetrennten Raum unter der wärmenden Infrarotlampe aufhalten.

Normalerweise wurden die Glucken in der Räucherkammer zum Brüten auf ein vorbereitetes Gelege gesetzt und waren so unter ständiger Kontrolle. Aber es ist auch vorgekommen, dass plötzlich und völlig unerwartet eine stolze Hühnermutter mit ihren kleinen Küken auftauchte. Im Hühnerhof war ein offener Schuppen in dem allerlei Geräte und Hölzer untergebracht waren, die kaum noch gebraucht oder im Trockenen aufbewahrt werden sollten. Hier hatte sie sich dann, gut versteckt, ein Nest gebaut, nach und nach ungefähr 20 Eier hineingelegt und dann ausgebrütet. Für mich war es immer ein kleines Abenteuer, auf dem Gelände des Hühnerhofes nach versteckten Eiergelegen zu suchen. Vor allem dann, als den Hühnern der Zugang zum Bienenzaun gewährt worden war, hatten sich für sie die Möglichkeiten erhöht, ihre Eier in versteckte Nester zu legen. Aber ich musste diese Eier entdecken, bevor die Henne mit dem Brüten begonnen hatte. Danach waren sie nicht mehr zu verwenden. Unsere beiden Hähne waren zwar fleißig, aber alle Hennen haben sie doch nicht geschafft. Und so waren in dem Gelege auch unbefruchtete Eier dabei. Wenn wir eine Glucke kontrolliert brüten gelassen haben, wurden die Eier nach einer gewissen Zeit in warmes Wasser gelegt, um zu sehen, welche Eier befruchtet waren oder nicht. Die Eier, die sich absolut nicht bewegten, wurden als unbefruchtet aussortiert. Diese faulen Eier habe ich dann manchmal als Wurfgeschosse benutzt und versucht, einen Baum damit zu treffen. Manchmal mit Erfolg. Die Folge war allerdings, dass sich daraufhin ein ekeliger Geruch ausbreitete: Schwefelwasserstoff. Als ich kürzlich in Island weilte, wurde ich wieder damit konfrontiert. Viele heiße Quellen enthalten dort Schwefelverbindungen und verbreiten auch diesen Geruch nach faulen Eiern. Sogar über der bekannten Badelandschaft „Blaue Lagune“ schwebt ein leichter „Faule-Eier-Geruch“. Aber gesundheitsgefährdend sollen diese Gase ja nicht sein.

Über die Anzahl der täglich gesammelten Eier hat meine Oma genau Buch geführt. Einmal in der Woche kam die Eierfrau, die in einem großen Korb die überzähligen Eier bei den Kleinviehhaltern im Dorf einsammelte und diese dann einem Händler weiterleitete. Für sie ein kleiner Nebenverdienst und für die Hausfrau ebenso ein kleines Geschäft, weil die Eier überwiegend mit betriebseigenem Futter erzeugt wurden. Aus Altersgründen hörte die Eierfrau in den 60er Jahren auf und es fand sich kein Nachfolger, weil das Einsammeln nicht mehr lukrativ genug war. Die Konsequenz für unsere Hühnerhaltung war, dass der Bestand reduziert und nur noch für den eigenen Bedarf produziert wurde. Das genaue Aufschreiben der gefundenen Eier hörte dann auch bald auf.

Es war wohl den eisigen Temperaturen geschuldet, die im Winter im Hühnerstall herrschten, denn in dieser Jahreszeit haben wir kaum Eier in den Nestern gefunden. Dann hieß es: die Hühner ruhen. Diese Zeit musste also überbrückt und rechtzeitig ein Vorrat angelegt werden. Einen Kühlschrank gab es noch nicht. Die Speisekammer war eigentlich recht kühl, ebenso der Keller; aber ich kann mich an eine andere „Überwinterung“ erinnern. Die Eier wurden in der Kornkammer in einem ausgedienten Einkochapparat aus Zink schichtweise in Roggen eingelegt. Die Erfahrung hatte wohl gelehrt, dass sich die Eier so lange haltbar machen ließen. Als Kind war es für mich jedenfalls spannend, nach den letzten Eiern, die sich im Roggen am Boden befanden, mit aufgekrempelten Ärmeln zu suchen.

Wie auf allen landwirtschaftlichen Höfen der früheren Zeit üblich, waren auch bei uns die Aufgaben klar verteilt. So war das Schweinehaus überwiegend der Frau vorbehalten und der Kuhstall dem Mann.

Aber selbstverständlich unterstützte man sich auch bei den Arbeiten. Als das Melken zum Beispiel noch von

Hand erledigt werden musste, hat auch die Frau im Kuhstall mitgewirkt.

Sehr gewissenhaft musste man sein, wenn sich in den Ställen Nachwuchs anmeldete. Das Ferkeln im Schweinestall wurde immer von einer Frau beaufsichtigt. Da manche Sauen, warum auch immer, dazu neigten, frisch geborene Ferkel aufzufressen oder totzubeißen, wurden diese sofort nach der Geburt in Verwahrung genommen. Wenn der ganze Wurf dann zusammen war, gab es eigentlich keine Schwierigkeiten mehr, diesen der Sau wieder beizusetzen.

Wenn eine Kuh gekalbt hat, wurde gemeinsam Geburtshilfe geleistet. An den Vorderbeinen, die bei einer normalen Geburt als erstes erscheinen, wurden kleine Stricke befestigt und dann durch vorsichtiges Ziehen der Geburtsvorgang unterstützt. Man war stets froh, wenn alles reibungslos verlaufen war. Aber leider gab es auch hin und wieder Probleme. Das war der Fall, wenn das Kalb falsch lag oder es sich um Zwillinge handelte, was allerdings sehr selten vorkam. Dann herrschte große Aufregung, denn man wollte auf gar keinem Fall ein Kalb verlieren. Ich weiß nicht warum, aber in solchen Fällen wurde dann mein „anderer" Opa oft zu Rate gezogen. Vielleicht war er auf diesem Gebiet etwas bewanderter. In besonders schwierigen Situationen musste allerdings auch der Tierarzt gerufen werden.

Es war zwar sehr selten, aber es ist auch vorgekommen, dass man das Kalb opfern musste, um wenigstens das Leben der Kuh zu retten. Am angenehmsten war es allerdings, wenn man gar nichts von dem Kalben mitbekommen hatte und das Kalb am Morgen schon im Stall herumlief.

Eine wichtige Aufgabe für Oma war es, die Kinder zu beaufsichtigten. Außerdem musste das Essen zubereitet werden, wenn die junge Frau bei Feldarbeiten eingebunden war. Beim Kochen und Backen waren wir Kinder stets gespannt darauf, ob es dabei für uns etwas zu erhaschen gab. Es ging dabei vor allem um das „Topfauslecken“. Beim Puddingkochen verblieb zum Beispiel immer ein willkommener Rest im Topf.

Gerade in der Landwirtschaft lebten meistens drei Generationen unter einem Dach. Das war eine Selbstverständlichkeit. Dieses stellt sich wegen der Aufgabenverteilung auf den ersten Blick als ideal dar, barg aber auch erheblichen Zündstoff in sich; denn Jung und Alt haben sich nicht immer gut vertragen. Bei uns habe ich als Kind keine großen Dissonanzen festgestellt oder einfach nicht bemerkt. So wie die Arbeitseinteilung bei meinen Großeltern war, ist sie im Großen und Ganzen auch von meinen Eltern praktiziert worden.

Trotz der vielen Turbulenzen konnten meine Großeltern stolz auf das Geleistete zurückblicken und zufrieden mit ihrem Lebenswerk sein. Leider war neben dem frühen Tod des Erstgeborenen aber noch ein anderer großer Schicksalsschlag zu verkraften; denn 1942 wurde der zweitgeborene Hoferbe in Stalingrad als vermisst gemeldet. Vor allem meine Oma ist darüber nie hinweggekommen. Was sie zermürbt hat, war vor allem die Ungewissheit über den Verbleib. Die Mitteilung „gefallen“ wäre auch sehr schmerzhaft gewesen, aber das „Vermisst“ ließ sie noch lange auf eine Rückkehr hoffen. Wie oft habe ich sie sagen hören „heute Nacht war Heinrich wieder hier“. Sie hatte wieder einmal von der Rückkehr ihres Sohnes geträumt. Als es dem damaligen Bundeskanzler Adenauer 1953 gelungen war, die letzten etwa 10 000 Kriegsgefangene in der Sowjetunion freizubekommen, verfolgte sie tagelang die Bekanntgabe der Namen im Radio. Da dieses immer in alphabetischer Reihenfolge geschah, kam die Enttäuschung nach dem „B“ schon immer recht früh. „He is wedder nich doabie“ (er ist wieder nicht dabei) sagte sie dann mit tiefer Enttäuschung. Nach dieser Aktion hat sie sich wohl mit dem Tod ihres Sohnes abgefunden, die Trauer darüber aber nie verdrängen können.

Nachdem er einige Monate bettlägerig war, ist mein Opa 1960 verstorben. Meine Oma hat mich noch kurz als Soldat erlebt und ist ihm Ende 1966 gefolgt.

4. Kapitel
Opas Imkerei

Eine wichtige Nebeneinnahme für meine Großeltern war die Imkerei. Ich habe es noch erlebt, dass in der Mitte der Saison bis zu 50 besetzte Bienenkörbe in unserem Bienenzaun standen. Dieser Bienenzaun, der schon von meinem Ur-Urgroßvater betrieben wurde, war wie ein Karree von etwa 10 m Seitenlänge errichtet worden, mit Dachpfannen eingedeckt und unbehandelten Brettern verschalt. Im Innenraum befand sich ein großer Boskoop-Apfelbaum auf einer Rasenfläche. Ringsherum standen in zwei Ebenen auf Eichenbohlen die Bienenkörbe. Sie waren aus Stroh geflochten und mit Kuhdung verstrichen. Dieser ungewöhnliche Anstrich diente der Haltbarkeit und sorgte auch für eine zusätzliche Isolierung. Hierfür sollte möglichst der Dung aus dem zeitigen Frühjahr genommen werden, weil das frische Gras dann die gewünschte Konsistenz ergab. Aufgebracht wurde diese Masse von meinem Opa stets mit bloßen Händen. Die Bauart dieser Körbe wird als „Lüneburger Stülper“ bezeichnet.

Als Kind habe ich meinem Opa bei der Imkerei immer mit großem Interesse zugeschaut. Aufregend war besonders die Zeit, wenn die Völker im späten Frühjahr mit dem Schwärmen begannen. Oft war dieses erwünscht, damit sich neue Völker gründen konnten, aber in der späteren Jahreszeit nicht mehr. Das „Stammvolk“ durfte auf keinem Fall zu schwach werden. Außerdem waren die Schwärme dann auch zu klein, um noch zufriedenstellende Erträge einzubringen. Es konnte jedoch passieren, dass man bei der Kontrolle eine „Weiselzelle“, in der eine neue Königin herangezogen wird, übersehen hatte. Weil bei der Korbimkerei die Waben nicht ganz leicht einzusehen sind, gingen dann doch ungewollt einige Schwärme ab. Hatte man das Schwärmen nicht bemerkt und den gesetzten Schwarm nicht entdeckt, verließ dieser nach einiger Zeit den heimischen Bereich auf Nimmerwiedersehen. Ansonsten wurde der Schwarm nach einer gewissen „Beruhigungszeit“ wieder eingefangen und in einen vorbereiteten Korb geschüttelt. In diesem Korb waren vorher alte Wachsreste so in Reihen geklebt, wie die Bienen die neuen Waben bauen sollten. Zusätzlich wurden dann noch quer dazu spitze Stäbchen durch den Korb gestochen, die den späteren Waben einen gewissen Halt geben sollten. Meistens haben sich die Bienen auch an diese Vorgaben gehalten.

Im Zusammenhang mit dem Schwärmen der Bienen gibt es zwei besondere Begebenheiten an die ich mich noch gut erinnern kann.

Ich mag vielleicht sechs oder sieben Jahre alt gewesen sein, als ich eines Nachmittags einen Bienenschwarm in der Luft über unserem Bienenzaun entdeckte. Ich wusste, dass sich mein Opa im Bienenzaun aufhielt und lief aufgeregt zur Tür. Adrenalin schoss durch meinen Körper als ich diese aufriss, ohne zu bemerken, dass ein angebrachtes Band dieses eigentlich verhindern sollte. Warum das so sein sollte, sah ich erst, nachdem es mir mit „Bärenkräften“ gelungen war, sie zu öffnen. Mein Opa hatte, wie so oft im Sommer, schon am Morgen eine kleine Zinkwanne mit Wasser gefüllt, damit es sich im Laufe des Tages durch die Sonneneinwirkung erwärmte. Am Nachmittag konnte er dann ein erfrischendes Bad nehmen. Und nun hatte ich Unglücksrabe ihn gerade bei dieser Zeremonie, nackend in der Badewanne sitzend, überrascht. Entsetzt sprang er aus der Wanne und bedeckte sich mit einem Handtuch. Geschimpft hat er nicht mit mir, aber ich hatte ein schlechtes Gewissen und verließ beschämt den Bienenzaun. Den Schwarm haben wir später gemeinsam eingefangen.

Das Einfangen eines Schwarmes gestaltete sich manchmal sehr schwierig, wenn sich die Königin mit ihrem Volk ganz oben im Baum niedergelassen hatte. So war es auch bei einem ganz komplizierten Fall.

Ein benachbarter Bauer machte Opa auf einen Schwarm in seinem Garten aufmerksam, der sich so ungünstig in einem Baum niedergelassen hatte, dass keine Leiter angestellt werden konnte. Aber ein Imker gibt so leicht keinen Schwarm verloren! Opa wollte diesen Schwarm unbedingt „ernten". Was war zu tun?

Aus langjähriger Erfahrung heraus wusste er es. An einer langen Stange, die sonst für unsere Stangenbohnen benutzt wurde, befestigte er einen Bienenkorb. Nun war beabsichtigt, den an die Stangenspitze befestigten Korb unter den Schwarm zu bringen. Durch einen kleinen Stoß nach oben sollte der Schwarm in den Korb fallen, um diesen dann vorsichtig wieder herabzulassen. Ich beobachtete das Manöver in gebührendem Abstand; was sich später als eine gute Entscheidung entpuppen sollte. Die Theorie war gut. Der Schwarm landete wie geplant im Korb! Aber durch den Stoß nach oben hatte sich die Verbindung zur Stange gelöst und der Korb fiel samt Schwarm nach unten; genau vor Opas Füße.

Die durch diese Aktion wild und aggressiv gewordenen Bienen überfielen nun den Unruhestifter. Opa hatte wie so oft, keine Bienenhaube auf und auch keine Handschuhe an. Bienenstiche machten ihm eigentlich nichts mehr aus. Dieses Mal war es aber anders. Wild um sich schlagend, um sein Gesicht zu schützen, flüchtete er quer über die Straße zu der Tür, die in unsere Diele führt, um die Angreifer abzuschütteln. Was ihm dadurch tatsächlich gelang. Ich war geschockt und machte mir große Sorgen um die Gesundheit meines Opas. Am Abend auf dem Sofa im Vorbau, wo er sich nach getaner Arbeit gerne aufhielt, zählte ich dann insgesamt 36 Bienenstiche, vor allem an seinen Händen. Für manche Menschen unbehandelt wahrscheinlich tödlich; er aber war nur etwas kurzatmig und hatte am nächsten Tag kaum noch Beschwerden. Auch die leichte Schwellung der Hände war zurückgegangen. Der Schwarm hat sich allerdings aus dem Staub gemacht. Alle Mühe war umsonst gewesen.

Zur Zeit meiner Kindheit war die Imkerei noch weitgehend unproblematisch. Zwar überwinterten auch nicht alle Völker, aber das besorgniserregende Bienensterben der Neuzeit gab es in dieser Art und Weise noch nicht.

Erst später, als die Gier nach mehr Ertrag, das verhängnisvolle Einschleusen und Einkreuzen von leistungsstärkeren asiatischen Bienen das Einschleppen der Vaora-Milbe zur Folge hatte, begann das große Leiden der hiesigen Bienen und damit auch der Imker. Hervorgerufen wurde dieses aber auch durch den Import von billigem Honig aus fernen

Ländern, mit dem die Bienen gefüttert wurden. Hinzu kommen noch unberechenbare Umweltgifte, die ein Massensterben auslösen können.

Von daher habe ich als Kind in unserem Bienenzaun geradezu paradiesische Zeiten erleben können.

Die Honiggewinnung bei der Korbimkerei war etwas komplizierter und nicht so ertragreich. Bei der heutigen „Kastenhaltung“ gibt es eine genaue Trennung zwischen Brutraum, in dem sich die Königin aufhält, und dem Honigraum. Während hier aus den Honigwaben zu jeder Zeit der Honig herausgeschleudert werden kann, musste bei der Korbhaltung nach dem Honig im Korb förmlich gesucht werden. Vorsichtig wurden die betreffenden Waben bei der Ernte herausgetrennt.

Die heutigen Rassen sind nicht mehr so angriffslustig und aggressiv wie früher. Zur Beruhigung und Betäubung der Bienen blies mein Opa damals mit einer speziellen Imkerpfeife Kräuterrauch in den Korb. Hierfür wurde von ihm getrockneter Rainfarn verwendet. Diesen Rauch habe ich sehr gerne gerochen und den Geruch in meinem Gehirn als schöne Erinnerung abgespeichert. Meinen Vorsatz, einmal Rainfarn zu ernten und zu trocknen, um dann diesen wunderbaren Rauch zu erzeugen, habe ich leider noch nicht umgesetzt: obwohl ich mir das in jedem Jahr vornehme.

Zum Ende der Saison, hier ging es vor allem auch um den Heidehonig, wurden vor allem die älteren Völker teilweise auch abgetötet, um an ihre Tracht zu gelangen. Dafür wurde ein ca. 50 cm tiefes Loch gegraben in das ein kleines Schwefelblättchen, an einem Stock befestigt, gesteckt und dann angezündet wurde. Durch den entstehenden Rauch starben alle Bienen in dem darüberstehenden Korb. Heute wäre diese Methode wahrscheinlich verboten, damals aber ein übliches Verfahren. Ich kann mich aber daran erinnern, dass der so köstliche Scheibenhonig nur ungeschwefelt auf den Tisch kam. Bei der „Ernte“ kamen die gewonnenen Honigwaben in eine große spezielle Presse aus der der Honig in vorbereitete Tonkrüge lief.

Die ausgepressten Waben wurden dann draußen ausgebreitet und der Resthonig von den Bienen gierig aufgenommen und als Wintervorrat eingelagert. Nach einigen Tagen kamen alle Wabenreste in der Schweinküche in einen großen Kessel und wurden in kochendem Wasser verflüssigt. Dieses Wasser-Wachs-Gemisch wurde dann abgeschöpft und in die Wachspresse gefüllt. Die ausgepresste Flüssigkeit lief in einen großen Kupferkessel. Nach dem Erkalten hatte sich das Wachs oben abgesetzt und einen dicken Deckel gebildet. Üblicherweise ist Opa dann mit dieser dicken Wachsscheibe nach Lüneburg gefahren, um sie an einen Händler, wahrscheinlich in der dort ansässigen „Wachsbleiche“, zu verkaufen. Diese Fahrten hat er immer sehr genossen und auch dazu genutzt, ausgiebig durch die Stadt zu bummeln. Vielleicht fielen dabei auch ein Paar neue Manschettenknöpfe ab.

An eine ungewöhnliche Maßnahme kann ich mich auch noch erinnern. Ich weiß nicht, ob diese auch von anderen Imkern angewandt wurde, aber mein Opa hat sie praktiziert. Er hat mit einer selbstgebauten Falle Meisen gefangen. Dieses geschah vor allem in der Ruhepause der Bienen im Winter. Mir gegenüber hat er das damit begründet, dass die Meisen gerne Bienen fressen würden. Um an ihre

Beute zu kommen, hatten sie sich einen bestimmten Trick angeeignet. Da die Bienen in dieser Zeit nicht ausfliegen, setzten sich die schlauen Vögel an das Flugloch und trommelten mit dem Schnabel auf den Korb. Die Wächterbienen haben daraufhin nachgeschaut, was da draußen los ist und wurden dann von den Meisen verspeist. Dadurch entstand eine nicht gewollte Unruhe im Bienenstock und der besorgte Imker wollte weitere Störungen verhindern. Also wurden die Meisen gefangen. Die Falle war eigentlich ein genialer Eigenbau und bestand aus einem Holzkasten mit etwa 40 cm Seitenlänge und 20 cm Höhe. An einer Seite war ein schwerer Holzdeckel mit Scharnieren befestigt. In der Mitte des Kastens war ein Stab eingelassen auf dem ein kleines Kreuz aus dünnen Brettchen aufgesetzt wurde und dann in der Mitte wiederum ein Stäbchen genau über dem unteren. Auf dieses obere Stäbchen wurde dann der Deckel vorsichtig abgesenkt. Auf die „Kreuzbrettchen" kamen dann einige tote Bienen, um die Meisen anzulocken. Die kamen dann tatsächlich, setzten sich auf das Kreuz und das fragile Gebilde brach in sich zusammen und der Deckel sauste herab. In den meisten Fällen war die betreffende Meise dann auch in dem Kasten gefangen. In der sogenannten „Imkerkammer" wurde sie dann freigelassen. Zwar wurden sie dort mit toten Bienen gefüttert aber sehr oft verendeten sie trotzdem. Vor allem wohl auch deshalb, weil sie immer wieder gegen die Fensterscheiben geflogen sind. Das Ziel war aber eigentlich, sie solange am Leben zu halten, bis die Bienen ihre Winterruhe beendet hatten.

Der Nutzen dieser Aktion bleibt mir allerdings verschlossen, denn damals hat es so viele Meisen gegeben, dass es unmöglich war, sie alle zu fangen. Eigentlich hatte ich Mitleid mit den Vögeln, fand das Fallenstellen aber doch irgendwie spannend.

In den letzten Jahren seines „Imkerlebens“ hatte Opa sich von den Körben verabschiedet und nur noch zwei Völker in Holzkästen gehalten.

Als er aus gesundheitlichen Gründen die Imkerei leider nicht mehr betreiben konnte, hat mein anderer Opa die beiden Kästen übernommen und dann ebenfalls mit der Imkerei begonnen. Ich selber war für eine Weiterführung noch zu jung und mein Vater reagierte allergisch auf das Bienengift. So blieb diese alte Tradition jedenfalls noch für einige Jahre in der Verwandtschaft erhalten.

Mein großes Interesse an der Imkerei ist für alle Zeiten erhalten geblieben. Geblieben ist auch die Erinnerung an zwei schon erwähnte unvergleichliche Gerüche: Zum einen der Geruch von heißem Bienenwachs wenn dieser ausgepresst wurde und zum anderen der spezielle Rauch von getrocknetem Rainfarn. Außerdem kann ich ins Schwärmen gerate, wenn ich an den wohlschmeckenden Scheibenhonig auf dem Frühstückstisch denke. Vor allem, wenn es sich dabei um den späten Heidehonig handelte.

Ein nostalgischer Rückblick auf die frühere Imkerei mag eine gewisse Romantik besitzen, täuscht aber nicht darüber hinweg, dass sie viel Aufmerksamkeit verlangt hat und zeitweise auch arbeitsintensiv war.

5. Kapitel
Meine Erziehung

Bei meinen Eltern waren Kirche und Religion eigentlich nie ein großes Thema. Sie waren auch nicht, wie meine Großeltern, regelmäßige Kirchgänger. Kontakt zur Religion hatte ich während meiner Kindheit eigentlich nur durch meine Großmutter, die mich schon früh religiös erzog. Zum regelmäßigen Beten vor dem Schlafen wurde ich aber auch von meiner Mutter angehalten. Die religiöse Erziehung setzte sich dann in der Schule im Fach Religion und natürlich während des Konfirmandenunterrichtes fort. In dieser Zeit war ich für Glaubensfragen noch empfänglich, aber schon ein Zweifler. Jetzt bin ich kein „Gläubiger Mensch" mehr und konsequenterweise auch aus der Kirche ausgetreten. Schon lange hatte ich meine Kirchensteuerbeiträge nur noch deshalb gezahlt, weil ich „Die Kirche" bei ihrem sozialen Engagement unterstützen wollte. Nun wollte ich kein „Heuchler" mehr sein und für klare Verhältnisse sorgen. Jetzt wird zwar keine Kirchensteuer mehr abgeführt, aber es ist trotzdem ein jährliches sogenanntes „Kirchgeld" in Höhe von etwa 90 EURO fällig. Das sind die etwas unlogischen Vorschriften bei einer steuerlichen Zusammenveranlagung bei Ehepaaren.

Die weltliche Erziehung durch meine Eltern war im Wesentlichen durch die Vorgaben meines Vaters geprägt. Dieser war mit dem Nationalsozialismus aufgewachsen und begeisterter Soldat vor und im Krieg gewesen. Deshalb agierte er auch im späteren Leben sehr energisch und mit entsprechender Bestimmtheit. Ich hatte großen Respekt vor ihm und man kann schon von einer strengen, autoritären Erziehung sprechen. Es gab sehr früh ganz klare Vorgaben, an die ich mich zu halten hatte. Natürlich haben auch meine Mutter und Großmutter ihren Anteil an meiner Erziehung, aber mein Vater bestimmte eindeutig, wo es lang ging; und das in allen Bereichen.

Weil meine Mutter sich ihrem Wesen und der eigenen Erziehung entsprechend, aber auch mit Überzeugung, unterordnete, gab es nie eine gegenteilige Meinung zu getroffenen Entscheidungen. Manchmal habe ich zwar gehofft, dass meine Mutter bei für mich unangenehmen Entscheidungen versuchen würde, ihn vielleicht doch noch umzustimmen; aber das geschah nie. Ich glaube, dass sie es auch nicht versucht hat. Auch meine Großeltern haben sich herausgehalten. Es war mir daher unmöglich, diese zu fragen, ob ich von ihnen etwas bekommen könnte, oder sie mir etwas gestatten würden, was von meinen Eltern nicht gewollt war.

Geprägt hat meinen Vater wohl auch seine Militärzeit, denn einige Dinge hatten schon Ähnlichkeiten mit militärischem Drill. So musste zum Beispiel jeden Sonnabend der Hof und die Straße gefegt werden. Auch musste die Kellerkammer, so genannt, weil sie über dem Keller lag, immer an diesem Tag hergerichtet werden. Dieser Raum diente übrigens meinem Opa und mir auch als Musizierzimmer. Aber in erster Linie wurden dort alle Schuhe und Stiefel abgestellt, die stets an diesem besagten Tag zu putzen waren. Da sich darunter auch die Arbeitsschuhe befanden, war diese Arbeit sehr umfangreich. Zu einer bestimmten Zeit war Appell und mein Vater überprüfte peinlichst genau das Resultat der Arbeiten. Wie beim Militär wurde ein Nachappell angeordnet, wenn etwas zu beanstanden war.

Sehr oft werden in den Familien Erstgeborene strenger erzogen als die folgenden Kinder. Das ist auch verständlich, weil die Eltern nach der Geburt des ersten Kindes praktisch Neuland betreten und erst lernen müssen, mit einem kleinen Kind umzugehen; außerdem haben sie wohl auch Angst, etwas falsch zu machen. Bei dem zweiten Kind ist schon eine gewisse Routine vorhanden und es geht alles leichter von der Hand. Unabhängig davon ist das Verhältnis vom Sohn zum Vater oft nicht so eng wie zur Mutter. Bei der Tochter kann dieses anders herum sein. Das hängt auch wohl damit zusammen, dass der Vater glaubt, den Sohn ruhig etwas härter anpacken zu können, während die Tochter, wenn sie dann auch noch die Zweitgeborene ist, etwas großzügiger und vielleicht auch liebevoller erzogen wird.

So ähnlich war es jedenfalls in meiner Familie. Aber trotz der strengen Erziehung habe ich mich wohl gefühlt: Liebe und Geborgenheit gespürt. Selbstverständlich hat auch meine Mutter ihren Anteil an meiner Erziehung. Aber grundsätzlich hat sie sich auf ihren Ehemann verlassen und brauchte deshalb auch keine unangenehmen Entscheidungen treffen. Ich wurde von ihr fast nie gemaßregelt.

Ich kann mich jedoch an eine Begebenheit erinnern, bei der sie es dennoch einmal getan hat. Und weil es sich dabei um etwas Einmaliges handelte, ist dieses auch in meiner Erinnerung verblieben. Wir waren zusammen bei unserem Nachbarn im Dorfladen zum Einkaufen. Ich mag so um die fünf Jahre alt gewesen sein. Während sie an der Ladentheke ihre Bestellungen aufgab, kommentierte ich dieses immer wieder mit irgendwelchen naseweisen Bemerkungen. Irgendwann wurde es ihr wohl zu viel und sie wandte sich mir zu und sagte nur diesen einen Satz: „Eckhard, nun reicht es aber." Ein ganz banaler Satz. Aber diese Bestimmtheit und Eindringlichkeit hat mich sehr überrascht, einen tiefen Eindruck hinterlassen und fast in einen Schockzustand versetzt. Meine Mutter hatte mit mir geschimpft! Wie konnte es nur geschehen, dass sie so reagiert hatte? Ich machte mir große Vorwürfe und ging dann beschämt mit ihr nach Hause.

Das war unter anderen auch der Grund, dass ich in meiner Kindheit kaum den Mut aufgebracht habe, etwas Verbotenes anzustellen. Ich wollte sie einfach nicht enttäuschen. Der Respekt vor meinem Vater spielte dabei natürlich auch eine Rolle.

Man kann schon sagen, dass ich ein braves Kind gewesen bin.

Umso unverständlicher ist es mir bis heute, dass dieser „brave Junge" sich mit einem Schulkameraden, den ich vorher sogar zu meinen Geburtstagen eingeladen hatte, ernsthaft geprügelt hat. Und ich weiß auch nicht warum. Wie alt ich bei diesem Vorfall war, kann ich nicht mit Bestimmtheit sagen, aber ich glaube, dass ich noch nicht zur Mittelschule gegangen bin. Ich mag also acht oder neun Jahre alt gewesen sein.

Es war an einem Sonntagnachmittag und mir war langweilig, weil meine sonstigen Spielkameraden keine Zeit hatten. Also setzte ich mich aufs Fahrrad und fuhr ziellos durch das Dorf. Ich entdeckte dabei auch einige Jungen, die sich bei einem Schulkameraden auf dessen Hof aufhielten. Da dieses aber nicht unbedingt meine besten Freunde waren, war ich unentschlossen, ob ich mich dazugesellen sollte. Daher fuhr ich mehrmals an ihnen vorbei, ohne anzuhalten. Schließlich hielt ich doch an und ging zu ihnen. Ich glaube auch deshalb, weil sie mich angesprochen hatten. Für mich aus unerklärlichen Gründen begann plötzlich ein Gerangel mit dem gleichaltrigen Schulkameraden, der auf dem Grundstück beheimatet war. Es entwickelte sich ein ernsthafter Ringkampf bei dem ich unglücklicherweise in die Unterlage geriet. Mein Widersacher kniete auf meinen Unterarmen und schlug mir mehrfach ins Gesicht. Als es mir jedoch gelungen war, mich aus dieser misslichen Lage zu befreien und ihn dann unten hatte, kam auf einmal sein Vater dazwischen und trennte uns. Er hatte den ganzen Kampf wohl beobachtet, sich aber erst dann eingemischt, als sein Sohn in eine missliche Lage geraten war. Darüber war ich doch sehr verärgert aber auch gleichzeitig froh, dass der Kampf vorüber war; denn ins Gesicht schlagen, das hätte ich nicht können. Aber den Triumph genießen, letztendlich doch „gesiegt“ zu haben, das hätte ich noch gerne etwas ausgekostet.

Bei dem Gerangel hatte mein Gegner allerdings so stark an meinen Haaren gezerrt, sodass er dabei ein großes Büschel herausgerissen hatte. Die kahle Stelle war etwa so groß wie das ehemalige 5 Mark-Stück. Das war schon eine schmerzhafte Angelegenheit. Ein Mitglied dieser Gruppe, zu dem ich ein relativ „neutrales“ Verhältnis hatte, begleitete mich nach Hause und wir berichteten meiner Mutter, die gerade beim Schweinefüttern war, von diesem unsäglichem Kampf und der kahlen Stelle auf dem Kopf.

Heute würde diese Angelegenheit wahrscheinlich zu einer rechtlichen Auseinandersetzung führen und Schmerzensgeldforderungen nach sich ziehen, aber all das geschah nicht. Da hielten sich die Erwachsenen völlig heraus.

Als wir Ringkämpfer uns am nächsten Tag wieder in der Schule trafen, war der Kampf kein großes Thema mehr. Aber unsere Beziehung war nachher doch etwas unterkühlt. Da ich wenig später zur Mittelschule gegangen bin und mein Gegner in der Volksschule verblieb, trennten sich unsere Wege im schulischen Bereich recht bald. Auch weil die Familie wenig später verzogen ist, hat man sich dann völlig aus den Augen verloren.

Viele Jahre später habe ich ihn dann wieder getroffen, als er als Postzusteller meine Dienststelle bei der Bundeswehr belieferte. Die Begrüßung erfolgte außerordentlich freundschaftlich und es wurde sich angeregt über die zurückliegende Zeit unterhalten. Unser unsäglicher Zweikampf in den Kindertagen war aber kein Thema.

Meine strenge Erziehung war wohl auch ein Grund dafür, dass ich in meiner Kindheit nicht mit dem Rauchen begonnen habe. Weitere Gründe waren die Tatsache, dass meine Eltern nicht geraucht haben und auch in der „Spielgemeinschaft“ mit den Nachbarkindern dieses kein Thema war.

Ich muss aber gestehen, dass wir es trotzdem einmal probiert haben! Mit „Wir“ meine ich diese besagte Gruppe.

Wie wir an die Zigaretten gelangt sind, kann ich nicht sagen. Es könnte aber sein, dass unsere Freunde sie aus ihrem Dorfladen haben mitgehen lassen. Ich glaube, unser Versuchsobjekt war eine „Eckstein“ aus einer grünen Packung. Es hieß damals, sie sei eine starke Zigarette. Und das war wohl auch ein Grund dafür, dass dieser erste Versuch total fehlgeschlagen ist; denn der beißende Qualm sagte mir ganz und gar nicht zu und außerdem zerbröselte mir die Zigarette im Mund, weil sie keinen Filter besaß und ich vielleicht auch zu viel daran „herumgesabbelt“ hatte. Aber das war auch gut so, denn danach habe ich nie wieder einen neuen Versuch gestartet. „Was soll daran denn gut sein?“ habe ich mich gefragt. Die Angst vor Entdeckung durch meine Eltern war sicher ein weiterer Aspekt.

Obwohl ich also nicht zum Raucher geworden bin, habe ich eigenartigerweise als Kind Zigarettenschachteln gesammelt. Wie übrigens andere Kinder in unserem Dorf auch. Besonders stolz war man damals, wenn man eine sehr seltene Marke gefunden hatte. „Juno“, „Ernte 23“ oder „HB“ waren sehr häufig, eine „Attika“ jedoch war eine Rarität und sehr begehrt.

Das Sammeln hatte aber auch noch einen skurrilen Grund. Bei manchen Sorten befand sich ein bestimmtes Zeichen unter der Banderole. Das konnte ein Kreuz sein, eine Zahl oder irgendetwas Anderes. Jedenfalls hielt sich bei uns Jungen hartnäckig das Gerücht, dass man einen Fußball bekommen würde, wenn man eine bestimmte Anzahl dieser Zeichen von einer Zigarettenmarke gesammelt hatte. Mir ist aber kein Fall bekannt, dass jemals ein Ball „gewonnen“ wurde. Vielleicht war ja doch etwas Wahres daran und die Raucher sollten dadurch zu einer „Produktbindung“ verführt werden. Jedenfalls gab es das Gerücht, dass schon jemand einen Ball erhalten hatte. Heute sagt man wohl „Fake News“ dazu.

Im Erwachsenenalter, als ich bei der Bundeswehr war, hätte ich unter Umständen doch noch zum Raucher werden können. Gerade während der Grundausbildung wurden in regelmäßigen Abständen sogenannte „Raucherpausen“ gemacht. Aber auch diese Verführung ging spurlos an mir vorüber. Danach bestand nie wieder eine ernsthafte Gefahr für mich.

Ich bin überzeugt, dass mein Vater trotz der strengen Erziehung sehr stolz auf mich war. Meinen weiteren Lebensweg hat er stets mit großer Freude begleitet und nie versucht, mich mit gutgemeinten Ratschlägen zu begleiten. Auch wenn einige meiner Entscheidungen nicht mit seinen ursprünglichen Wunschvorstellungen übereinstimmten, akzeptierte er diese uneingeschränkt. Dafür bewundere ich ihn vor allem deshalb, weil ich bei den eigenen Kindern immer wieder dazu neige, ihnen in allen möglichen Bereichen Ratschläge zu geben. Und dass, obwohl ich mir so oft sage: „halte dich da heraus!“ Aber weil ich mir einbilde, eine gewisse Weitsicht und natürlich auch Lebenserfahrung zu haben, fällt es mir sehr schwer, meine guten Vorsätze einzuhalten.

Rückblickend stellt sich mir die Frage, welche Erziehung grundsätzlich die Richtige ist. Die autoritäre oder antiautoritäre. Wenn junge Menschen vor der Aufgabe stehen, eigene Kinder zu erziehen, ist es sicher nicht leicht, sich für den richtigen Weg zu entscheiden. Das Problem ist, dass die jungen Eltern auch eine unterschiedliche Erziehung genossen haben. Und beide werden die eigene Erziehung unterschiedlich bewerten. Dann ist es sicherlich schwer, den richtigen Weg einzuschlagen. Unter diesem Aspekt kann ich die Erziehungsmethoden meiner Eltern auch verstehen und akzeptieren. Sie haben den Grundstein für meinen weiteren Weg gelegt und entscheidende Werte vermittelt. Dazu gehören unter anderem Höflichkeit, Pünktlichkeit, Verlässlichkeit, Ehrlichkeit und Toleranz. Ebenfalls die Anleitung zu Sauberkeit und Ordnung, auch wenn ich dieses manchmal als lästig empfunden habe. Während Dankbarkeit anerzogen worden ist, ist Sparsamkeit eher vererbt worden. Seit Generationen ist in unserem Haus sparsam und genügsam gewirtschaftet worden. Dieses ist auch von meinen Eltern so vorgelebt und von mir übernommen worden. Hinzu kommt noch die entbehrungsvolle Nachkriegszeit, die meine Generation geprägt hat. Obwohl sich die Zeiten geändert haben und kein Mangel mehr herrscht, fällt es mir schwer, großzügiger mit Geld umzugehen. Selbst wenn ich Millionär werden würde, könnte ich meinen Lebensstil wahrscheinlich nicht ändern.

Auch gewisse Tischsitten waren von mir zu erlernen. Im Einzelnen kann man sicher über den Sinn streiten. Aber die meisten Regeln haben schon einen logischen Hintergrund. Wenn als Beispiel die Gabel wie eine Schaufel ergriffen wird, um sich die Nahrung in den Mund zu schaufeln, läuft man Gefahr, dass man mit dem ausgestreckten Ellenbogen dem Nachbarn ins Gehege kommt. Vor allem dann, wenn in großen Gesellschaften die Stühle an der Tafel relativ eng gestellt sind. Das Herumfuchteln mit Messer und Gabel bei der Unterhaltung ist auch nicht angesagt. Dass man alles aufessen sollte, was auf dem Teller ist, wird allerdings von Land zu Land unterschiedlich interpretiert. So wird es manchmal als unhöflich angesehen, wenn man alles aufisst. Das wird dann von der Hausfrau so ausgelegt, dass sie zu wenig gekocht hat und der Gast nicht satt geworden ist. Andere Länder andere Sitten! „Nimm nur so viel, wie du auch essen möchtest“ sollte aber stets beachtet werden. Auch der Hinweis, dass der Ellenbogen nicht auf dem Tisch gehört, ist eine der vielen Regeln, die nicht nur bei uns zuhause zu befolgen waren und sind.

Im Kindesalter waren mir viele dieser Regeln nicht immer verständlich und forderten auch manchmal inneren Widerstand heraus. Später wurde mir allerdings doch der Sinn vieler Regeln klar.

Dazu eine kleine Anekdote aus der eigenen Familie:

In meiner Schulzeit wurde das Betragen in der sogenannten „Kopfnote“ beurteilt.

Zu einem guten Betragen gehört unter anderem auch, dass man Mitmenschen grüßen sollte. So wurden die eigenen Kinder auch erzogen. Diese Maßgabe funktionierte bei unserer ältesten Tochter als Kind im heimatlichen Dorf hervorragend und sie grüßte jede Person die ihr begegnete. Als sie das jedoch auch pausenlos machte, während wir durch die Fußgängerzone einer Kleinstadt spazierten, haben wir uns zwar amüsiert gefreut, aber sie doch darauf hingewiesen, dass das in diesem besonderen Fall nicht nötig wäre.

Entscheidend bei der Erziehung ist natürlich auch, was die Eltern vorleben. Wenn sie zum Beispiel selber rauchen, ist es schwer, den Kindern zu vermitteln, dass sie nicht rauchen sollten. Oder wenn man die Kinder anleitet, die Gesetze zu akzeptieren und sie einzuhalten ist es kontraproduktiv, wenn man in ihrer Begleitung zum Beispiel bei Rot über den Zebrastreifen geht.

Diese Vorbildfunktion kann ich meinen Eltern vorbehaltlos bescheinigen. Wobei mir die penible Art meines Vaters als Kind manchmal als übertrieben vorkam.

Wie lange hat meine „Erziehung" eigentlich gedauert? Wann war sie abgeschlossen? Streng genommen ist die Erziehung nie ganz abgeschlossen; denn auch im Erwachsenenalter wird man weiterhin durch zu beachtende Vorgaben geprägt und erzogen. Sei es im Berufsleben, bei der Ausübung einer sportlichen Betätigung oder in der eigenen Familie. Man hat sich an gewisse Regeln zu halten.

Es gibt viele Untersuchungen und Meinungen darüber, wann die entscheidenden Weichen für das weitere Leben gestellt werden. Ich glaube, dass die ersten drei bis vier Jahre die entscheidenden für mich gewesen sein können. Sie bildeten das Fundament.

Ich kann den genauen Zeitpunkt nicht benennen, ab wann bei mir von den Eltern nicht mehr erzieherisch eingegriffen wurde. Ich wusste eigentlich sehr früh, was sich gehörte und was nicht, was ich machen konnte und was ich lieber unterlassen sollte. Rückblickend könnte ich etwa die Zeit des Übergangs in die Mittelschule, also das Alter von zehn Jahre bestimmen, in der ich nur noch ganz selten mit neuen Regeln konfrontiert worden bin.

Auch wenn ich gestehen muss, dass es manchmal etwas unbequem und lästig war und mir nicht alle Erziehungsmaßnahmen gefallen haben, kann ich mit großer Dankbarkeit sagen, dass meine Eltern mich gemeinsam auf einen sehr guten Weg gebracht und diesen stets mit viel Freude begleitet haben.

P. S.: Auf einer Busreise erlebte ich während einer Pause folgendes: In meiner Nähe standen einige Frauen beieinander und unterhielten sich. Es interessierte mich eigentlich nicht, über was sie sich unterhielten und habe das Gespräch auch nicht verfolgt. Aber dann löste sich eine ältere Frau von der Gruppe, ging in meine Richtung und sagte dabei - übersetzt aus dem Plattdeutschen:

„Mein Mann hat immer gesagt: Kinder müssen im Kinderwagen erzogen werden. Wenn sie da raus sind, kann man nicht mehr viel machen."

Spontan habe ich gedacht „Was ist denn das für ein Quatsch!" Aber schon bald darauf hat mich dieser Satz sehr nachdenklich gemacht.

6. Kapitel
Spiele in der Kindheit

In der sogenannten „schlechten Zeit“ nach dem Krieg, waren Spielsachen sehr rar. So beschränkte sich Gekauftes zunächst nur auf wenige Sachen. An einen Setzkasten mit Märchenbildern kann ich mich noch gut erinnern. Eine Spielesammlung kam dann dem Alter entsprechend auch bald hinzu. Dame, Mühle und Halma habe ich sehr gerne gespielt. „Mensch, ärgere dich nicht“ stieß bei mir allerdings nicht auf große Zuneigung.

Trotzdem musste ich es oft ertragen. Dieses Spiel soll wohl auch erzieherisch wirken, weil man dabei lernt, mit bitteren Niederlagen umzugehen. Grundsätzlich ist das ja bei allen Spielen so.

Im Laufe der Zeit waren wir recht gut mit Spielen ausgerüstet. Gerne haben wir „Spitz pass auf“ gespielt, bei dem kleine Figuren an einem Faden befestigt waren und dicht gedrängt auf einem kleinen Brettchen standen. Bei einer festgelegten Zahl auf dem Würfel versuchte der Werfer, diese dann mit seinem Becher zu fangen. Man musste also sehr gut aufpassen und seinen „Spitz“ rasch wegziehen.

Auf einer weichen Unterlage wurde „Flohhopser“ gespielt. Dabei mussten kleine etwa pfenniggroße Plastikscheiben mit einer größeren so geschickt heruntergedrückt werden, dass sie in einen kleinen Becher springen (hopsen) konnten.

Das „Hütchenspiel“ war sehr spannend und ich habe es mit großer Begeisterung gespielt. Mit einer kleinen Wippe mussten die spitzen Kunststoffhütchen, am Ende mit einer kleinen Bleispitze versehen, auf ein quadratisches Feld geschossen werden. In dieser Pappe waren in Reihe und Glied Löcher ausgestanzt in die die Hütchen genau hineinpassten. Ziel war es, das Loch mit dem größten Wert, das sich genau in der Mitte befand, zu treffen. Groß war die Freude, wenn man in ein Hütchen „gehopst" war, das sich schon in einem Loch befand; denn dann zählte der Wert doppelt.

Relativ oft haben wir auch mit Karten gespielt, wie zum Beispiel „Schwarzer Peter" oder „Quartett".

Oma und Opa erhielten besonders in der „dunklen Jahreszeit" des Öfteren Besuch von unserem Nachbarn, einem gelernten Steinsetzer, auf Plattdeutsch „Ploasterer" (Pflasterer) genannt. Den Unterhaltungen habe ich gerne zugehört; aber noch interessanter war es, ihnen beim Kartenspielen zuzuschauen. Sie spielten dann „Napoleon" und „Mauscheln". Angeblich waren beide Spiele früher in der Öffentlichkeit verboten, weil mit hohen finanziellen Einsätzen gespielt werden konnte. An die Regeln kann ich mich nicht mehr genau erinnern. Ich weiß nur noch, dass bei Napoleon „Kreuz" immer Trumpf war und bei Mauscheln um das Geld in einem Topf gespielt wurde. Zu meiner Freude durfte ich hin und wieder auch mitspielen als ich die Spielregeln einigermaßen beherrschte. Gespielt wurde aber nicht mit echtem Geld, sondern wir nahmen Groschen und Fünfer, die noch aus der Kaiserzeit stammten. Kein gültiges Zahlungsmittel mehr, aber weil sie aus Silber waren, auch nicht wertlos.

Mit meinen Eltern haben wir nur gelegentlich gespielt. Wenn, dann war es meistens „Mensch ärgere dich nicht“ oder das ebenfalls auch heute noch verbreitete Stäbchenspiel „Mikado“. Bei diesem Spiel war man nicht auf das Glück angewiesen, sondern in erster Linie auf die eigene Geschicklichkeit.

Es war aber nicht so, dass wir grundsätzlich mit den Erwachsenen gespielt haben, sondern wir mussten uns auch oft selber beschäftigen. So war es vor allem tagsüber, denn in dieser Zeit waren sie mit anderen Dingen beschäftigt. Das galt vor allem für den Sommer. Dann haben wir uns draußen mit den unterschiedlichsten Spielen beschäftigt. Wenn ich in diesem Zusammenhang von „wir“ spreche, meine ich in erster Linie noch meine zwei Jahre jüngere Schwester und meine Cousine, die ein Jahr jünger war als ich und mit ihren Eltern ihrer Großmutter ebenfalls in unserem Haus lebte.

Wenn ich mit meiner Schwester gespielt habe, kam es oft aus den unterschiedlichsten Gründen zum Streit. Das war vor allen dann blöd, wenn es abends in der Stube meiner Eltern geschah, weil das zur Folge hatte, dass wir stets von meinem Vater ins Bett geschickt wurden. Natürlich war jeder auf den anderen sauer und gab dem auch die Schuld an dem Streit.

Wenn wir draußen gespielt haben, konnten wir uns gut auf einem Sandberg beschäftigen. Oft haben wir auch mit einem kleinen bunten Ball gespielt. Schwierig wurde es dabei, wenn man diesen mit den unterschiedlichsten Körperteilen an eine Wand prallen lassen sollte und er dabei nicht herunterfallen durfte. Begonnen haben wir, so glaube ich, mit beiden Unterarmen, dann folgte der rechte und linke Unterarm, die Oberschenkel und schließlich der Kopf. Damit konnte man sich schon eine Weile beschäftigen; denn man durfte erst dann fortfahren, wenn eine Übung zehnmal geschafft worden war. Manchmal haben wir uns den Ball auch einfach nur zugeworfen, um ihn zu fangen. Was vermeintlich sehr leicht erscheint, ist aber für kleine Kinder nicht immer ganz einfach. Es gehört schon eine gewisse Geschicklichkeit dazu. Man kann deshalb auch von einer „Koordinationsübung“ sprechen.

Waren mehrere Kinder zusammen, haben wir zum Beispiel auch das einfache „Kriegen“ gespielt, bei dem ein Kind versuchen musste, einen anderen abzuschlagen, der dann der „Jäger“ war.

Vor allem bei Kindergeburtstagen haben wir gerne „Der Plumpsack geht rum“ gespielt. Dieses kannten wir aus der Schule und es waren dafür möglichst viele Kinder erforderlich. Mit etwa zwei bis drei Schritten Abstand zueinander setzte man sich in einen großen Kreis. Ein Mitspieler blieb jedoch stehen und hatte den „Plumpsack“ in der Hand. Das konnte ein kleines mit Sand gefülltes Säckchen sein aber auch nur ein Taschentuch oder andere kleine Gegenstände. Diese Person ging dann außen am Kreis herum und ließ möglichst unbemerkt hinter einem Sitzenden den „Plumpsack“ fallen. Meisten hat man aus der Reaktion der anderen vernommen, dass dieses geschehen war. Dann musste das Opfer versuchen, den enteilenden Mitspieler einzuholen bevor er die freigewordene Lücke erreicht hatte. Normalerweise sollte er überholt werden; bei uns reichte es aber, wenn wir ihn abgeschlagen hatten. Beim Rundgang des

Plumpsackes sangen die sitzenden Mitwirkenden den immer wiederkehrenden Vers: „Dreh dich nicht um. Der Plumpsack geht rum. Wer sich umdreht oder lacht kriegt den Buckel blau gemacht.“

Sehr viel Spaß machte das „Völkerball-Spiel“. Weil das auch in der Sportstunde oft gespielt wurde, sind wir dazu meistens auf den Schulhof gegangen, weil dort schon ein Feld aufgezeichnet war. In zwei begrenzten Feldern mussten zwei Mannschaften sich gegenseitig abwerfen. Der Ballbesitz wechselte, wenn der Ball gefangen wurde oder in Besitz gelangte ohne dass jemand getroffen wurde. Das ergab oft einen spannenden Spielverlauf.

Sehr oft haben wir auch mit unseren beiden Nachbarkindern gespielt, die ungefähr in unserem Alter waren. Dann haben wir entweder auf unserem Grundstück aber auch manchmal nebenan „Verstecken“ gespielt. Da beide Grundstücke ziemlich groß waren und viele Gerätschaften herumstanden, war es manchmal gar nicht so leicht, die Versteckten alle zu finden. Manchmal haben wir auch das ganze Dorf als Gebiet genutzt. Das nannten wir dann „Dorfverstecken“.

In diesem Zusammenhang erinnere ich mich an ein Missgeschick, welches meiner Cousine aus Lüneburg passiert ist. Die Familie besuchte uns relativ oft, weil ihr Opa ein Bruder meines Opas war und sie zusammen in einer Kapelle Musik gemacht haben. An diesem außergewöhnlich warmen Tag (04. Februar) hatte mein Opa Geburtstag. Zu solchen Besuchen ist die Familie stets mit dem Zug angereist. Dieser hielt in einem fünf Kilometer entfernten

Bahnhof. Diese Strecke wurde dann zu Fuß zurückgelegt. Als es nach dem besagten Geburtstagsbesuch wieder zurückgehen sollte, liefen wir Kinder vorweg und versteckten uns hinter Ecken, Hecken oder Zäunen. Und dann geschah das Malheur! Meine Cousine versteckte sich hinter einer Ecke und hüpfte in freudiger Erwartung. Leider stand sie jedoch auf den maroden Brettern einer Jauchegrube. Diese brachen unter ihrer „Last“ zusammen und sie landete in der übelriechenden Jauche. Zum Glück war die Grube nicht sehr tief, sodass die Bergung schnell und reibungslos erfolgen konnte. Doch sie musste nun erbostes Schimpfen ihrer Erziehungsberechtigten über sich ergehen lassen, weil sie so nicht weitergehen konnten und deshalb den geplanten Zug verpassten. Es musste also umgekehrt werden, um die Kleidung zu wechseln. Die alte wurden notdürftig ausgewaschen und in einer Tüte verstaut und die Unglückliche von uns mit neuen Kleidern versorgt. Erst mit reichlicher Verspätung haben sie dann gemeinsam den erneuten Fußmarsch zum Bahnhof angetreten. In späteren Zeiten haben wir oft über diesen Vorfall gesprochen und uns köstlich amüsiert, aber an diesem Tag hat keiner darüber gelacht. Bei meiner kleinen Spielpartnerin sind sogar einige Tränen geflossen.

Mit welchen Spielen haben wir uns noch beschäftigt?

Sehr oft und gerne haben wir „Hopser“ gespielt, welches wohl weltweit bekannt ist. Eigentlich ein reines Mädchenspiel. Aber wenn ich nicht gerade etwas anderes zu tun hatte, habe ich auch gelegentlich, mit nicht allzu großer Begeisterung, mitgemacht. Entscheidend bei diesem einfachen Spiel, oder besser gesagt, bei dieser Beschäftigung, war die Aufgabe, keinen Strich mit den Füßen oder dem Wurfstein zu berühren. Dieses Spiel konnte man sehr gut zu zweit spielen. Aber es ging auch mit mehreren. Meistens haben wir die benötigten Kästchen auf den unbefestigten Bürgersteig gegenüber von unserem Haus aufgezeichnet.

Hier trafen wir uns auch mit den Kindern aus der Nachbarschaf zum beliebten und wohl auch weltweit bekanntem „Murmelspiel". Meistens wurde es von uns Jungen gespielt, aber ausnahmsweise konnten auch Mädchen zugelassen werden.

Mit dem Hacken musste nur ein kleines Loch geschaffen werden und das Spiel konnte beginnen. Jeder hatte ein kleines Säckchen dabei, in dem sich die bunten Tonmurmeln befanden. Beachtung fand derjenige, der die sehr begehrten Glaskugeln beim Spiel einsetzte. Diese hatten einen höheren Wert. Wenn ich mich nicht irre, entsprach eine Glaskugel drei Tonkugeln. Ebenfalls sehr begehrt waren auch silberglänzende Stahlkugeln aus Kugellagern, die ebenfalls eingesetzt werden durften. Dieses Spiel zog uns so in seinen Bann, dass man oft bis in die Dämmerung hinein gemurmelt hat. Zuhause wurde dann der genaue Bestand der Murmeln ermittelt, um zu klären, ob man gewonnen oder verloren hatte. Leider gab es auch sehr schlechte Tage und man ging mit einem fast leeren Säckchen nachhause. Im Notfall mussten dann sogar im nahen Kaufmannsladen neue Murmeln gekauft werden.

Auch das bekannte „Kippel Kappel" wurde recht häufig auf den Nebenstraßen des Dorfes gespielt. Vor allem dann, wenn mehrere Kinder anwesend waren. Da damals noch nicht so viele Autos durch das Dorf fuhren, war das Spielen auf der Straße noch recht unproblematisch. Ich glaube, dass zu diesem Spiel nur Jungen zugelassen waren. Ausnahmen bestätigen die Regel! Das hat wohl auch daran gelegen, dass die Mädchen dazu einfach keine große Lust hatten.

Umgekehrt war es bei zwei reinen Mädchenspielen. Beim Seilspringen und Gummitwist waren die Mädchen meistens unter sich. Obwohl das Seilspringen unter sportlichem Aspekt gesehen für die Jungen bestimmt auch ganz interessant gewesen wäre. Bei manchen Sportarten ist das noch heute ein unverzichtbares Trainingselement.

Das international bekannte Spiel „Landabnahme“, wir nannten es auch „Messerstechen“, wurde bei uns auch nur von den Jungen betrieben. Auf möglichst steinfreiem Boden wurde ein aufgezeichnetes Feld in gleichgroße „Territorien“ aufgeteilt. Meistens nahmen zwei bis maximal vier Spieler daran teil. Das Ziel war, fremdes Gebiet zu erobern. Dazu musste ein Messer so geschickt geworfen werden, dass es im Boden stecken blieb. Als Messer diente meistens ein Fahrtenmesser, aber auch ein Taschenmesser oder normales Küchenmesser konnte verwendet werden. Wenn nun das Messer steckengeblieben war konnte man in Schneiderichtung einen Strich in Länge der Messerklinge ziehen. Ausgangspunkt war eine beliebige Stelle des Grenzstriches des eigenen Landes, der zunächst bei dem Messerwurf getroffen werden musste. Dieser konnte weiter gezogen werden, wenn auch der nächste Versuch die begonnene Linie getroffen hatte. Wenn der Strich dadurch schließlich das eigene Gebiet wieder erreicht hatte, gehörte das dadurch erschlossene „Land" zu dem eigenen. Es wurde vereinnahmt. Manchmal konnte dieses Spiel recht lange dauern bis jemand das gesamte Land von den anderen erobert hatte.

Oft gingen wir auch in die Sandkuhle, die sich in der Dorfmitte befand. Für uns war hier noch ein kleines Paradies vorhanden und es ergaben sich dort viele Möglichkeiten zum Spielen. Von den Böschungen sprangen wir um die Wette in den weichen Sand den Abhang herunter. Wer konnte am weitesten springen? Oder es wurden große Kuhlen ausgebaggert, Burgen und Höhlen gebaut. Herumliegende Bretter und Pfähle dienten zur Stabilisierung. Höhlen in die Böschung zu bauen, war eine sehr riskante Sache; denn diese konnten leicht durch nachsackende Sandmassen zur lebensgefährlichen Falle werden. Davor hatten wir Angst und haben das unterlassen. Aber es gab auch unvernünftig Kinder, die es trotzdem gemacht haben. Zum Glück ist bei uns aber nie etwas passiert.

Ein beliebter Treffpunkt für uns Kinder war auch der Platz in der Dorfmitte um das Spritzenhaus herum.

Ein ganz eigenartiges Spiel war „Geele Hund, von wat förn Siet kummst du?" Die Übersetzung aus dem Niederdeutschen heißt: „Gelber Hund, von welcher Seite kommst du?" Bezogen hat sich das wohl auf die Gefahr, die in früheren Jahren von den Türken oder Mongolen ausgegangen war. Aber das „Hund" könnte auch ursprünglich „Hunne" geheißen haben und sich auf den Einfall der Hunnen bezogen haben. Ich nehme an, dass das ein sehr altes Spiel war und wir es von den Älteren so übernommen haben. Dass wir uns das selber ausgedacht haben, glaube ich eher nicht.

Die Spielregeln waren ganz einfach. Zu Beginn war auf der einen Giebelseite des Spritzenhauses ein sogenannter „Jäger“ postiert. Gegenüber hielten sich die übrigen Kinder auf. Auf die gemeinsame Frage hin „geele Hund, von wat förn Siet kummst du?“ musste er die betreffende Seite nennen. Das war im Westen „Reisemoor“ und im Osten „Vorwerk“; benannt nach den Ortschaften, die in diesen Richtungen liegen. Nach Benennung der Ortschaft musste die Kinderschar so schnell wie möglich auf die gegenüberliegende Seite laufen. Der Jäger ist dann auf der anderen hinterhergelaufen, um noch den ein oder anderen Zurückgeblieben zu erkennen und zu benennen. Diese gingen dann mit auf die Jägerseite. Das Spiel dauerte so lange, bis es keine Gejagten mehr gab. Blieb nur noch einer übrig, war er der Sieger. Eigenartigerweise gab es bei diesem Spiel keinen Streit darüber, ob man gesehen worden ist oder nicht. Man hat es ohne Schiedsrichter so akzeptiert!

Ob dieses Spiel auch in anderen Dörfern in dieser Art und Weise gespielt wurde, ist fraglich.

Ein weiteres Spiel könnte auch eine Exklusivität unseres Dorfes sein und nannte sich: „Kaiser, König, Prinz, Major, Edelmann, Bettelmann, Lehrer, Pastor.“

Wir haben uns damals darüber keine Gedanken gemacht, aber die Reihenfolge der Bezeichnungen war ein Spiegelbild ihres Standes und Ansehen vergangener Zeiten. Vor allem die beiden Letztgenannten waren früher finanziell noch nicht so abgesichert wie heute und daher auf wohlwollende Unterstützung der Mitbürger angewiesen.

Im Idealfall konnten bei diesem Spiel acht Kinder mitmachen. Waren weniger anwesend, entfielen dementsprechend untere „Ränge“.

Für jeden Teilnehmer wurde im entsprechenden Abstand ein kleiner Kreis aufgezeichnet in dem man sich aufhalten musste. Nacheinander, beginnend mit der untersten Stufe (Pastor) musst nun ein Ball dem Nächsthöheren zugeworfen werden. Wurde dieser nicht gefangen, konnte man eine Position nach oben rücken. Das Ziel war eindeutig, irgendwann einmal Kaiser zu werden. Das heißt, man wollte unbedingt dieses Feld erreichen. Wie wir die Anfangspositionen bestimmt haben, kann ich nicht mehr mit Gewissheit sagen, aber ich glaube, dass wir mit einem einfachen Fangspiel begonnen haben. Derjenige, der den Ball nicht gefangen hatte, musste den untersten Rang einnehmen und der Beste war dann zunächst der Kaiser.

Obwohl wir auch ab und zu Fußball gespielt haben, bin ich nie ein guter sogenannter Straßenfußballer geworden. Der Dorfplatz vor dem Spritzenhaus war dafür auch nicht so gut geeignet. Er bestand zu einem großen Teil aus Kopfsteinpflaster und war daher sehr uneben. Zu zweit haben wir ab und zu zwischen den jeweiligen Toren des Spritzenhauses und der gegenüberliegenden Scheune hin und her gebolzt. Aber auch manchmal mit mehreren Kindern. Dabei sind dann in der angrenzenden Mietwohnung leider ab und zu die Fensterscheiben zu Bruch gegangen. Weil das doch relativ häufig geschah, hatte der zuständige Tischler schon passende Scheiben auf Vorrat zugeschnitten. Heute wäre dort bestimmt ein Schild mit der Aufschrift „Fußballspielen verboten" aufgestellt worden. Aber begeistert war die betroffene Mieterin damals auch nicht.

Sehr gut wäre das Fußballspielen auf dem Schulhof möglich gewesen. Aber leider sind wir dort meistens vom Lehrer vertrieben worden, weil ihm diese Sportart nicht so sehr zusagte. Außerdem habe er Angst, wir würden dabei seinen Gartenzaun beschädigen, gab er dann oft als Grund an.

Unser „Kopfballspiel" wurde jedoch auf dem Schulhof geduldet. Es kann sogar sein, dass wir es uns selbst ausgedacht haben und es nur in unserem Dorf so gespielt wurde. Es konnte mit zwei, maximal vier Kindern gespielt werden. Die Tore waren etwa sechs Schritte voneinander entfernt; entweder durch Kleidungsstück gekennzeichnet oder einfach nur auf dem Boden durch Striche markiert. In der Mitte des „Spielfeldes" wurde eine Mittellinie gezogen. Wenn man zu zweit gespielt hat, war das Tor drei Schritte breit, bei vier Spielern etwas größer. Tore konnten nur mit dem Kopf erzielt werden. Man hat dazu den Ball hochgeworfen und versucht, mit einem kräftigen Kopfstoß den Gegenüber zu überwinden. Wenn dieser jedoch den Ball mit dem Kopf abgewehrt hatte, bekam er drei Freiversuche von der Mittellinie aus. Nicht nur deshalb war diese Linie so wichtig, sondern auch dann, wenn man zu zweit spielte. Dann durfte der Mitspieler nämlich bis zu dieser Linie vorgehen und man konnte ihn in das Spiel mit einbeziehen indem man ihm den Ball mit dem Kopf zuspielte. So hatte dieser wegen der kürzeren Distanz eine größere Chance. Es ist klar, dass das Spiel zu viert viel interessanter war und uns großen Spaß bereitete.

Bei schlechtem Wetter sind wir auch in den Saal der benachbarten Gasstätte gegangen. Dann waren wir meistens aber nur eine kleine Gruppe. Als Tor diente auf jeder Seite jeweils ein Stuhl. Allerdings wurde dabei auch ab und zu die eine oder andere Lampe getroffen und zerstört. Erstaunlich ist es, dass das kein Verbot nach sich gezogen hat.

Rückblickend denkt man, dass wir in jedem Winter „immer“ Schnee und Eis hatten. Das wird wohl nicht so gewesen sein, aber in Erinnerung ist geblieben, dass wir oft auf einem nahen Teich Eishockey gespielt haben und uns auf der Rodelbahn in der Sandkuhle aufgehalten haben. Dort hatten wir mehrere Bahnen. Die längste war wohl fast einhundert Meter lang und schon eine kleine Herausforderung. Einmal bin ich beim Rodeln auch verunglückt. Besser gesagt, mein etwas älterer Nachbarjunge. Wir saßen gemeinsam auf dem Schlitten als er diesen gegen einen Holzstoß lenkte. Da ich hinten gesessen habe, ist mir nichts passiert; aber er hatte sich den Daumen gebrochen.

Ein großartiger Schlittschuhläufer bin ich nie geworden. Das lag auch daran, weil ich meistens im Tor gestanden habe. Das große Problem waren aber unsere Schuhe. Da die Schlittschuhe mit Krallen an den Hacken befestigt waren, ist es oft vorgekommen, dass diese durch die Belastung abgerissen sind. Dann war der Gang zum ortsansässigen Schuster unumgänglich und manchmal auch eine längere Pause angesagt. Meistens hatten wir kein Ersatzpaar und die Reparatur dauerte auch einige Zeit. Manchmal haben wir auch gegen die Jungen aus dem Nachbardorf gespielt. Da dieser Ort bedeutend größer war, bestand eine traditionelle Rivalität. Deshalb war es für uns stets eine große Genugtuung, wenn man diesen Dorfwettkampf gewonnen hatte.

Zu den beiden Nachbarkindern hatten wir eine gute Beziehung und insbesondere ich habe mich des Öfteren „drüben“ aufgehalten und mit dem Jungen gespielt. Wir beide waren wohl um die zehn Jahre alt, als wir die Idee hatten, dort am Giebel eines alten Holzstalles eine kleine Hütte zu errichten. Die benötigten Pfähle und Bretter fanden wir auf dem Grundstück. Da wir nur aussortiertes Material verwendeten, kamen von den Erziehungsberechtigten auch keine Einwendungen; was mich in der jetzigen Nachbetrachtung schon ein wenig verwundert. Die benötigten Nägel wurden aus dem Laden „besorgt“ und so war schon recht schnell eine ansehnliche Hütte zusammengezimmert. Ein Dach mit Dachpfannen sorgte dafür, dass wir stets im Trockenen sitzen konnten.

Sogar eine Lampe war durch ein langes Kabel mit einer Steckdose im nahen Stall verbunden. Wir waren sehr stolz auf unsere recht gemütliche Behausung, die auch mit einem Tisch und Stühlen ausgestattet war.

Jetzt waren wir also stolze „Besitzer“ einer Hütte, wussten aber nicht so recht, was wir damit eigentlich anfangen sollten. Da die Mädchen uns beim Bau begleitet hatten und zu „Hilfsarbeiten“ herangezogen worden waren, gehörten sie und ein weiterer Freund nun zu den Bewohnern. Die Nutzung beschränkte sich auf ein gelegentliches Essen, bei dem es unter anderem ein Gemisch aus Zucker und Gries sowie irgendwelche Süßigkeiten und Kekse gab, Als dann die Idee geboren wurde, man könne doch einen „Mickymaus-Club“ gründen, waren alle begeistert und die Hütte wurde zu unserem „Vereinslokal“ ernannt. Zunächst musste jeder seine eigenen Hefte mitbringen, die dann gemeinsam gelesen wurden. Als alles studiert und besprochen war, musste für Nachschub gesorgt werden. Also wurde beschlossen, dass nun der Reihe herum immer die neuste Ausgabe in unserem Dorfladen gekauft werden sollte, um diese dann zu feststehenden Lesezeiten im Vereinslokal gemeinsam zu studieren.

Eine ganze Weile haben wir uns auch regelmäßig getroffen, als dann jedoch nach einigen Monaten der Winter anbrach und wir keine Heizung installieren wollten, ist die Vereinstätigkeit eingestellt worden. Ob wir im Frühjahr wieder weitergemacht haben, glaube ich eher nicht. Aber diese kurze Zeit des Vereinslebens ist nicht nur bei mir, sondern auch bei allen anderen in guter Erinnerung verblieben

Und dann war da noch „Das Spiel mit dem Tod!“

Was ich mir dabei gedacht habe, kann ich in der Nachbetrachtung bei bestem Willen nicht erklären. An einem schönen sonnigen Sonntagnachmittag hatte ich mich aus purer Langeweile auf den Trittstein unserer Haustür gesetzt. Da saß ich nun und betrachtete gelangweilt das Treiben auf der vorbeiführenden Dorfstraße. Das Dorf war aber wie ausgestorben und es war eigentlich nichts zu beobachten. Es zeigte sich auch kein Spielkamerad. Ab und zu fuhr ein Auto vorbei. In dieser absolut ruhigen Atmosphäre hörte ich schon von weitem das monotone leise Abrollgeräusch auf der außerhalb des Ortes befindlichen Teerstraße.

Dann folgte ein lautes Poltern wenn das Auto am Ortsschild das Kopfsteinpflaster unserer alten Dorfstraße erreicht hatte. Dann dauerte es auch nicht mehr lange und dass Auto wurde in der etwa 50 Meter entfernten Kurve bei unserer Schule für mich sichtbar. Nachdem dieses einige Mal so geschehen war, sagte mir plötzlich der Teufel in mir, ich könne doch mit diesen Autos einen Wettkampf ausfechten. Wenn sich nun ein Auto näherte, bin ich unverhofft aufgesprungen und schnell auf die andere Straßenseite gelaufen. Die Fahrer bekamen dann zwar einen gehörigen Schrecken, aber mich durchströmte ein wunderbares Glücksgefühl weil ich den Wettkampf gewonnen hatte. Ich hatte schon dreimal gewonnen als wieder ein Auto zu hören war. Oh, dieses Mal war es ein schwerer Mercedes, der um die Kurve kam. Gegen einen Mercedes hatte ich bisher noch keinen Wettkampf bestritten! Aber bei diesem Mal wurde es verdammt knapp und der Fahrer des Wagens konnte einen Aufprall nur verhindern in dem er stark abbremste. Jetzt durchflutete mich kein stolzes Glücksgefühl, sondern ein noch nie vorher erlebter Adrenalinausstoß ließ mich erzittern. Zu meiner Bestürzung - und wohl auch zu meinem Glück - stoppte das Auto einige Meter entfernt und der Fahrer stieg aus. Ich kannte den Mann; denn es war ein Großbauer aus unserem Dorf. Erbost schimpfte er mit mir in lauter Stimme. Ihm steckte der Schreck wohl noch mehr in den Knochen als mir. Dann fuhr er davon und ich verschwand beschämt im Haus und habe dieses Spiel nie wieder gespielt.

Meine Befürchtung, er könne davon meinen Eltern später berichten, hat sich zum Glück nicht bestätigt.

7. Kapitel
Meine Schulzeit

Ostern 1953. Ein einschneidendes Ereignis tritt in mein bis dahin freiheitliches Dasein. Zwar wurde mein bisheriges Leben auch von Regeln geprägt, die ich einzuhalten hatte, aber nun sollte ich jeden Morgen regelmäßig zur Schule gehen. Wie damals üblich, begann das neue Schuljahr nach den Osterferien. Ich war jetzt 6 Jahre und 3 Monate alt und mir wurde von meinen Erziehungsberechtigten unterbreitet, ich müsse nun etwas lernen und dafür regelmäßig die Volksschule in unserem Dorf besuchen. Besuchen hörte sich eigentlich ganz gut an; denn es bedeutete ja, dass ich mich dort nur für eine kurze Zeit aufhalten sollte und danach wieder in die Freiheit entlassen würde. Aber dem war leider nicht so; denn es warteten nun noch zehn lange Schuljahre auf mich.

Ich kann mich nicht mehr daran erinnern, aber ich nehme an, dass meine Mutter mich auf dem ersten Gang zur Schule begleitet hat. Der Weg dorthin war sehr kurz, nur etwa 50 Meter quer über die Dorfstraße. Diese Einschulung wurde bei uns, so wie in der heutigen Zeit üblich, nicht zu einem Großereignis gemacht, obwohl sie ja ein entscheidender Schritt in einen neuen Lebensabschnitt bedeutete. Was genau an diesem Tag in der Schule passierte, ist in meinem Gedächtnis nicht haften geblieben. Das deutet darauf hin, wie unwichtig ich diese Veranstaltung gehalten habe. Es kann sein, dass ich dort aber eine riesige Schultüte mit vielen Schleckereien erhalten habe, was ich allerdings für einen Bestechungsversuch ansehe, um mich der Schule gegenüber positiv zu stimmen. Auf dem Bild, das diesen

Tag dokumentiert, sieht man jedenfalls einen fröhlichen Jungen mit einer Schultüte in der Hand. Aber auch schon mit einem riesigen Tornister auf dem Rücken. Da war die Welt wohl noch in Ordnung, aber das Lachen sollte mir bald vergehen.

Auf die Schule war ich in keiner Art und Weise vorbereitet worden. Meine Eltern hatten noch nicht das unbedingte Bestreben, welches heute oft vorherrscht, dass ihr Sohn sich zu einem Genie entwickelt und stets der Allerbeste zu sein hat. Ich hatte also keine vorschulische Ausbildung genossen und ging dementsprechend unbedarft an diese neue Sache heran.

Zur Ausrüstung gehörte ab sofort: Ein großer Ledertornister in dem sich eine Schiefertafel befand. Weiterhin ein Behälter für Griffel, Bleistifte, Federhalter. Auch eine Fibel für den Deutschunterricht und ein Buch für das Rechnen. Zwei Schreibhefte und ein Tintenglas vervollständigten die Erstausstattung. Nicht vergessen darf man noch den Lappen, den man benötigte, um die Tafel wieder abzuwischen; denn die ersten Schreibübungen fanden stets auf der Schiefertafel statt. Um diese aber richtig säubern zu können, gehörte noch ein nasser Schwamm zur Grundausstattung. Dieser hing, an einer Schnur befestigt, außen am Schulranzen herunter. Außen deshalb, damit die anderen Sachen nicht durchnässt werden konnten. Schließlich ist noch die umgehängte kleine lederne Brottasche für das Pausenbrot zu erwähnen.

Jetzt sollte ich auf einmal für mich völlig unbekannte Zeichen niederschreiben. Zu der einen Art sollten wir nun „Zahlen“ sagen und zu der anderen „Buchstaben“. Zunächst wurden nur die Großbuchstaben in Druckschrift geübt. Erst nachdem wir diese alle kennen gelernt hatten, mussten diese in Kleinschrift geübt werden. Ich kann mich noch gut an einige der ersten Wörter wie IDA, ERIKA oder OTTO erinnern. Nach für mich viel zu kurzer Zeit mussten wir schon unser erstes Diktat mit Federhalter und blauer Tinte in ein sogenanntes „Diktatheft" schreiben. So richtig hatte ich den Sinn wohl nicht verstanden. Es sollte doch reichen, wenn man die Namen aussprechen konnte. Warum musste man diese auch noch aufschreiben können? Ich war mit dieser Aneinanderreihung von Schriftzeichen total überfordert und bekam auch prompt dafür die Höchststrafe: Eine glatte „5". Eine „6" wurde an unsere Volksschule ebenso wenig wie eine „1" vergeben.

Aber was ich bis dahin noch nicht wusste, folgte gleich nach dem Austeilen der Hefte. Diese missratene Arbeit hatte eine körperliche Maßregelung zur Folge. Um es einmal gelinde auszudrücken. Ich glaube, die Schläge mit dem Rohrstock auf den Hosenboden blieben mir erspart, aber auf die Innenfläche der Hände nicht. Das war für mich aber eine für die Zukunft prägende Misshandlung, die mich folgern ließ: Schule ist doof!

Na, ja! Es hat wohl auch ab und zu schöne Stunden gegeben.

Diese Anfangsschwierigkeiten habe ich dann relativ schnell überwunden, denn an weitere körperliche Bestrafungen kann ich mich nicht mehr erinnern. Das lag auch vielleicht daran, dass dieser alte Lehrer nach etwa einem Jahr aus dem Schuldienst ausgeschieden ist. Für eine kurze

Zeit unterrichtete uns dann eine junge Lehrerin, die aber bald die Schule wieder verließ und durch einen jungen Lehrer aus dem Nachbardorf ersetzt wurde.

Unsere Dorfschule bestand aus zwei Klassenzimmern. Die erste bis zur vierten Klasse wurde jetzt von dem neuen Lehrer unterrichtet. Die fünfte bis achte von dem Hauptlehrer, der mit seiner Familie auch in dem Gebäude wohnte.

In der ersten Reihe saßen die jüngsten Schüler und rückten immer weiter nach hinten, wenn wieder neue Schüler eingeschult wurden. Ursprünglich waren alle Klassen in einem Raum untergebracht gewesen. In früheren Zeiten war es gängige Praxis, dass die Jüngeren von den Älteren beaufsichtigt und auch unterrichtet wurden, wenn der Lehrer einmal nicht anwesend war. Und das geschah gar nicht so selten, weil er nebenbei manchmal auch wichtige Arbeiten auf seinem Grundstück zu erledigen hatte. Auch wenn das heute schwer vorstellbar ist, berichteten meine Eltern, dass diese Methode gut funktioniert hat.

Neben den üblichen Schulfächern gab es für die Jungen ab der fünften Klasse noch das Werken und die Frau des Hauptlehrers unterrichtete die Mädchen in Handarbeiten. Der Sport fand auf dem großen Schulhof statt. Eine Turnhalle gab es nicht. Als Ballspiele haben wir überwiegend Prellball gespielt aber auch sehr gerne Völkerball. Zu den Wettkämpfen der Bundesjugendspiele sind wir einmal im Jahr zum weit außerhalb des Dorfes gelegenen Sportplatz des Sportvereins gegangen.

Je weiter ich auf dem Weg in die letzte Reihe war, je mehr steigerten sich meine schulischen Leistungen. In erster

Linie auch deshalb, weil mir die Unterrichtsmethoden des neuen Lehrers sehr zusagten. Anderen war er zu streng; das hat mir aber nichts ausgemacht, weil er gerecht war. Besonders beliebt war bei mir die Hausaufgabe, einen bestimmten Text in „Schönschrift" zu schreiben. Dafür gab es ein besonderes Heft in dem nur in besonders akkurater Schrift geschrieben werden sollte.

Die zensierten Arbeiten mussten stets von einem Elternteil unterschrieben werden. So waren sie immer über den Leistungsstand ihrer Kinder informiert. Bei einer guten Zensur war das kein Problem, bei einer schlechten schon eher. Das verleitete einen Schulkamerad zu einem unüberlegten Handeln. Er war ein nicht so guter Schüler und musste daher des Öfteren schlechte Noten zur Unterschrift vorlegen. Da dieses wohl zu häufig geschah, hat er einmal versucht, die Unterschrift nachzumachen. Seine Mutter hieß Ida und er hat dann in seiner Kinderhandschrift einfach Ida unter die Arbeit geschrieben. Die Folge war, dass seine Eltern bei dem Lehrer vorgeladen wurden und der Schüler zusätzlich eine „Strafarbeit" aufgebrummt bekam. Das war damals ein sehr beliebtes Mittel, um fehlbare Schüler zu maßregeln. Es kann aber sein, dass der offizielle Begriff schon „Übungsarbeit" geheißen hat, in unserem Sprachgebrauch jedoch nicht verwendet wurde. Das war zwar auch unangenehm aber immer noch besser als eine Prügelstrafe. Hatte man sich nicht anständig benommen, den Unterricht gestört oder sich vielleicht sogar gerauft, diese „Gewalttätigkeiten" gab es auch damals schon, wurde man zum „Nachsitzen" verdonnert. Das haben die Eltern zwar nicht immer mitbekommen, war aber für den Betroffenen peinlich und ärgerlich; auch deshalb, weil ihm der Spott der anderen Schüler sicher war.

Die Ausbildung als Schüler haben meine Erziehungsberechtigen vollkommen der Schule überlassen. Ich wurde zwar gelegentlich an die Schularbeiten erinnert, aber kontrolliert oder gar beaufsichtigt wurden sie so gut wie nie. Mein Vater hatte eine andere Methode, um ein gewissenhaftes Arbeiten zu gewährleisten. Er ließ sich in unregelmäßigen Abständen alle Schulhefte zeigen und konnte sich so ein genaues Bild über meine geleistete Arbeit machen.

Wenn diese Inspizierung nicht nach seinen Vorstellungen verlaufen war, gab es schon eine deutliche Ansage und Ermahnung. Weil aber die regelmäßigen „Klassenarbeiten“ zur Zufriedenheit ausfielen und die Zeugnisse auch in Ordnung waren, hatte dieses aber keine nennenswerten Folgen für mich.

Zum Ende der vierten Klasse musste die Entscheidung getroffen werden, ob man weiter die Volksschule besuchen sollte oder aber zur Mittelschule in die zehn Kilometer entfernte Kleinstadt wechseln konnte. Zur damaligen Zeit war für diese Entscheidung nicht wie heute in erster Linie der Wille der Eltern entscheidend, sondern der Schulleiter meldete die dafür als geeignet erscheinenden Schüler zur Aufnahmeprüfung an. Aus meiner Klasse sind dafür vier Schüler auserkoren worden, zu denen auch ich gehörte. Kurz vor Ende des Schuljahres sind wir dann zur Mittelschule gefahren, um an der umfangreichen Aufnahmeprüfung teilzunehmen. Alle vorgeschlagenen Schüler wurden angenommen und somit musste ich nach den Osterferien

1957, wie schon mein Vater vor genau 30 Jahren, den Sprung von der Volks- in die Mittelschule wagen. Ein Schulgeld wie zu seiner Zeit war nun aber nicht mehr zu entrichten.

Es war am Anfang ein komisches Gefühl, nun in den gleichen Räumen zu sitzen wie damals mein Vater; schien seine Schulzeit für mich doch schon eine Ewigkeit zurückzuliegen. Der von ihm viel zitierte Spruch über der Eingangstür „ Nutze deine jungen Tage, lerne zeitig, klüger sein“ war auch noch der Gleiche.

Das Gleiche waren nun aber nicht mehr die Unterrichtsfächer der Volksschule. Was vorher Heimatkunde hieß nannte sich jetzt Erdkunde und das Rechnen Mathematik. Hierbei gab es noch die Unterteilung in Algebra, Geometrie und Kaufmännisches Rechnen. Dazu kamen nun noch Fächer, die es vorher gar nicht gegeben hatte: Physik, Biologie, Englisch oder Kunsterziehung. Freiwillig konnte man später noch Stenografie und Schreibmaschine erlernen, was ich auch gemacht habe. Französisch stand auch zur Auswahl, war für mich aber gar kein Thema, weil man dann eine Stunde früher in der Schule hätte sein müssen. Außerdem sagte mir diese Sprache überhaupt nicht zu; hatte ich doch mit der englischen schon genug Probleme.

Zu meiner großen Verwunderung wurde ich aber wieder mit körperlicher Züchtigung konfrontiert. Zwar war ich nicht unter den Opfern, aber der Erdkundelehrer hat sie einige Mal angewandt. Und das nicht bei schlechten Noten, sondern in erster Linie bei schlechtem Betragen. Dann hat er dem Übeltäter mit Daumen und Zeigefinger in die Wange gegriffen, ihn so zu sich hingezogen und dann mit einer

„moderaten“ Backpfeife die Aktion abgeschlossen. Heute wäre daraus ein riesiger Skandal geworden, damals von uns aber einfach so akzeptiert; sogar als belustigend ausgelegt. Das lag aber wohl auch daran, dass wir mit diesem Lehrer ansonsten ganz gut ausgekommen sind.

Die Räumlichkeiten in der alten Schule reichten für die Anzahl der Schüler bei weitem nicht aus und so mussten wir für bestimmte Unterrichte zu angemieteten Räumen im Stadtgebiet gehen. Am Anfang waren wir 36 Schüler in der Klasse. Weil unser Klassenlehrer ein Gegner von gemischten Klassen war, bestanden unsere „5a“ nur aus Jungen und die Parallelklasse folglich nur aus Mädchen. Es waren damals gemischte Klassen schon durchaus üblich, nur eben nicht in unserem Jahrgang.

Für mich, wie wohl für alle anderen, war die neue Schule zunächst sehr gewöhnungsbedürftig. Aber man hatte sich doch schnell auf die vielen neuen Fächer und vor allen Dingen auch auf die verschiedenen Lehrer eingestellt, die bei mir allerdings auf unterschiedliche Sympathien stießen.

Unser Klassenlehrer hatte keinen guten Ruf, weil er als sehr streng galt. Aber wir, damit meine ich unsere Klasse, sind mit ihm ganz gut ausgekommen. Er war ein schon älterer Lehrer, jedenfalls kam er uns, wohl auch wegen seines weißen lichten Haares, damals so vor. Über seine Heimat Ostpreußen ließ er immer wieder verlauten, dass dort in kultureller Hinsicht ein größerer Standard als hier in Niedersachsen bestanden habe. Das haben wir ihm natürlich nicht geglaubt, konnten ihm aber auch nicht widersprechen, weil wir nicht ausreichend informiert waren. Ich glaube, er hat vor allem Emanuel Kant hervorgehoben.

Vom Anfang bis zum Ende des Aufenthaltes in der Mittelschule hatten wir bei ihm die Fächer Mathematik, Geschichte und Sport. Sport war neben Musik mein Lieblingsfach. Das Geräteturnen im Winter trübte allerdings meine Freude darauf etwas ein. Weil er immer noch unter Kriegsverletzungen litt und auch oft über die wandernden Granatsplitter in seinem Körper klagte, wurden die Übungen von ihm nicht vorgemacht, sondern nur theoretisch erklärt. Auch die Hilfestellungen konnte er nur bedingt ausführen. Deshalb ist sein Einsatz als Sportlehrer in der Nachbetrachtung schon etwas problematisch gewesen. Die Möglichkeiten in der sehr kleinen und alten Sporthalle waren zwar begrenzt, aber sie reichte aus, um nach der Geräteturneinheit noch ausreichend „Korbball" spielen zu können. Das hat mich dann mit der Unterrichtsstunde wieder versöhnt. Nach dem Sport ging es dann verschwitzt mit dem normalen Unterricht weiter. Dusch- oder Waschräume gab es in dieser alten Schule nicht. Zum Sport ging man nicht, wie heute üblich, mit einer Sporttasche, sondern in dem benötigten Turnbeutel befanden sich nur ein Paar Turnschuhe.

Der Start in der neuen Schule verlief für mich ausgesprochen positiv. Viele Menschen haben große Probleme mit den römischen Zahlen; ich jedoch von Anfang an nicht. Und genau diese Thematik war Bestandteil der ersten Klassenarbeit. In „Mathe" sollten wir arabische in römische Zahlen umwandeln. Die Freude war bei mir natürlich riesig, als unter meiner zurückerhaltenen Arbeit eine „1" stand. Eine „1“! So etwas hatte es in der Volksschule grundsätzlich nicht gegeben.

Das ging also gut los!

Aber sehr schnell wurde ich auf den Boden der Tatsachen zurückgeholt. Eine „1“ war fortan eine absolute Seltenheit; vielleicht ist es auch nicht wieder vorgekommen. In Musik wäre es vielleicht möglich gewesen; denn beim „Notendiktat“ war ich ob meiner vorherigen Ausbildung auf der Trompete so gut wie unfehlbar. Aber leider hat der Musiklehrer nur zweien vergeben.

Die ersten beiden Jahre verliefen eigentlich ganz gut. Ich war kein sehr guter Schüler aber auch kein sehr schlechter. Von den ursprünglich 36 Schülern blieben in den ersten zwei, drei Jahren schließlich nur noch 24 übrig. Die Spreu hatte sich vom Weizen getrennt. Manche waren einfach überfordert, sind abgegangen oder sitzengeblieben; andere aber auch nur verzogen.

Nach etwa einem Jahr war auch die Wanderschaft zu anderen Klassenräumen vorbei und wir wurden in einem Behelfsbau außerhalb des Hauptgebäudes einquartiert. Außerdem begann bald der schon vorher angekündigte Neubau einer großen Schule. Diese wurde in späteren Jahren zu einer „Kooperativen Gesamtschule“ erweitert und in dieser Form wiederum von den eigenen Kindern besucht.

Während ich die ersten beiden Schuljahre ohne große Schwierigkeiten gemeistert hatte, änderte sich das in der siebten Klasse dramatisch. Ursächlich dafür verantwortlich war der Lehrerwechsel im Fach Englisch. Vorher wurde der Schwerpunkt auf das Erlernen von Vokabeln gelegt, was mir keine großen Probleme bereitete; jetzt aber sollte frei geredet werden. Und was noch verheerender war: der Lehrer war der Ansicht, dass er den Unterricht nur in englischer Sprache gestalten müsse. Eigentlich ist diese Vorgehensweise wohl richtig, um eine neue Sprache zu erlernen, für mich war das aber eine Katastrophe. Wir beide kamen einfach nicht miteinander zurecht. Die Folge war im Herbstzeugnis eine klare „5“ und die Ansage, dass die Versetzung gefährdet sei. In einem sogenannter „Blauen Brief“ wurde dieses meinen Eltern mitgeteilt. Aber auch der Deutschunterricht gestaltete sich problematisch. Die Ursachen lagen darin, dass ich unter einer Krankheit zu leiden hatte. Jedenfalls wäre das heute so interpretiert worden. Ich habe unter „Legasthenie“, auf Deutsch „Rechtschreibeschwäche“, gelitten. Davon bin ich zugegebener Maßen nie richtig geheilt worden. Jedenfalls ging die Tendenz auch in diesem Fach stark in Richtung „5“! Das änderte sich auch nicht großartig bis zum Ende des Schuljahres. Ich musste also um meine Versetzung bangen. Da die damalige Deutschlehrerin unsere Klasse abgeben sollte, wollte sie wohl keinen Schüler sitzen lassen und hat auf der Zensuren-Konferenz beide Augen zugedrückt und mit einer „4“ meine Versetzung ermöglicht. Und weil sich auch der Englischlehrer, nach einer kleinen Leistungssteigerung meinerseits, zu dieser Zensur durchringen konnte, kam ich mit einem blauen Auge davon und konnte meine Laufbahn an der Schule in der achten Klasse fortsetzen.

Und was haben meine Eltern, insbesondere mein Vater, dazu gesagt? Soweit ich mich erinnern kann, gab es keine großartigen Strafaktionen, auch keinen Nachhilfeunterricht, sondern nur die dringende Bitte, mich mehr anzustrengen, um eine bessere Zensur zu erreichen. Aber ich hatte doch eine Krankheit! - - -

In den ersten Jahren ist noch kein Schulbus von unserem Dorf zur Schule gefahren. Wir mussten stets mit dem Fahrrad zur Haltestelle in den gut zwei Kilometer entfernten Nachbarort fahren. Und das bei „Wind und Wetter". Auch bei Glatteis! So geschah es bei einem sogenannten „Blitzeis", dass ich vergeblich versucht hatte, mit dem Fahrrad zur Haltestelle zu kommen. Am Ortsausgang war ich schon dreimal schwer gestürzt und habe schließlich aufgegeben. Aber gar nicht zur Schule gehen war ausgeschlossen. Also habe ich mich zu Fuß auf den Weg gemacht. Aber auch der Bus hatte große Probleme mit dem Glatteis und wir kamen schließlich erst um die Mittagszeit in der Schule an. Dort konnten wir feststellen, dass es vielen anderen genauso ergangen war. Ob wir überhaupt noch Unterricht hatten, weiß ich nicht mehr genau. Vielleicht noch eine Stunde, und dann ging es unter nun normalen Zuständen wieder zurück.

Damals war die Busfahrt noch nicht kostenlos. Vielleicht noch nicht in den ersten beiden Schuljahren, aber danach sind wir fast alle mit dem Fahrrad die ganze Strecke in die Stadt gefahren. Bei mir war es so, dass ich das entsprechende Geld für den Bus von meinen Eltern als zusätzliches Taschengeld erhalten habe.

Normalerweise bin ich immer kurz vor 14.00 Uhr zuhause gewesen. Das Mittagessen war dann stets in der Bratenröhre warm gehalten worden. Danach waren zunächst die

Schularbeiten zu erledigen. Auch wenn das der Konzentration sicher abträglich war, habe ich dabei oft Musik von „Radio Luxemburg“ gehört. Das war damals bei uns Jugendlichen der Lieblingssender. Nach den Schularbeiten konnte man zum Spielen hinausgehen. In den Sommermonaten war aber oft nach dem Essen zunächst die Mithilfe in der Landwirtschaft angesagt.

Was in der jetzigen Zeit vielfach ein großes Problem ist, war damals absolut nicht relevant; nämlich die Frage: „Was ziehe ich heute an?“ Das „Markenbewusstsein“ spielte noch keine Rolle. Wir haben überhaupt nicht darauf geachtet was der andere für eine Kleidung getragen hat. Soweit ich mich erinnern kann, habe ich zum Beispiel in der kühleren Jahreszeit genau zwei Pullover besessen, die wöchentlich gewechselt wurden. War einer zu klein geworden, wurde er aufgerebbelt, mit etwas neuer Wolle ergänzt und zu einem neuen Pullover gestrickt. Und über diesen neuen Pullover, der oft auch als Weihnachtsgeschenk in meinen Besitz überging, war dann die Freude groß. Vielleicht auch deshalb weil er mit einem anderen Muster oder Kragen versehen war. Wir alle waren viel genügsamer als die heutige Generation. Das mag auch daran gelegen haben, dass fast alle Familien noch nicht vermögend waren und sparsam wirtschaften mussten.

Einen besonderen Sommer hatten wir 1959. Ein Dürrejahr. Von Mitte Mai bis zum zwölften September ist bei uns kein Tropfen Regen gefallen. Wenn schon einmal ein Gewitter aufgezogen war, hat es einen großen Bogen um unseren Ort gemacht. Für die Landwirtschaft war das eine Katastrophe, für uns Schüler hatte es aber den guten

Nebeneffekt, dass es sehr oft „Hitzefrei“ gegeben hat. Dafür waren um 10.00 Uhr 25 Grad im Schatten erforderlich. Weil ich erst gegen 14.00 Uhr zuhause erwartet wurde, konnte die Zwischenzeit also gut für einen Besuch der Badeanstalt genutzt werden. Da ich vorher grundsätzlich nicht in die Badeanstalt gegangen war, gab es jetzt die große Gelegenheit, das Schwimmen zu erlernen. Ja, wenn es das Wörtchen „wenn“ nicht gäbe. Wenn meine „lieben“ Schulkameraden nicht gewesen wären. Sie waren wohl alle Wasserratten und ich erkundigte mich bei ihnen, wie ich das Schwimmen am besten erlernen könne. „Einfach vom Rand abstoßen, sich gleiten lassen und dann mit den Schwimmbewegungen beginnen“ lautete der gutgemeinte Rat. Danach habe ich dann auch verfahren. Aber der erste Versuch nach der Gleitphase mit der ersten Schwimmbewegung zu beginnen, endete damit, dass ich an Ort und Stelle in den Fluten versank. Das Verheerende spielte sich aber danach ab. Als ich wieder auf den Beinen stand, die Übungen fanden natürlich im Nichtschwimmer statt, machten meine „Freunde“ sich einen Jux daraus, mich vom Beckenrand aus anzutauchen und mir die Beine wegzuziehen. Ich verlor daraufhin total die Orientierung versank abermals in den Fluten und wusste nicht mehr wo oben und unten war. Panik machte sich breit und ich nahm einen kräftigen Schluck von dem gechlorten Wasser. Fortan habe ich an diesem Tag den Beckenrand nicht wieder verlassen. Aber aufgeben wollte ich nicht. So habe ich am folgenden Tag den nächsten Versuch gestartet. Wenn die anderen schwimmen können, muss ich das doch auch können! Aber welch ein Drama! Trotz meiner ausdrücklichen Bitte, konnten die Jungen nicht darauf verzichten, meinen Untergang wieder herbeizuführen. Nach zwei Versuchen meinerseits und nachdem ich genug Chlorwasser in meinen Lungen und auch im Magen hatte, habe ich den Versuch, das Schwimmen zu erlernen, resigniert aufgegeben. Nie wieder habe ich dieses Becken betreten und fortan auch auf den Besuch der Badeanstalt verzichtet. Vielleicht mit ein, zwei Ausnahmen. Aber dann habe ich mich nur auf den Grünanlagen aufgehalten. Schwimmen gelernt (erlernen müssen) habe ich erst viel später, als ich bei der Bundeswehr das Freischwimmerzeugnis nachweisen musste, um zu einem Laufbahnlehrgang zugelassen zu werden!

Nach dem mit etwas Glück überstanden „Zwangsabstieg" in der 7. Klasse, kam ich in den folgenden Jahren diesbezüglich nie wieder in arge Schwierigkeiten. Zwar stand ich mit dem Englischlehrer und dem Fach Englisch bis zum Ende auf Kriegsfuß, aber zu einer sicheren „4" hat es stets gereicht. Der neue Deutschlehrer war wohl der beste Lehrer, den wir damals hatten. Er war zwar sehr fordernd, aber trotzdem hat mir der Unterricht sehr gefallen. Die „Glocke" mussten wir nicht auswendig lernen, aber immerhin „Die Bürgschaft" und „Der Zauberlehrling". Das Auswendiglernen war für mich jedoch immer wieder eine große Herausforderung, und das wahrscheinlich auch für die meisten anderen. Meine „Krankheit" spielte nun keine große Rolle mehr, denn Diktate wurden nicht mehr geschrieben. Die nun geforderten Aufsätze sagten mir sehr zu; konnte ich doch dabei Sätze bilden, die durchweg Wörter enthielten bei denen ich ziemlich genau wusste, wie sie zu schreiben waren. Fehler waren trotzdem nicht ganz ausgeschlossen, aber bei der Zensierung kam es in erster Linie auf den Inhalt an. Da dieser Lehrer uns auch noch in Musik unterrichtete und dieses eines meiner wenigen Lieblingsfächer war, ist die Sympathie für ihn verständlich. Aber ich war nicht der Einzige der so dachte. Er war bei allen Schülern beliebt.

Auch über die anderen Lehrer kann ich nicht viel Negatives berichten. Wir hatten es ganz gut getroffen. Trotzdem kann ich nicht sagen, dass ich gerne zur Schule gegangen bin. Für mich war es mehr ein notwendiges Übel. Vor allem die anstehenden Klassenarbeiten sind mir stets aufs Gemüt geschlagen. Entschädigt wurde ich aber durch die Pausen; denn dann wurde fast bei jedem Wetter direkt hinter unserem Klassenzimmer mit einem kleinen Tennisball gebolzt. Das hatte ich in unserem Dorf so sehr vermisst und konnte nun den Fußballsport ausgiebig genießen. Im Unterricht war diese Sportart allerdings total verpönt.

Zusammen mit unserer Parallelklasse hatten wir unser Reich in dem Behelfsbau auf der anderen Seite des Schulhofes. In das Hauptgebäude mussten wir nur noch zum Chemieunterricht, der dort im Keller stattfand.

Die Bauarbeiten für die neue Schule gingen zügig voran und es zeichnete sich ab, dass wir noch in den „Genuss“ der neuen Räume kommen könnten. So ist es dann auch später geschehen.

An das Richtfest kann ich mich noch sehr gut erinnern. Das aber nicht, weil es ein tolles Fest gewesen wäre, sondern weil sich unsere Klasse dabei doch sehr blamiert hatte. Es wurde aus diesem Anlass ein Sängerwettstreit veranstaltet. Jede Klasse sollte ein Lied präsentieren. Obwohl ich ein anderes Lied favorisiert hatte, entschied sich die Mehrheit für „Bolle reiste jüngstens“. War eigentlich auch ein ganz gutes und lustiges Lied, Wenn - ja wenn wir Jungen uns nicht alle mehr und minder im Stimmbruch befunden hätten. Auch hatten wir niemanden in unseren Reihen, der die Leitung übernehmen konnte. Ich hätte es aufgrund meiner musikalischen Vorbildung vielleicht gekonnt, hielt mich aber dezent zurück, weil ich nicht so in den Vordergrund rücken wollte.

Schon bei Beginn des Liedes hatte jeder einen anderen Ton im Ohr. So hörte sich der Start dementsprechend fürchterlich an und diese Disharmonie setzte sich auch fort. Ja! Wir haben bis zum Ende durchgehalten, aber auch für die Erheiterung der Anwesenden gesorgt. Hämische Kommentare mussten wir allerdings nicht ertragen. Es war eher Verständnis und Mitleid vorhanden. Auch unser Musiklehrer hat es bei der nächsten Unterrichtsstunde mit Humor genommen. Ich glaube, dass wir sogar einen Trostpreis erhalten haben.

Der erste Bauabschnitt wurde tatsächlich noch während meiner Schulzeit fertig und wir konnten mit unserer Klasse die letzten eineinhalb Jahre in neuen Klassenräumen verbringen. Jetzt gab es zwar große und helle Räume, aber das Lernen wurde für mich dadurch nicht erleichtert.

Die in Aussicht gestellte Turnhalle und ein großes Sportgelände ist erst nach meiner Schulzeit fertiggestellt worden. So mussten wir zu den Bundesjugendspielen weiterhin quer durch die Stadt zu dem Sportplatz des ansässigen Turnvereins wandern. Die geforderten Sportarten sagten mir sehr zu und so habe ich dabei immer eine große Ehrenurkunde errungen. Nur bei diesen Wettkämpfen wurde auch ein Fußballspiel durchgeführt. Und zwar spielte stets die 9. gegen die 10. Klasse. Obwohl ich in unserer Mannschaft der neunten Klasse im Tor stand, haben wir mit 2:0

verloren. Im nächsten Jahr gingen wir jedoch mit einem 5:1 als Sieger vom Platz.

Das herausragende Ereignis in sportlicher Hinsicht ist für mich jedoch der Sieg mit unserer 10a bei den Bezirksmeisterschaften für Mittelschulen im Kleinfeldhandball. Obwohl wir an unserer Schule vorher nie Handball gespielt hatten, konnten wir völlig unerwartet dieses Turnier gewinnen. Ausschlaggebend war die Tatsache, dass wir durch das viele Korbballspielen gelernt hatten, gut zu kombinieren. Und da wir einige Schüler mit einem kräftigen Wurfarm in unseren Reihen hatten, konnten wir immer mehr Tore erzielen als ich im Tor durchgelassen hatte. Ein unvergessliches Erlebnis und einer der wenigen Höhepunkte meiner Schulzeit!

Auch eine andere Begebenheit bleibt in sehr guter Erinnerung. Unsere Klassenfahrt in der 10. Klasse. Vorher hatten wir nur Tagesausflüge gemacht an der unser Klassenlehrer aber wegen seiner Behinderung stets nicht teilgenommen hatte. Je einmal sind wir in den Harz und nach Hamburg gefahren; ein anderes Mal zu den Karl May Festspielen in Bad Segeberg. Diese Ausflüge waren auch sehr schön gewesen, aber nun ging es für zehn Tage an den Bodensee. Wieder ohne unseren Klassenlehrer. Begleitet wurden wir von dem Englischlehrer, mit dem ich in den ersten beiden Schuljahren so gut zusammengearbeitet hatte. Die Reise war von ihm hervorragend vorbereitet. Schon die Fahrt mit dem Nachtzug war ein großes Erlebnis. An Schlaf war so gut wie gar nicht zu denken. Untergebracht waren wir in einer Jugendherberge etwas außerhalb von Mersburg. Geschlafen haben wir in einem großen Zelt, das mit zweistöckigen Feldbetten ausgerüstet war. In all den Tagen hatten wir herrlichen Sonnenschein. Da die Fahrt aber Mitte September stattfand, waren die Nächte doch schon sehr kühl, was wir auch im Zelt zu spüren bekommen haben. Gegen Morgen wurde es zunehmend ungemütlicher und man musste zusehen, dass man eine Zusatzdecke ergatterte. Aber am Tage wurden wir dafür stets mit wunderbaren Sehenswürdigkeiten entschädigt. Meisten waren wir mit den Schiffen der „Weißen Flotte“ auf dem Bodensee unterwegs. Als wir zum Säntis in die Schweiz gefahren sind, wurde ein Bus angemietet. Leider hatten wir dort oben keine gute Fernsicht, konnten aber eine kleine Schneeballschlacht veranstalten. Die zehn Tage vergingen wie im Flug und haben einen überwältigenden Eindruck ob der Schönheit der Gegend bei mir hinterlassen. Deshalb war es mir auch ein großes Bedürfnis, dort mit meiner späteren Familie für zwei Wochen den Urlaub zu verbringen. So konnte ich mit wehmütiger Erinnerung nun den eigenen Kindern zeigen, was ich auf der damaligen Klassenfahrt alles erlebt und besichtigt hatte. Auch diese Zeit war wunderbar.

Eine andere Begebenheit während meiner Schulzeit bleibt auch unvergessen. Der „Tatort“ war der Festsaal des benachbarten Theaters, in dem die Verabschiedung des letzten Jahrganges stattfand. Anlässlich dieses Festaktes sollte der Schulchor unter der Leitung unseres Musiklehrers mit einem Lied auftreten. Genau wie meine Mitschüler wusste auch er, dass ich schon etwas Trompete blasen konnte. Da er mit dem Chor das Landsknechtlied „Wir zogen in das Feld“ singen wollte, kam er auf die glorreiche Idee, ich könne das Lied mit einem zünftigen Signal auf meiner Trompete einleiten.

Ja! Warum nicht? Als ich dann die Trompete mit zur Schule genommen hatte, stand ich auf einmal im Mittelpunkt; was mir nicht besonders behagte. Auf das Drängen der Mitschüler hin, habe ich neben dem geplanten Signal auch noch einige andere Stücke dargeboten. In Erinnerung ist aber nur geblieben, dass der Schlager „Weiße Rosen aus Athen“ auch dabei war und große Bewunderung ausgelöst hatte. Der Plan meines Musiklehrers sah vor, dass der Chor vor der Bühne Aufstellung nehmen und ich dann hinter dem Vorhang das Signal blasen sollte. Soweit die Absprache; aber das „Unheil“ nahm seinen Lauf!

Nach einer kurzen Begrüßung folgte eine längere Rede. Danach vernahm ich ein Rascheln und eine gewisse Unruhe im Saal. In der Annahme, dass sich der Chor nun vor der Bühne formiert hatte und das Lied singen wollte, begann ich mit meinem Signal als wieder etwas Ruhe eingekehrt war. Plötzlich erschien jedoch jemand zwischen dem Vorhang, ruderte wild mit den Armen und raunte mir zu: „Jetzt noch nicht! Du bist noch nicht dran.“ Aber da hatte ich mein Signal schon zu Ende geblasen. Jetzt wurde es im Saal wieder unruhig, denn ich hatte durch meinen verfrühten Auftritt ein lautes Gelächter ausgelöst. Es war noch eine zweite Rede vorgesehen gewesen und als dieser Redner gerade tief Luft geholt hatte, um zu beginnen, habe ich ihn mit meinem Signal zum Schweigen verdammt. Der Überraschungseffekt war zwar dahin, aber nach der dann folgenden Darbietung wurden Bläser und Chor mit reichlichem Applaus bedient. Noch heute ist mir nicht klar, warum damals nicht genauere Absprachen getroffen worden sind und ich keinen Blickkontakt zum Saal gehabt habe.

Jedenfalls ist mein Auftritt bei allen Anwesenden wohl noch lange in Erinnerung geblieben. Und mein Musiklehrer hat sicher in den nächsten Jahren bei Auftritten seines Schulchores oft amüsiert davon berichtet: „Wir hatten mal einen Schüler in der Schule, der Trompete blasen konnte, und der …“

Ein Jahr später hat der Chor auch bei meiner (unserer) Entlassungsfeier gesungen. Dieses Mal aber kein Landsknechtlied mit Trompetensignal.

Den aufregenden Endspurt mit Abschlussarbeiten und „Mündlicher Prüfung“ hatte ich relativ gut überstanden. Das Ergebnis war ein zufriedenstellendes Abschlusszeugnis mit überwiegend „befriedigend“ als Zensur. Nur mein geliebter Englischlehrer konnte sich nicht zu dieser Benotung durchringen. Ich muss zugeben, dass die einzige „4“ auch meinen Leistungen entsprochen hat. Es haben sich sogar vier zweien im Zeugnis verirrt: Musik, Sport, Biologie und Schreibmaschine.

Kurz vor Ostern 1963 war somit mein Besuch in der „Fritz Reuter Schule“, so nannte sich jetzt die neue Schule, beendet. Weil nur die Besten zu diesem Schulzweig zugelassen waren, konnten die Anforderungen auch dementsprechend hoch sein. So hatten wir einen relativ hohen Bildungsstand erreicht und fast alle Mitschüler haben in ihrem späteren Leben gehobene und leitende Funktionen ausgeübt.

Nach den heutigen Kriterien hätte sicher über die Hälfte von uns ein Gymnasium besucht. Ich wäre wahrscheinlich nicht dabei gewesen und hätte es mir wohl auch nicht zugetraut.

Meine Schulzeit begann mit einer Schultüte zur Einschulung und endete nach zehn Jahren schließlich mit einem großen Abschlussball in einem festlichen Rahmen.

Danach begann für mich ein neuer Lebensabschnitt. – „Der Ernst des Lebens.“

8. Kapitel
Mein Berufsleben

Als ich die Mittelschule verlassen hatte, dachte ich, jetzt wäre meine Schulzeit beendet; aber dem war nicht so. Fortan musste ich einmal wöchentlich die landwirtschaftliche Berufsschule in der 25 Kilometer entfernten Kreisstadt Uelzen besuchen. Ich hatte mir vorher nie Gedanken darüber gemacht, welchen Beruf ich nach der Schule ergreifen wollte, denn für mich war klar, dass ich die Tradition fortsetzen und im landwirtschaftlichen Betrieb meiner Eltern verbleiben würde. Das war für mich eine Selbstverständlichkeit; war ich doch im bisherigen Leben schon vollkommen in die Arbeitsabläufe mit eingebunden gewesen. Das Ziel war also, das, was meine Eltern aufgebaut hatten, irgendwann einmal fortzuführen. Dass das mit der gleichen Selbstverständlichkeit wie es seinerzeit bei meinem Vater abgelaufen ist, als er nach dem Krieg als Ungelernter den Hof übernommen hatte, erstaunt mich noch heute. Meine Eltern und insbesondere mein Vater haben nie danach gefragt, was ich nach meiner Schulzeit am liebsten machen würde; ob ich Landwirt werden wolle. Aber ich hatte auch nie daran gedacht, etwas anderes machen zu können. Man kann schon sagen, dass ich mich habe treiben lassen. Nach der Devise; es kommt wie es kommt.

Darüber, wie es nach meiner zweijährigen Lehre denn weitergehen sollte, habe ich mir auch keine Gedanken gemacht. Ich bin davon ausgegangen, dass ich es genau wie meine Vorfahren machen würde: eine kleine Landwirtschaft betreiben und nebenbei Tanzmusik machen. Also habe ich zunächst ganz offiziell auf unserem Hof eine landwirtschaftliche Lehre begonnen. Somit waren von meinem Vater auch die entsprechenden Sozialabgaben zu leisten und ich bekam ein angemessenes, kleines Taschengeld. Ich wurde fortan entlohnt. Rückblickend muss ich gestehen, dass ich den bequemsten Weg eingeschlagen hatte. Ich konnte in meinem gewohnten Umfeld verbleiben und war weiterhin in der Dorfgemeinschaft eingebunden.

Jetzt änderte sich aber mein Tagesablauf doch entscheidend. Vor allem der Kuhstalldienst im wöchentlichen Wechsel mit meinem Vater erforderte, dass ich dann schon um viertel nach fünf im Kuhstall zum Melken sein musste, weil die Milch recht früh abgeholt wurde. Viele anfallende Arbeiten waren mir schon von der Zeit davor bekannt, sodass die Lehre für mich keine große Umstellung war. Nur war der Arbeitstag nun bedeutend länger. Aber in der Landwirtschaft ist es nun mal so, dass es Zeiten gibt, in denen man sehr gefordert ist, aber wiederum auch Tage, die etwas leichter zu bewältigen sind. Wobei ich feststellen muss, dass zur damaligen Zeit noch sehr anstrengende Handarbeit zu verrichten war.

Wie bei allen anderen Berufen auch, gab es Arbeiten, die ich gerne verrichtete und andere wiederum, die ich nicht so mochte. Vor allem Feldarbeiten in der kalten Jahreszeit waren mir ein Greul. Auch die mittelbare Zusammenarbeit mit meinem Vater war nicht immer einfach, da er mir einfach zu penibel war. Aber offenen Streit hatten wir trotzdem nicht.

Eigentlich hätte ich nach dem ersten Jahr im elterlichen Betrieb ein Jahr auf einem Ausbildungsbetrieb absolvieren müssen, um die Gehilfenprüfung ablegen zu können. Auch zu meiner Zufriedenheit war mein Vater jedoch der Ansicht, dass ich zuhause alles das erlernen könne, was für das spätere Leben notwendig sei. So wie er es auch am eigenen Leibe erfahren hatte.

Den gleichen Weg ist übrigens auch ein Mitschüler aus einem Nachbarort gegangen. Mit ihm habe ich die notwendige Berufsschule zusammen besucht. Wir hatten den gleichen Weg. Wir beide haben uns während dieser Zeit auch zu einem „Schlepperlehrgang“ im Februar 1965 bei der „DEULA“ (Deutsche Lehranstalt für Agrartechnik) in Hildesheim angemeldet. Da wir beide gerade achtzehn Jahre alt geworden waren und der Lehrgang vier Wochen dauerte, haben wir dort das Angebot, den PKW-Führerschein erwerben zu können, gerne angenommen. Wenn ich mich richtig erinnere, habe ich gerade einmal 82,00 DM dafür bezahlen müssen. Das war eine wirklich günstige Gelegenheit. Da der Lehrgang nicht mit einer wichtigen Prüfung abschloss, waren diese vier Wochen recht entspannt, was auch daran lag, dass wir eine sehr harmonische Gruppe waren. Nur das winterliche Wetter war nicht nach meinem Geschmack und schränkte die Freizeitaktivitäten ein.

Wenn ich zurückblicke und ganz ehrlich bin, muss ich gestehen, dass ich kein begeisterter Landwirt gewesen bin. Das verhielt sich mit meinem zweiten beruflichen Standbein, der Musik, schon anders.

In den vorhergehenden Generationen war es üblich, dass man zunächst eine musikalische Lehre auf einer Musikschule, im Fachjargon „Stadtpfeife“ genannt, absolvieren musste. Aus unserer Gegend sind die Musikschüler meistens nach Neuhaus auf der anderen Elbeseite gegangen. Da es aber zu meiner Zeit keine geeignete Schule dieser Art gegeben hat und die „Experten“ unserer Kapelle meinten, man könne auch einen anderen Weg gehen, bin ich fortan einmal wöchentlich zu einem Trompetenlehrer mit dem Zug in die 25 Kilometer entfernte alte Garnisonsstadt Lüneburg gefahren. Der dort wohnende Onkel (der Bruder meines Opas) hatte die Verbindung zu einem ehemaligen Militärmusiker geknüpft. Der Trompetenunterricht fand stets in der Wohnung des Lehrers statt. Im Keller meines Onkels hatte ich jedoch vorher noch eine Stunde Trommelunterricht. Leider hat dieser Lehrer nach einem dreiviertel Jahr aufgehört, aber die entscheidenden Grundlagen waren gelegt worden.

Nicht nur von der Familie meines Onkels, sondern auch von der meines Trompetenlehrers wurde ich wie ein Familienmitglied aufgenommen. Ich habe mich dort stets sehr wohl gefühlt und bin gerne zum Unterricht gefahren. Schon nach kurzer Zeit bestellte mein Lehrer für mich eine neue Trompete, weil er zu Recht der Ansicht war, dass die bisherige nicht mehr für gehobene Ansprüche geeignet sei. Der damalige Preis von 360,00 DM dokumentiert eine durchschnittliche Qualität. Obwohl es sich also nicht um ein Spitzeninstrument handelte, war die Freude trotzdem groß und das Üben machte nun noch mehr Spaß. Allerdings muss ich gestehen, dass ich auf einer Musikschule wohl ein anderes Instrument erlernt hätte, denn bei der Trompete hatte ich mein ganzes Musikerleben lang erhebliche Probleme mit der Ausdauer; das heißt in der Fachsprache: Ich hatte immer „Ansatzprobleme“; was wohl auf den Zahnstand und der Beschaffenheit der Lippen einschließlich der dazugehörigen Muskulatur zurückzuführen ist. Aber das ist nicht so leicht zu erklären und zu ergründen. Erst nach meiner aktiven Zeit habe ich das Spielen der

Tuba erlernt und festgestellt, dass dieses Instrument wohl geeigneter für mich gewesen wäre. Aber ich hatte mich ja für die Trompete entschieden und musste nun das Beste daraus machen. Und das habe ich getan.

Ich hatte nun also zwei Ausbildungen parallel zu absolvieren. Jede sich bietende Möglichkeit habe ich genutzt, um in unserer sogenannten „Kellerkammer“, welche nicht nur unsere Schuhkammer sondern auch das Musikzimmer war zu üben. Mein Großvater, der mich zur Trompete gebracht hatte, ist leider schon verstorben als ich dreizehn Jahre alt war. Danach war ich absoluter Einzelkämpfer. Mein Vater hätte diese Zeit eigentlich musikalisch begleiten können; hat davon aber Abstand gehalten, weil er mit einem Blechblasinstrument nicht vertraut war. Leider hat auch der Trompetenlehrer mich niemals musikalisch begleitet. Im Nachhinein kann ich nicht nachvollziehen, warum er mich nicht auf seiner Trompete begleitet hat. Statt auch einmal leichte Stücke zweistimmig einzuüben, musste ich mich mit Etüden aus der dicken „Aban-Schule“ begnügen. Aus meiner heutigen Sicht, war dieser Lehrer fachlich nicht hervorragend, aber alleine die Überwachung und Kontrolle der aufgegebenen Übungen hat mich schon enorm weitergebracht. Außerdem hatten wir ein sehr freundschaftliches Verhältnis, was ja auch ein entscheidender Faktor ist. Und – das muss ich ganz klar sagen- ohne ihn hätte ich den später eingeschlagenen Weg nicht gehen können.

Leider gab es für mich keine Möglichkeit, in einer Blaskapelle mitzuwirken. Aber in der Tanzkapelle meines Vaters konnte ich ab und zu mitmachen. Das war eine willkommene Abwechslung und sehr interessant. Ich habe das als Teil meiner Ausbildung betrachtet und dafür auch selten Geld bekommen. Wie sagt man so schön? „Der Applaus ist das Brot des Künstlers“. Nun will ich mich in der damaligen Zeit noch nicht als Künstler bezeichnen, und so habe ich mich auch nicht gesehen, aber ich habe schon gespürt, dass die Feiernden sich darüber freuten, sogar begeistert waren, wenn ich auf der Bühne mitwirkte. Zu der Zeit wurden in der benachbarten Gaststätte relativ häufig Hochzeiten gefeiert. Es hatte sich schnell eingebürgert, dass das Brautpaar dann bei der Bestellung der Musik meinen Vater fragte, ob ich auch mitwirken könne. Der Deal sah dann so aus, dass ich als Gast eingeladen wurde und während der Feier dann immer mal wieder auf der Bühne mitgespielt habe. Die Gesellschaft fand das schön und ich erst recht; denn so konnte ich die Hochzeitsfeiern als Gast und auch als Musiker genießen. Diese Kombination gab es aber nur in der heimischen Gaststätte; bei auswärtigen Feiern geschah das nicht.

Eigentlich war diese Zeit trotz der manchmal sehr anstrengenden Arbeit in der Landwirtschaft ein angenehmer Lebensabschnitt. Man war nahezu sorgenfrei und musste noch keine große Verantwortung übernehmen, wie es im späteren Leben dann der Fall war. Hinzu kam noch das Zusammenleben mit den Jugendlichen im Dorfe, welches ausgiebig auch in der Dorfkneipe gepflegt wurde. Dort haben wir viel Spaß gehabt, weil es damals in unserem Dorf noch einige „Originale“ gab, die durch ihre Art immer wieder für gute Stimmung sorgten. Besonders problematisch waren diese Kneipenabende für mich jedoch, wenn ich am nächsten Tag „Stalldienst“ hatte. Vor allem nach

Fußballspielen, wenn die „dritte Halbzeit" gefeiert wurde, war der Montagmorgen schwierig zu bewältigen. Der Nachhauseweg war ja nur kurz, aber das frühe Aufstehen nicht so einfach. Aber! Wer feiert, der kann auch arbeiten!

Zu der damaligen Zeit gab es noch die Wehrpflicht, und so nahte bald der Termin zur Musterung. Aber bevor es dazu kam, wurden von meinem Trompetenlehrer die Weichen in eine Richtung gestellt, die mein zukünftiges Leben entscheidend verändern sollten. Es mag im Frühjahr 1966 gewesen sein, als er mir bei einer Unterhaltung den Vorschlag machte, ich könne doch versuchen, meinen Wehrdienst im ortsansässigen Musikkorps abzuleisten. Diese Möglichkeit hatte ich stets für nicht umsetzbar gehalten und gedacht, dort würden nur Berufsmusiker tätig sein. Dass dem aber nicht so war, habe ich dann bald erfahren. Mein Lehrer erzählte mir, dass er den damaligen Chef des Musikkorps noch aus seiner Militärzeit kennen würde. Deshalb wolle er mit ihm einen Termin vereinbaren, um mich dort vorstellen zu können. Und so ist es dann auch wenig später geschehen. Die meiste Zeit unseres Aufenthaltes unterhielten sich die „Kriegsgedienten" über die alten Zeiten. Irgendwann kam dann der 1. Trompeter des Musikkorps hinzu und legte mir Notenmaterial vor, das ich vorspielen sollte. Wenn ich mich richtig erinnere, handelte es sich dabei um die Trompetenstimme von „Leichte Kavallerie". Dieses Stück war mir bis dahin völlig unbekannt und ich habe sicher nicht immer das richtige Tempo erwischt. Für den Trompeter vom Musikkorps waren meine Leistungen bestimmt nicht ausreichend, aber der Chef hatte wohl vielversprechende Ansätze erkannt und auf gutem

Zureden meines Lehrers mir empfohlen, mich als Freiwilliger zur Militärmusik zu bewerben. Im Januar nächsten Jahres würde die Stelle eines vierten Trompeters frei, die ich dann übernehmen könne. Es wäre gut, wenn ich bis dahin auch das Transponieren nach „Es“ erlernen würde. Mein Lehrer versicherte, dass das kein Problem wäre.

Diese Initiative meines Lehrers war entscheidend für meinen weiteren Lebenslauf und ich kann ihm noch heute dafür dankbar sein.

Ich hatte aber noch eine sehr schwierige Klippe zu umschiffen!

Nach der erfolgten Bewerbung wurde ich im Juni 1966 nach Hannover in die „Freiwilligen-Annahmestelle“ zur Leistungsprüfung vorgeladen. Hier wurden man auf Herz und Nieren untersucht und musste umfangreiche Tests in Sport und Bildung ablegen. Alles war für mich erfolgreich verlaufen, aber ich wurde noch in das Hannoversche Musikkorps gebracht, um dort auch die musikalische Prüfung abzulegen. Bei dem dortigen Chef musste ich einige Passagen aus meiner Trompetenschule vorblasen aber auch mir unbekannte Konzertliteratur, die er mir vorlegte. Ich hatte nicht nur einen relativ schlechten Tag erwischt, sondern war beim „Vom-Blatt-spielen“ auch etwas überfordert; jedenfalls sagte der Chef zu mir, dass das so noch nicht ganz reiche. Ich solle noch ein Jahr üben und mich dann noch einmal vorstellen. Das hätte meine Pläne jedoch total über den Haufen geworfen und wäre auch gar nicht umsetzbar gewesen. Also nahm ich meinen ganzen Mut zusammen und verwickelte ihn in ein Gespräch in dem ich schilderte, dass ich schon in Lüneburg bei dem dortigen Chef vorgespielt hätte und dieser mich gerne haben wolle, weil im Januar 1967 eine Stelle im Trompetensatz freiwerden würde.

Vielleicht hat er sich gedacht: „sollen die da in Lüneburg doch zusehen, was sie mit ihm machen. Ist ja nicht mein Problem“. Jedenfalls hat er meinen Antrag schließlich doch befürwortet.

Beim Verlassen des Zimmers kam ein leises „Dankeschön“ an meinen Trompetenlehrer gerichtet, über meine Lippen.

Nun nahm alles seinen Lauf. Am Montag, den 03. Oktober 1966 trat ich meine Grundausbildung in der Theodor Körner Kaserne in Lüneburg an. Was würde mich dort erwarten? Wenn ich den Schilderungen aus dem Bekanntenkreis glauben sollte, kam ja Fürchterliches auf mich zu. Da wurden richtige Schauermärchen erzählt. Aber sie hatten ja alle überlebt, also konnte es eigentlich nicht so schlimm sein.

Ich ging ohne große Vorbehalte an die Sache heran. Und wie sich bald herausstellte, sollte das auch richtig sein. Zwar empfand ich das Geschrei der Ausbilder schon etwas gewöhnungsbedürftig, aber mich hat das eher belustigt als dass es Angst einflößte; nach der Devise: „Hunde die bellen, beißen nicht.“

Ich habe mich schnell an die neuen Herausforderungen gewöhnt. Auch daran, dass wir zu sechst auf dem Zimmer untergebracht waren. Wir sind miteinander ganz gut zurechtgekommen und hatten auch viel Spaß, weil wir eine richtige Stimmungskanone mit an Bord hatten. Auch das eitle aufschneiderische Auftreten unseres Kölner Kollegen trug immer wieder zu unserer Belustigung bei; denn er trat dabei immer wieder von ein Fettnäpfchen ins andere. Fast an jedem Wochenende konnte ich zuhause von neuen Anekdoten berichten. Da wir auch einen Düsseldorfer auf unserem Zimmer hatten, wurde ich das erste Mal mit der Rivalität dieser beiden Städte konfrontiert. Zum Glück hatten wir keinen großen „Schnarcher“ dabei. Aber leider mussten die Stubenkameraden mein „Brummen“ ertragen. Nach meinem Hinweis, dass in der Nacht etwas Einmaliges zu vernehmen wäre, wurde zwar entgegnet: „Wenn ich schlafe, dann schlafe ich“, aber es hat sich dann herausgestellt, dass das eine große Fehleinschätzung war und mein Brummen den Schlaf „besiegt“ hatte. Dieser Brummton setzt meistens gegen Morgen ein und ist so laut und langanhaltend, dass ihm niemand widerstehen kann. Nach einem lauten Warnschrei verstumme ich zwar zunächst; aber meistens leider nicht für lange Zeit. Mein schlechtes Gewissen hat mich dann oft gar nicht mehr richtig einschlafen lassen. So waren die Nächte sowohl für meine Mitschläfer als auch für mich nicht sehr erquickend. Zum Glück tritt dieses Phänomen aber nicht jede Nacht auf. Mit dieser „Brummerei“ habe ich später „internationale Erfolge“ verzeichnen können, aber leider auch Stubenkameraden erlebt, die aus Verzweiflung mit Schuhen nach mir geworfen oder mich mit Wasser begossen haben. Bei einem späteren Lehrgang in Sonthofen hörte ich zum Beispiel einmal, wie sich beim Frühstück am Nachbartisch die Soldaten über ein eigenartiges Geräusch in der Nacht unterhielten. Die Erklärungsversuche lauteten: Hubschrauber oder Panzer müssten in der Nacht unterwegs gewesen sein. Zwar bestanden die Wände, wie in Süddeutschland oft üblich, nur aus dicken Holzbohlen und waren recht gut isoliert, aber dass diese Gruppe das übernächste Zimmer bewohnte und von mir aufgeschreckt worden war, hat mich dann doch etwas überrascht, aber auch ein kleines Lächeln hervorgerufen. Bei späteren Einsätzen des Musikkorps mit Übernachtungen ist immer versucht worden, ein Einzelzimmer für mich zu organisieren. Aber das war natürlich nicht immer möglich.

Obwohl der Zeitraum der Grundausbildung in die von mir nicht gerade geliebte Jahreszeit fiel und es ungemütliche Tage bei Außendiensten gegeben hat, hatte ich damit keine großen Probleme, weil mich ja anschließend ein mollig warmes Zimmer in der Kaserne erwartete. Und obendrein verbrachte ich darin auch meine Nachtruhe. Ein warmes Schlafzimmer! Wir hatten zu der Zeit daheim noch keine Heizung und ich musste immer in einem, vor allem im Winter, sehr kalten Zimmer schlafen. Diese neuen Gegebenheiten habe ich deshalb als sehr angenehm empfunden.

Unsere Gruppe hatte einen ganz ruhigen und bedächtigen Gruppenführer, einen Stabsunteroffizier, der uns ganz human anpackte. Nur der Gefreiter als „Hibi“ (Hilfsausbilder“) meinte manchmal, er müsse uns schleifen und besonders hart rannehmen. Er wurde dann aber schnell von dem „StUffz“ in die Schranken verwiesen.

Jeden Montag sind wir zum Schießen und donnerstags zur Geländeausbildung zum etwa acht Kilometer entfernten Übungsgelände marschiert. Nach einer kurzen Eingewöhnungszeit hat mir diese Herausforderung nichts mehr ausgemacht. Wie sollte es auch anders sein. Ich war jung und voll belastbar. Bei der sogenannten „36-Stunden-Übung“ mussten wir im Übungsgelände tagsüber einen Unterstand graben und die folgende Nacht bei Minus 12

Grad in „Gefechtsbereitschaft“ verbringen. Unsere Gruppe hatte den Auftrag, in der Nacht einen Spähtrupp zu laufen. Bei spärlichem Licht waren wir unterwegs als wir plötzlich durch Leuchtmunition, die an einem Fallschirm herunterging, im hellen Scheinwerferlicht standen und ein Getöse von Gewehrfeuer aus allen Ecken ertragen mussten. Wir wussten im ersten Moment gar nicht wie uns geschah. Wir waren in eine Falle gelaufen. Das war ja alles nur eine Übung, aber mir wurde dabei schon klar, wie fürchterlich es im Krieg zugegangen sein muss.

Über eine andere Episode sei auch noch berichtet: Wir waren auf dem Schießstand und das Schießen auf einem 250 Meter entfernten Ziel stand auf dem Programm. Als ich an der Reihe war, stand zufällig der Kompanieführer hinter den Schießenden. Als er bemerkte, dass ich eine 10 nach der anderen schoss, fragte er nach meinem Namen und versprach mir spontan einen Tag Sonderurlaub. Zwar konnten wir jeden Sonnabend nach dem Mittagessen nach Hause fahren, so hatte ich aber in dieser Woche schon ab Freitag frei. Ist doch klar, dass ich mich darüber freute und auch etwas stolz war.

Den Abschluss bildete nach einem Aufenthalt im Übungsgelände ein abendliches Biwak. Bei einem Lagerfeuer und Punsch, es war ja die Adventszeit, verlebten wir ein paar gemütliche Stunden im Felde.

Als Fazit kann ich ziehen, dass ich diese Zeit angenehm in Erinnerung habe, Sie war zwar sehr fordernd aber durch die Gruppendynamik entstand ein guter Zusammenhalt. Auch die Einforderung von Sauberkeit, Ordnung und Disziplin hat uns allen nicht geschadet.

Am 20 Dezember 1966 war die Grundausbildung beendet und der Umzug zum Heeresmusikkorps 3 (so lautet die offizielle Bezeichnung) stand an. Da sich die Unterkunft nur etwa 100 Meter davon entfernt befand, war das für mich kein großes Problem und konnte bequem zu Fuß erledigt werden.

Nachdem ich vom „Spieß“ (Kompaniefeldwebel ist die offizielle Bezeichnung) mein Zimmer zugewiesen bekommen hatte, musste ich zunächst „umgerüstet“ werden. Vorher hatte ich als „Aufklärer“ gelbe Kragenspiegel getragen und ab nun wurde ich in Weiß eingekleidet, bekam also eine neue Jacke mit weißen Kragenspiegeln und auch eine Hose und Schirmmütze mit weißen Biesen. Nun war ich auch äußerlich als ein Musiker zu erkennen. Mein neuer Stubenkamerad war auch mein alter; denn zufälligerweise war dieser auch in der Grundausbildung auf meiner Stube gewesen. Es gab damals eine Anweisung, dass bei den Ausbildungskompanien abgefragt werden musste, ob jemand ein Musikinstrument spiele. Diese Soldaten wurden dann ins Musikkorps zum Vorspielen gebracht. Mein Kamerad wurde angenommen und für den Spielmannszug vorgesehen. Die Spielleute verblieben aber nur ein viertel Jahr im Musikkorps. Anschließend wechselten sie in die Truppe und kamen nur noch am Nachmittag zur Weiterbildung und wurden zu Einsätzen angefordert. Dass es auch diese Möglichkeit gab, um zur Musik zu kommen, war mir vorher nicht bekannt. Und ob ich es auf diesem Weg auch geschafft hätte, ist sehr fraglich, denn dann hätte wahrscheinlich der 1. Trompeter die Entscheidung getroffen und bei dem hätte ich bestimmt Schwierigkeiten bekommen.

Im Musikkorps herrschte ein emsiges Treiben, denn es stand am Nachmittag die Weihnachtsfeier im Speisesaal statt. Als ich die Dienstpläne und Aushänge am „Schwarzen Brett“ studierte, stellte ich fest, dass ich zusammen mit zwei anderen Kameraden ab dem 22. Dezember als Wache eingeteilt war. Wir hatten für die Abwesenheitstage des Musikkorps Telefondienst und sollten den Block bewachen. Zwei hatten immer Dienst und der Dritte war jeweils Ersatz, falls von den anderen beiden jemand ausfallen würde. Nun ergab es sich, dass ich am Heiligabend der Ersatzmann war. Als ich meinen Zimmernachbarn fragte, ob ich in diesem Fall nach Hause fahren könne, offenbarte er mir, dass das wohl nicht ginge. Ich sagte mir jedoch, warum eigentlich nicht und beschloss, am nächsten Tag den „Spieß“ um Erlaubnis zu fragen. Der nächste Morgen begann verheißungsvoll, denn kurz nach der Befehlsausgabe, die, wie in den nächsten Jahren auch, stets um 07.45 Uhr stattgefunden hatte, erklang auf dem Flur plötzlich eine für mich wunderbare Musik. Ich traute meinen Ohren nicht, denn ich hatte vorher ja noch nie ein Musikkorps gehört und dachte zunächst, eine Schallplatte würde erklingen. Aber nein! Es war Brauch, dem Betreffenden an seinem Geburtstag ein Ständchen zu spielen. Wie ich erfuhr, wurde an diesem Morgen der „Geburtstagsmarsch“ gespielt. Anschließend hat der Jubilar dann zu einem (geduldeten) Umtrunk auf sein Zimmer gebeten. Dieser Marsch war also das erste Musikstück, das ich vom Musikkorps vernommen habe und war auch viele Jahre später bei meiner Entlassung, auf meinen Wunsch hin, das letzte Musikstück, das für mich erklungen ist.

Nach diesem Trubel bin ich zum „Spieß“ gegangen, um die „Angelegenheit Heiligabend“ zu klären. Was ich eigentlich als unproblematisch angesehen hatte, war für den „Spieß“ aber ganz und gar nicht so; denn wenn ich nicht anwesend sei, wäre die Sicherheit nicht gewährleistet und er zählte auf, was alles passieren könnte. Seinem „Nein“ folgte jedoch der Hinweis, ich könne ja einen Antrag stellen über den dann der Chef entscheiden würde. Gesagt, getan. Eine Stunde später hieß es: „Burmester zum Chef!“

Aha! Dachte ich, das geht doch. Aber was dann geschah, löste im ersten Moment einen Schock aus. Dieser Chef, den ich vor einigen Monaten als besonnen und ruhig erlebt hatte, stand nun aufbrausend und wild gestikulierend vor mir und ließ verlauten, wie ich es wagen könne als Neuankömmling einen solchen Antrag zu stellen. Auch mein zaghafter Hinweis, dass ich nur 20 Kilometer weit entfernt wohne und innerhalb einer Stunde im Notfall wieder im Musikkorps sein könne, beruhigte ihn keinesfalls. Als ich jedoch so nebenbei erwähnte, dass meine Oma während der Grundausbildung verstorben sei, was auch der Wahrheit entsprach, und ich deshalb gerne den Heiligabend bei meiner Familie verbringen würde, glätteten sich seine Gesichtszüge plötzlich, der Tonfall änderte sich in den Normalmodus, er sprach mir sogar sein Beileid aus und war auf einmal der väterliche Typ und genehmigte meinen Antrag mit der Auflage, dass ich jederzeit erreichbar sein müsse.

Bei meinem Stubennachbarn löste dies ein ungläubiges Kopfschütteln aus. Niemals habe er gedacht, dass das möglich sein würde. Und er erzählte mir wahre Schauermärchen über die Zustände im Musikkorps, die sich dann später leider bestätigen sollten.

Über die Weihnachtszeit haben wir drei „Wachhabenden" eine recht entspannte Zeit verbracht. Zu diesen beiden Mitstreitern ist übrigens eine große Freundschaft entstanden, die bis in die heutige Zeit hinein Bestand hat. Der eine kam aus Hamburg und der andere aus dem nahen Amelinghausen. Dieser hat sogar später meine „Lieblings-Cousine" geheiratet.

Das war für mich also kein verheißungsvoller Auftakt gewesen. Nach unserem Weihnachtsdienst hatten wir ab dem 28. über den Jahreswechsel hinaus aber frei und mussten erst am Dienstag, den 3. Januar wieder im Dienst sein. Nun begann meine Dienstzeit im Musikkorps ganz offiziell.

An diesem ersten Tag kamen noch drei weitere Neue ins Musikkorps. Sie waren den gleichen Weg gegangen wie mein Stubenkollege, aber erst jetzt von der alten Einheit in Marsch gesetzt worden. Musik stand für uns noch nicht auf dem Programm, sondern es mussten zunächst noch eine Reihe von Regularien erledigt werden. Vom „Spieß" wurden wir in die Gepflogenheiten des Musikkorps eingewiesen, mussten unsere Dienstinstrumente und Noten empfangen und wurden in der Kleiderkammer noch mit zusätzlichen Uniformteilen ausgerüstet. Der erste Tag war also mit organisatorischen Dingen ausgefüllt.

Ab dem nächsten Tag waren wir Neuen aber voll in den Dienst des Musikkorps integriert und wurden mit den hohen Anforderungen konfrontiert.

Wie schon bei meinem Vorspielen angekündigt, war ich für den Trompetensatz eingeplant und musste nun die

Stimme der 4. Trompete übernehmen. Ich kann mich noch sehr gut an das erste Stück erinnern, das bei meiner ersten Orchesterprobe geübt wurde: „Slavischer Tanz Nr.1“ von Anton Dvorak. Den anderen Musikern war das Stück wohl schon vertraut, ich hatte jedoch einige Probleme, diese Probe unbeschadet zu überstehen. Zum Glück ist mir das aber einigermaßen gelungen.

Ein normaler Tagesablauf sah nun so aus, dass nach der Befehlsausgabe von 08.00 bis 09.00 Uhr zunächst Einzelüben befohlen war und anschließend bis 12.00 Uhr die Orchesterprobe mit dem Chef stattfand. Manchmal war aber vorher noch eine „Satzprobe“ mit den Trompeten, oder die sogenannte „Registerprobe“ für Holz- oder Blechinstrumente. Von 12.00 Uhr bis 14.00 Uhr war Mittagspause befohlen, die peinlich genau einzuhalten war. Der Chef duldete in dieser Zeit auch keine Unterhaltungen auf den Fluren. Wir sollten uns erholen, damit wir am Nachmittag wieder leistungsfähig sein konnten.

Am Nachmittag waren dann bis 16.30 Uhr weitere Proben, Einzelüben, Auswendiglernen von Musikstücken, Instrumentenpflege aber auch Sport angesagt.

Wie beim Militär üblich, gab es auch im Musikkorps die Gruppe der Mannschaftsdienstgrade und die der Unteroffizierdienstgrade. Während die Mannschaften alle kaserniert waren, bewohnten die älteren verheirateten Dienstgrade mit ihren Familien zugewiesene Dienstwohnungen. Da es zu der damaligen Zeit nicht genügend Musiker in der Bundeswehr gab, waren die Musikkorps auf uns junge Soldaten angewiesen, um spielfähig zu sein. Das hielt aber einige Altgediente nicht davon ab, uns gegenüber ihre Geringschätzung kundzutun. Sicher hatte die Masse von uns nicht die Vorbildung wie sie, aber durch intensives Üben haben auch wir die uns gestellten Aufgaben erfüllt. So war es auch bei mir. Schon früh haben mich Kameraden darauf hingewiesen, vor welchen Dienstgraden man sich in Acht nehmen sollte. Sie seien hinterhältig und könnten einem das Leben schwer machen. Leider gehörte mein Satzführer und erster Trompeter auch dazu. Das musste ich fast täglich erleben, wenn er es bei der Satzprobe wieder einmal auf mich abgesehen hatte. Manchmal hat er auf einen einzigen Ton herumgeritten. Einmal war er zu hoch, dann wieder zu tief, nicht sauber genug oder im Ansatz zu hart. Das war manchmal schwer zu ertragen. Obendrein war er auch noch mein zugewiesener Lehrer, bei dem ich einmal wöchentlich Unterricht hatte. Das war jedes Mal eine Tortur für mich.

Und dann war da noch der „Spieß", der meinen Trompeter noch übertraf. Ich glaube ja immer an das Gute in einem Menschen, aber davon hatte dieser Mensch bei der Geburt nichts abbekommen. Er war nicht nur hinterhältig, sondern auch boshaft und falsch; nur darauf bedacht, bei uns jungen Soldaten kleinste Verfehlungen zu bestrafen oder dem Chef zu melden. Dabei stellte er oft den Sachverhalt völlig falsch dar. Der Chef wiederum war nach Lüneburg wegen irgendwelcher Vergehen strafversetzt worden und hatte nun Angst, Fehler zu begehen und handelte dementsprechend, wenn der „Spieß" ihn auf entsprechende Gesetze und Vorschriften hinwies. Nun kommt noch hinzu, dass der Chef bei den Proben oft ausrastete und zu verbalen Angriffen neigte, wenn etwas auf Anhieb nicht so klappte, wie er es sich erwünscht hatte. Er war ein Choleriker. All dieses ließ mich anfangs fast verzagen und ich sehnte mich nach der zwar harten aber gradlinigen Grundausbildung zurück!

Aber wie heißt es so schön: Der Mensch ist ein Gewohnheitstier! Und nach einer Eingewöhnungsphase habe ich mich auch an die Gegebenheiten gewöhnt. Nicht an die weiter vorherrschenden Intrigen, aber an die mir gestellten Herausforderungen. Außerdem erinnerte ich mich an einen Ausspruch meines früheren Klassenlehrers, der uns den guten Rat gab, wir sollten uns den Gegenüber einfach nackt vorstellen, wenn wir uns ungerecht behandelt oder hintergangen fühlen würden. Kurz gesagt; wenn er uns absolut unsympathisch sei.

Aber es war nicht alles schlecht! Bis auf die genannten Ausnahmen, waren die meisten älteren Soldaten uns jungen wohlgesonnen und pflegten einen angenehmen Umgangston, so, wie es sich, nicht nur unter Musikern, eigentlich auch gehört.

Nach etwa vier Monaten veränderte sich meine Situation entscheidend. Zunächst hatte ich einen neuen Stubenkameraden bekommen. Es war wieder ein Spielmann, der jedoch später nicht in die Truppe abwanderte, sondern im Musikkorps verblieb und dort als Schlagzeuger vorgesehen war. Außerdem sollte er zunächst Oboe lernen; was letztendlich aber vergebens war und er sich voll und ganz auf das Schlagzeug konzentrierte. Auch zu ihm entstand eine sehr enge Freundschaft, die bis in die heutigen Tage Bestand hat. Aber ein anderes Geschehen war viel entscheidender für mein Wohlbefinden und wohl auch für mein weiteres Leben. Es wurde bei den Trompeten eine Umbesetzung vorgenommen. Vom zweiten Flügelhorn wechselte ein Musiker zu den Trompeten und ich nahm seine Stelle ein.

Als Ursache sehe ich folgendes. Bei Begräbnissen von Soldaten wurde nicht immer das gesamte Musikkorps eingesetzt, sondern sehr oft auch nur ein Trommler und Trompeter abgestellt. Als Musikstück stand „Das Lied vom guten Kameraden“ für den Trompeter auf dem Programm. Um zu ermitteln, wer dafür geeignet erschien, mussten einige junge Trompeter dieses Stück dem Korpsführer vorblasen. Dabei ist diesem wohl aufgefallen, dass ich mit meiner Art zu blasen, besser zu den Flügelhörnern passen würde. Erwähnen muss man aber auch, dass ich als sein „Tubaträger“ eingeteilt war. Er musste bei Einsätzen, das Antreten des Musikkorps leiten und dem Chef Meldung machen. Dabei konnte er natürlich nicht seine Tuba schultern. Also wurde ein „Träger“ auserkoren. Und das war ich. Verbunden damit war aber auch, dass dieses riesige Instrument auch stets von mir sorgfältig geputzt werden musste. Vielleicht wollte er sich bei mir auf diese Art bedanken und mich von dem ungeliebten Trompeter befreien. Jedenfalls begann nun ein völlig anderes Musikerleben für mich. Nicht nur, weil die Stimme des zweiten Flügelhorns viel interessanter war, sondern auch, weil im Flügelhorn-Satz ein völlig anderes, freundschaftliches Miteinander herrschte. Meine Gemütslage änderte sich schlagartig. Allerdings wurde ich schon nach kurzer Zeit mit einer großen Herausforderung konfrontiert. Der Chef plante bei der nächsten Konzertreihe eine Vorstellung des Orchesters. Dazu sollte jeder mit seinem Instrument etwas vortragen. Praktisch von heute auf morgen musste man sich für irgend ein Stück entscheiden, denn schon bei der nächsten Probe sollte das große Vorspielen sattfinden. Auch aus der noch mangelnden Erfahrung heraus wusste ich nicht so recht, was ich vorspielen sollte. Entschieden habe ich mich für das Volkslied „Oh, du lieber Augustin“, weil ich damit keine Probleme hatte, es auswendig zu spielen. Trotz meiner riesigen Nervosität, habe ich das Lied fehlerfrei vorgeblasen und war darüber sehr erleichtert und damit zufrieden. Die Zufriedenheit hielt sich beim Chef allerdings in Grenzen, denn er war wohl vor allem von der Auswahl des Stückes gar nicht angetan und kommentierte meinen Vortrag nur lakonisch mit „Ja, ja, sie sind so ein richtiger Augustin!“ Was er damit sagen wollte, konnte ich nicht ergründen, hatte aber den erfreulichen Nebenaspekt, dass ich bei den Konzerten als Vorspieler nicht eingeplant worden bin und so diese Abende bedeutend entspannter erleben konnte.

Zu meiner immer besser werdenden Grundeinstellung und Gemütslage hat auch beigetragen, dass ich das Kasernenleben von der besten Seite kennenlernte. Wir waren wirklich eine verschworene Gemeinschaft und haben nach Dienstschluss oft in gemütlicher Runde zusammengesessen; ein Bierchen getrunken und manchmal dabei auch musiziert. Aber auch die wunderbare Kneipenszene in der Garnisonsstadt Lüneburg hat oft zu einem Besuch eingeladen. Außerdem erreichte ich immer mehr das geforderte Niveau und genoss auch die Annehmlichkeiten, die es trotz der andauernden Drangsalierungen durch den „Spieß“ und des Trompeters gab. Der Montagnachmittag war frei, um beim bisherigen Lehrer noch Privatunterricht nehmen zu können. Einige Kameraden sind dafür sogar nach Hamburg gefahren. Am Mittwochnachmittag war Sport angesagt. Am Anfang meiner Dienstzeit war noch am Sonnabendmorgen Dienst zu leisten, aber schon bald war am Freitag ab 15.30 Uhr Dienstschluss.

Schon bald zeichnete sich der erste Höhepunkt in meinem Musikleben ab. Das „Heeresmusikkorps 6“ aus Hamburg sollte Ende Juni im holländischen Arnheim bei einem Tattoo eine Musikschau vorführen. Da die dort zur Verfügung stehenden Soldaten für das vorgesehene Schaubild nicht ausreichten, sollte unser Musikkorps etwa 25 Musiker abstellen.

Zum Glück wurde von unserer Führung entschieden, dass das überwiegend die jüngeren Soldaten sein sollten. Dazu gehörte nicht nur ich, sondern unter anderem auch meine engsten Freunde. Das bedeutete aber auch gleichzeitig, dass die „Auserwählten“ ab Anfang Juni vom Dienst in Lüneburg freigestellt waren und dann täglich nach Hamburg zum Üben fuhren. Eine wunderbare stressfreie Zeit konnten wir somit erleben. Der Höhepunkt war dann der Aufenthalt und die Aufführungen in Arnheim. Fast eine Woche lang fanden jeden Tag vor etwa fünftausend Zuschauern die Vorführungen statt. Als Freizeitangebot besuchten wir das Nordseebad Scheveningen, die Porzellanstadt Delft sowie Den Hag. Nicht nur bei diesem ersten Einsatz, sondern auch bei den anderen in den folgenden Jahren war ich von der Musikbegeisterung der Holländer sehr angetan. Neu für mich waren auch die ungewohnten bunten Streusel, die am Morgen und Abend stets auf den Tischen standen. Außerdem mussten wir uns an das übliche Weißbrot gewöhnen.

Es folgten zwar in meinem Musikerleben viele herausragende Erlebnisse, aber weil dieser Einsatz in dieser Form der erste war, denke ich daran besonders gerne zurück.

Und noch etwas Anderes war für mich etwas völlig Neues und Ungewöhnliches: Wir wurden von einer großen Menschenmasse bewundert, vielleicht sogar als Künstler angesehen. Außerdem gab es noch ein Novum, welches ich danach in dieser Form nicht wieder erlebt habe: wir wurden von zahlreichen Kindern um Autogramme gebeten! Wo war ich hier hineingeraten? Vom beschaulichen Dorfleben in die Welt der internationalen Musik! Die Stars und von vielen weiblichen Fans stets umlagert, waren die italienischen „Bersaglieri“ mit ihren langen Hahnenfedern am Hut, die ihre gesamte Schau im Laufschritt absolvierten; aber auch die Belgier auf ihren alten Militärfahrrädern imponierten. Außergewöhnlich waren die schottischen Dudelsackpfeifer, die zusammen mit den in ihren roten Jacken majestätisch wirkenden stolzen Engländern auftraten. Die Dänen, die eine lustige Musikschau darboten oder das große Musikkorps der Königlichen Luftwaffe aus den gastgebenden Niederlanden gefielen ebenso. Das Zusammenspiel mit über vierhundert Musikern beim Finale war überwältigend und löste bei mir eine Gänsehaut aus. Begeisterung herrschte bei den Zuschauern und tosender Applaus brauste auf. Zuhause hatte keiner applaudiert wenn ich mit meinem kleinen Trecker eine gerade Furche gepflügt hatte; und das war auch gar nicht so einfach. Jedenfalls war dieser Aufenthalt in Arnheim nicht nur für mich ein großartiges, beeindruckendes Erlebnis.

Bei unserer Darbietung kam es allerdings nach der ersten Aufführung zu Irritationen. Als Standbild hatten wir unter anderem auch ein HH für „Hansestadt Hamburg“ eingebaut. Leider wurde dieses aber von einigen Teilen der Presse als Heil Hitler interpretiert und dementsprechend harsch kritisiert. Es kam natürlich unsererseits zu einer Richtigstellung und fortan wurde an dieser Stelle unserer Schau eine erklärende Durchsage über die Lautsprecher gemacht. Auch wenn den Holländern zu der Zeit noch eine gewisse Deutschfeindlichkeit nachgesagt wurde, haben wir davon nichts gespürt und unsere Musik wurde mit großer Begeisterung aufgenommen.

Nach der Rückkehr aus Holland hatten wir noch zwei Wochen normalen Dienst und gingen dann für vier Wochen in Urlaub. Diese vergangenen Wochen hatte ich also recht erlebnisreich und mit positiven Eindrücken verbracht.

Nach dem Jahresurlaub gab es schon nach wenigen Wochen ein einschneidendes Ereignis: Unser Chef erkrankte und kam anschließend zur Kur und war somit für einige Wochen nicht anwesend. Als Vertreter wurde ein junger Oberleutnant vom Hamburger Musikkorps zu uns abkommandiert. Dieser pflegte zu uns jungen Soldaten ein ausgesprochen freundschaftliches Verhältnis und die Orchesterproben waren nun auch viel entspannter. In dieser Zeit sondierte er genau, wie die Stimmung innerhalb des Musikkorps war und was im zwischenmenschlichen Bereich geschah. Weil er während der Woche am Standort verblieb, hielt er sich nach Dienstschluss in der Kaserne auf und verbrachte diese Zeit manchmal im Kreis der Kasernierten, zum Beispiel beim gemeinsamen Tischtennisspielen. Dabei hat er seine Antennen ausgefahren und schnell mitbekommen, wo uns der Schuh drückte. Leider kehrte der Chef jedoch im Dezember wieder zurück und die „Schreckensherrschaft“ konnte fortgesetzt werden. Dass das Lüneburger Musikkorps landesweit in Militärmusikkreisen als „Strafmusikkorps“ bezeichnet wurde, konnte ich immer mehr verstehen und bekam das am Anfang des Jahres auch nachhaltig zu spüren. Ich hatte am 9. Januar Geburtstag gehabt und diesen am Wochenende zu Hause gefeiert. Weil etwas Kuchen übrig geblieben war, hatte ich am Montagmorgen meinen Mitbewohner und die beiden Nachbarn auf meine Stube zu einem gemütlichen Frühstück eingeladen.

Erwähnen muss ich in diesem Zusammenhang, dass es neben dem Unteroffizier - und Gefreiter vom Dienst (UvD und GvD) auch einen FvD (Feldwebel vom Dienst) gab, der zu kontrollieren hatte, ob vor und nach der normalen Dienstzeit alles in Ordnung war. An diesem besagten Tag war mein „Lieblingstrompeter“ eingeteilt. Er hatte wieder einmal einen seiner „guten Tage“ erwischt und ging von Zimmer zu Zimmer, um zu kontrollieren, ob auch alle Soldaten zum Frühstück in den Speisesaal gegangen waren. Deshalb betrat er auch unser Zimmer und sah uns in gemütlicher Runde am Frühstückstisch. Nach der obligatorischen Meldung, schilderte ich ihm den Grund für das gemeinsame Frühstück. Er machte einen erfreuten Eindruck, gratuliert mir, wünschte mir für die Zukunft alles Gute und verschwand wieder. Völlig perplex waren wir jedoch, als der UvD nach der Befehlsausgabe mit einer Liste durch den Block eilte und die darauf Vermerkten unterrichtete, dass sich diese um 08.30 Uhr im Aufenthaltsraum zu versammeln hätten. Auch unsere Namen standen darauf. Wir ahnten nichts Gutes. Da hatte doch tatsächlich dieser hinterhältige Mann nichts anderes zu tun gehabt und dem „Spieß“ gemeldet, wer alles beim Frühstück auf der Stube erwischt wurde. Also auch wir. Der „Spieß“ unterrichtete den Chef mit dem obligatorischen Hinweis, dass das ein schwerwiegendes Vergehen sei.

Zur besagten Zeit standen zehn erwischte „Übeltäter“ in langer Reihe im Aufenthaltsraum. Den Dienstplan in der Hand, betrat unser Chef den Raum und fing nach erfolgter Meldung vom Dienstältesten, fürchterlich an zu zetern. Am ganzen Körper bebend brüllte er uns an und verwies darauf, dass er die Dienste angeordnet habe und diese auch zu befolgen seien. Dazu gehöre auch das Einnehmen des Frühstücks in dem Speisesaal. Wir könnten nicht einfach seine Befehle missachten und so handeln, wie es uns gefalle. Er baute sich vor jeden einzelnen auf und maßregelte ihn. Als er bei mir ankam, nahm ich all meinen Mut zusammen und verwies auf die Einmaligkeit dieser Aktion, weil ich am Wochenende Geburtstag gehabt hätte. Eigenartigerweise entspannten sich seine Gesichtszüge ein wenig und er wurde etwas ruhiger. Er sagte nur noch, dass man das vorher hätte melden müssen und verschwand. Sehr zum Verdruss des „Spießes“, hatte unser Vergehen keine weitreichenden Strafen zur Folge, sondern es erging die Anweisung, dass ein solches Frühstück am Montagmorgen erlaubt sei, wenn dieses vorher schriftlich beantragt wurde. Und so wurde auch zukünftig verfahren. Ob der vermeintlichen Niederlage des „Spießes“, war die Schadenfreude bei uns riesig.

Auch wenn der Chef manchmal etwas cholerisch aufgetreten ist, so hat nicht nur dieser Vorfall uns in der der Ansicht bestärkt, dass der wahre Schuldige für die schlechte Stimmung in Person des „Spießes“ zu suchen war, weil er den Chef zu vielen unpopulären Maßnahmen anleitete und drängte. Alle unverständlichen Vorfälle hier aufzuführen, würde zu weit führen, aber abschließend noch diese eine. Der reguläre Ausgang war bis 23.00 Uhr möglich. Beabsichtigte man, etwas später wieder im Block zu sein, musste dieses am Morgen schriftlich im „Abwesenheitsbuch“, unter Angabe des Grundes, beantragt werden und man erhielt dann eine „Nachtausgangskarte“. Wie zum Beispiel der Grund „Ausgang mit den Damen der Lüneburger Gesellschaft“ von der Führung aufgenommen wurde, ist nicht bekannt. Wir fanden ihn aber ganz lustig und er hat auch keine weitere Anhörung nach sich gezogen. In der Regel wurden die Anträge auch vom Chef genehmigt. Wenn der „Spieß“ jedoch der Meinung war, dass dies bei einer Person zu häufig geschah, hat er diesen Namen rückwirkend an jeden der beantragten Tage im Buch dick rot unterstrichen. Dem Chef wäre dieses wohl sonst gar nicht aufgefallen. Aber was waren jetzt die Folgen?

Bei den nächsten Proben hat er dann besonders auf die betreffende Person geachtet und schwierige Stellen einzeln vorblasen lassen. Beliebt waren auch ungewöhnlich Molltonleitern. Oder er ließ von jungen Soldaten zum Beispiel die 3. Klarinette, die 4. Trompete, das 2. Flügelhorn, das 2. Tenorhorn und die 2. Tuba aufstehen und ließ dann einen von den vielen auswendig zu lernende Märsche vorspielen. Das war äußerst schwierig, denn man hatte bei dieser Besetzung keine 1. Stimme dabei und musste die eigene 100%tig beherrschen. Gerade auf die „Nachtausgangübeltäter“ wurden dabei besonders Acht gegeben. Bei dem kleinsten Fehler hatte das zur Folge, dass man in der nächsten Woche keinen längeren Ausgang beantragen brauchte. Ursächlich verantwortlich für diese Maßnahme war jedoch wieder der „Spieß“ mit seinen roten Kennzeichnungen gewesen. Ich war und bin der grundsätzlichen Ansicht, dass jeder Mensch im Grunde ein guter Mensch ist. Dieses konnte ich jedoch bei ihm nicht erkennen. Ich habe dieses Verhalten nie verstanden und habe deshalb auch in späteren Zeiten von diesem Mann stets Abstand gehalten und bin nie zu dem zwischen Musikern üblichen „Du“ übergegangen.

Aber diese „Repressalien“ haben eines bewirkt: Einen wunderbaren Zusammenhalt der jungen Kasernierten.

Hinzu kam für mich aber noch das ausgesprochen gute freundschaftliche Verhältnis zu meinen beiden „Weihnachtsdienst-Leidensgenossen“. Da ich im ersten Jahr (1967) noch kein eigenes Auto besessen hatte, war ich froh, dass ich zusammen mit meinem Hamburger Freund nach Feierabend viel unternehmen konnte, weil dieser schon ein Auto besaß. Die Abende waren recht gut verplant. Meistens bin ich einmal in der Woche noch zu meinem Onkel und dessen Familie gegangen. Sie wohnten nicht weit von meiner Kaserne entfernt. Daneben waren wir oft bei dem anderen Freund in Amelinghausen, wo wir einen regen Kontakt zu der dortigen Jugend pflegten. Und außerdem sind wir fast jede Woche auch bei uns zuhause gewesen. Sogar mein „Bergfest“, die Hälfte des geplanten Wehrdienstes, haben wir dort im September in großer musikalischer Besetzung gefeiert. Diese häufigen Besuche haben meine Eltern stets erfreut und ich glaube, dass insbesondere mein Vater auch ein wenig stolz darauf war, dass sein Sohn als Musiker in einer so tollen Gemeinschaft leben konnte. Mein Hamburger Kollege war sehr oft, manchmal auch mit seinen Hamburger Freunden, bei uns zuhause, sodass er fast schon als Mitglied der Familie anzusehen war und noch immer ist. Für ihn war das Landleben eine völlig neue interessante Erfahrung; ein Erlebnis besonderer Art.

Auf dem Dachboden des Musikkorps wurde auch sehr viel Tischtennis gespielt. Im Winterhalbjahr haben wir sogar regelmäßig Meisterschaften ausgespielt. Mein Spiel verbesserte sich zusehends und ich konnte diese Turniere nach umkämpften Spielen auch relativ oft gewinnen.

Auch im dienstlichen Bereich gab es angenehme Erlebnisse, die mich positiv beeindruckten. Vor allem die Konzerte vor stets ausverkauftem Haus hinterließen bei mir einen nachhaltigen Eindruck.

Herauszuheben und als ein besonderes Erlebnis wäre das Schützenfest in unserer Patengemeinde Jesteburg zu erwähnen. Diese Patenschaft war zustande gekommen, weil unser Chef dort seinen Wohnsitz hatte. Der dortige Schützenverein war froh, dass er ein Militärorchester praktisch zum Nulltarif bei seinem Fest präsentieren konnte. Dementsprechend freundlich wurden wir dort aufgenommen und betreut. Besonders der Tag des Königsfrühstücks, jeweils am Montag, war schwer zu bewältigen, denn es war Tradition, mitten im Sommer, überwiegend Rumgrog zu trinken. Mit verheerender Wirkung! So mancher Soldat wusste später nicht, wie er wieder nachhause gekommen ist. Aber das größte Problem war, dass das Musikkorps noch mit Marschmusik zum Festplatz marschieren musste. Beim Aufmarsch dieses Platzes war stets der „Torgauer Marsch“ zu spielen. Im Hinblick auf den Zustand der Musiker wurde er von uns scherzhaft zum „Torkeltauer“ umgetauft. Trotzdem haben viele jüngere Soldaten noch an der abendlichen Tanzveranstaltung teilgenommen. Wir waren, auch bei den weiblichen Anwesenden, gern gesehene Gäste und benötigten für die Feier kaum eigenes Geld.

Leider gibt es im Zusammenhang mit diesem Ort eine Begebenheit, die für mich nicht erfreulich war. Und das hat einen besonderen Grund. Im Winterhalbjahr haben wir dort stets ein sogenanntes „Wohltätigkeitskonzert" in der Schützenhalle gegeben. Bei einem dieser Konzerte stand wie so oft das Lied „Auf der Lüneburger Heide" auf dem Programm. Zwei meiner Kameraden, mein Nachbar im Flügelhornsatz und mein Freund am Schlagzeug waren inzwischen aktive Schützen im dortigen Schützenverein und obendrein auch noch Sammler von historischen Waffen. Bisher war es bei diesem Lied immer so, dass vom Schlagzeuger mit einer kleinen Schreckschusspistole (oder war es nur eine Plätzchenpistole?) ein erträglicher Knall erzeugt wurde, wenn die Textstelle „und die Büchse und die knallt" erreicht war. Bei ihrem „Heimspiel" sollte aber etwas Besonderes geboten werden. Mein Nachbar hatte mit dem Schlagzeuger abgesprochen, dass er aus seinem Bestand eine großkalibrige alte Pistole mitbringen würde und den Schuss übernehmen wolle. Das Fatale an dieser Absprache war jedoch, dass ich als unmittelbar Betroffener in diesen Plan nicht eingeweiht wurde. Jedenfalls hat mein Nachbar bei der entsprechenden Stelle, von mir unbemerkt, seine Pistole in meinem Rücken nur wenige Zentimeter von meinen Ohren entfernt zur „Explosion" gebracht. Ja, so kann man diesen Knall schon bezeichnen. Was war die Folge? Nicht nur ich, sondern fast alle anderen sind vor Schreck zusammengezuckt, die Bühne war in beißendem Rauch gehüllt und mit meinen Ohren konnte ich außer einem hohen Pfeifton so gut wie nichts mehr hören. In der

Fachsprache „Knalltrauma" genannt. Da dieser Zwischenfall kurz vor Ende des Konzertes geschehen ist, habe ich noch bis zum Ende durchgehalten. Eigentlich hätte ich bei einer solchen Verletzung so schnell wie möglich behandelt werden müssen. Da dieses Konzert aber an einem Freitagabend stattgefunden hat, habe ich mich erst am Montagmorgen in der Kaserne beim Stabsarzt vorgestellt. Ich haben daraufhin zwar für eine Woche Infusionen erhalten, aber diese hatten nicht mehr den erhofften Erfolg. So ist ein dauerhafter Hörschaden verblieben, der sich im Laufe der Jahre durch weitere „Lärmbelästigungen" ausweitete. In einem Orchester, egal welcher Art, ist nicht zu vermeiden, dass man zeitweise doch sehr lauten „Geräuschen" ausgesetzt ist. Wobei besonders die hohen Frequenzen (Obertöne) für die Ohren sehr schädlich sein können. Und bei der von mir noch ausgeführten Tanzmusik geht es auf der Bühne auch recht laut zu. Zumal ich als Bassist den ganzen Abend vor einer riesigen Bassbox verbracht habe und obendrein der Schlagzeuger in meiner unmittelbaren Nähe sein Instrument bearbeitet hat. Da die sich zu der fortschreitenden Schwerhörigkeit mit einhergehender Geräuschempfindlichkeit auch noch zusätzlich ein Tinnitus einstellte, führte das letztendlich dazu, dass ich in den letzten eineinhalb Jahren keinen Musikdienst mehr ausüben konnte. Diese Gefahren sind aber inzwischen erkannt worden und es ist ein spezieller Hörschutz für Musiker entwickelt worden.

Normalerweise hätte ich den damaligen „Übeltäter" wegen Körperverletzung anzeigen können. Das war für mich aber ausgeschlossen, weil beide „Waffennarren" zu meinen engsten Freunden zählten und ich mit ihnen auch gemeinsam Tanzmusik gemacht habe.

Zusammenfassend kann ich festhalten, dass mein erstes Jahr im Musikkorps trotz der „sonderbaren" Führung insgesamt sehr erlebnisreich war und mir trotz der anfänglich schwierigen Eingewöhnungszeit große Freude bereitet hat.

Als bekannt wurde, dass der ungeliebte Chef Ende März 1968 in den Ruhestand versetzt werden und sein Nachfolger wohl sein ehemaliger Vertreter werden würde, haben wir seine Entgleisungen in den Proben nur noch innerlich belächelt und es fast schon als belustigend wahrgenommen.

Anfang April wurde mein bisheriger durch einen neuen Stubengenossen ersetzt; mit einem Abiturienten, der als Geiger zu uns kam. Damals unterhielt das Musikkorps noch ein Streichorchester und kleinere Streichergruppen. Deshalb konnte man auch ohne Beherrschung eines Blasinstrumentes eingestellt werden. Er bekam allerdings den Auftrag, nun so schnell wie möglich, das Spielen einer Klarinette zu erlernen. Damit hatte er am Anfang erhebliche Schwierigkeiten und beklagte des Öfteren nach langer Übungszeit: „Oh, bin ich kaputt!" Was zur Folge hatte, dass er fortan nur noch „Der Kaputte" genannt wurde. Aber als „kaputt" war er eigentlich nicht zu bezeichnen, denn er war ein sehr intelligenter Mensch und wir haben oft interessante und intensive Gespräche geführt. Es entwickelte sich eine tiefe Freundschaft und ich habe ihn häufig mit nach Hause genommen. Er hat sogar im heimischen Verein Fußball gespielt und war in der Dorfgemeinschaft ein gerngesehener Gast; besonders bei den weiblichen Mitgliedern. Bis zum Ende seiner zweijährigen Dienstzeit ist er auf meiner Stube verblieben und musste so lange auch meine gelegentliche „Brummerei“ ertragen. Leider war er darüber eines Nachts so verzweifelt, sodass er mich mit einem vollen Wassernapf, das auf der Fensterbank stand, begossen hat. Dafür hatte ich sogar Verständnis, stellte aber in der kommenden Nacht unbemerkt seinen „Alarmstuhl“ unmittelbar vor meinem Bett auf. Auf diesem „Alarmstuhl“ musste die Bekleidung in genau festgelegter Art und Weise abgelegt werden. Dazu gehörten auch die Dienstjacke und -hose, die über der Lehne hingen. Der Sinn dieser Anordnung war, dass man imstande sein sollte, sich im Alarmfall auch im Dunklen problemlos anzukleiden.

Als er im Halbschlaf und bei dunkler Nacht wieder Wasser über mich ergießen wollte, traf er nicht mich, sondern seine Bekleidung auf dem Alarmstuhl, hinter dem ich mich verschanzt hatte. Danach konnten wir uns darauf verständigen, dass kein Wasser mehr zum Einsatz kommen, sondern er mich nur noch verbal in „schärfster Form“ zum Aufhören auffordern sollte.

Noch heute besteht ein freundschaftlicher Kontakt zu ihm. Auf die Bezeichnung „Kaputter“ verzichte ich selbstverständlich. Für einen Studienrat für Mathematik und Sport wäre das auch völlig unangebracht.

Eine andere Begebenheit war bedeutend wichtiger. Ende März 1968 wurde unser bisherige Chef bei einem kleinen Zeremoniell verabschiedet und der neue in sein Amt eingeführt. Ich habe zwar während meiner späteren Dienstzeit noch acht weitere Chefwechsel erlebt, aber keiner war für das Musikkorps und auch für mich von einer so großen, richtungsweisenden Bedeutung.

Die erste Amtshandlung des neuen Chefs bestand darin, dass er den verhassten „Spieß" seines Amtes enthoben und einen jüngeren mit diesen Aufgaben beauftragt hat. Insbesondere bei den jungen Soldaten fiel eine Last vom Herzen und eine große Schadenfreude machte sich breit. Nun stand er nicht mehr über uns, sondern war ein ganz normaler „Musiksoldat" wie wir. Es entstand eine spürbare Entspannung des Betriebsklimas, was aber nicht bedeutete, dass jetzt die militärischen Regeln nicht mehr so genau beachtet werden brauchten. Nein! Wir wurden auch von dem „Neuen" sowohl in musikalischer als auch in militärischer Hinsicht besonders gefordert. Aber in einer angenehmeren Atmosphäre. Eine Änderung gab es allerdings doch. Bisher musste der UvD vor den unterschiedlichen Diensten jeweils fünf Minuten vorher auf den Fluren mit einer Trillerpfeife zum Beispiel mit dem Ausruf: „Fertigmachen zum Einzelüben" die Soldaten auf den nächsten Dienst hinweisen. Der Beginn des Dienstes wurde dann auch wieder in dieser Weise ausgerufen. Dieses wurde jetzt ersatzlos gestrichen; und der UvD brauchte auch nicht mehr mit Stiefel, Koppel und Stahlhelm seinen Dienst verrichten, sondern in dem ganz normalen Dienstanzug. Die Aufgaben waren aber weiterhin genau zu erfüllen. Neu für mich war, dass auch ich nun als UvD eingesetzt wurde. Unter der alten Führung erschien ich dafür wohl als nicht geeignet. Warum auch immer. Vielleicht spielte dabei noch die „Weihnachtsdienst-Geschichte" eine Rolle. Ich war jedenfalls darüber nicht böse gewesen.

Der neue Chef hatte richtig erkannt, dass er sich um Nachwuchs für das Musikkorps kümmern musste, weil abzusehen war, dass viele „Alte" bald in den Ruhestand gehen würden. Deshalb fanden in den nächsten Wochen viele Gespräche mit uns jungen Soldaten statt, um zu klären, ob wir vielleicht länger bei dem Musikkorps bleiben wollten. Bisher war ich immer davon ausgegangen, dass meine Dienstzeit im September 1968 enden und ich dann wieder Landwirt werden würde. Diese Führungsoffensive ließ mich jedoch wanken und ich verpflichtete mich schließlich, nach Rücksprache mit meinen Eltern, für zwei weitere Jahre. Dafür gab es sogar noch eine „Verpflichtungsprämie" in Höhe von 2000,- DM.

Der neue Chef legte, berechtigterweise, allergrößten Wert auf eine hervorragende Außendarstellung. Wir wurden nicht nur musikalisch sehr gefordert, sondern bei den Konzerten wurden zusätzlich noch für uns ungewohnte Showelemente eingebaut. Vor allem bei moderneren Stücken enthielten die Notenblätter zahlreiche Pfeile die anzeigten, wann man aufzustehen hatte und sich wieder hinsetzen sollte. Von einem Bannstrahl wurde man getroffen, wenn dieses nicht exakt ausgeführt worden war. Auch die Musikausrichtung war wesentlich moderner. Beim Publikum wurde der neue Stil mit Begeisterung aufgenommen.

Die nächsten fünf Jahre, so lange verweilte dieser Chef in unserem Musikkorps, waren turbulent und aufregend. Auch weil er selber dabei zusätzliche Einnahmen erzielen konnte, forcierte er in vielen Bereichen die „Außerdienstliche Musiktätigkeit". Dafür wurde ein Geschäftsführer installiert, der sich vorrangig um diese Angelegenheiten zu kümmern hatte. Mit vielen Schützenvereinen wurde Kontakt aufgenommen und unsere Musik angeboten. Mit Erfolg; denn schon bald haben wir auf vielen Schützenfesten musiziert. Das geschah selten in Bundeswehruniform, sondern durchweg mit angeschaffter leichter Schützenjacke und dazu passendem Hut.

Die bisher einzige Tanzcombo wurde von den älteren Soldaten gestellt. Nun ermunterte der Chef die jüngere Generation, neue Bands zu gründen. Nachdem wir über Monate hinweg intensiv geübt hatten, wurde auch unsere Gruppe, in der ich als Trompeter mitwirkte, nach einem Vorspiel als eine von vier Tanzkapellen für den Spielbetrieb zugelassen. Da wir etwa zehnmal im Jahr auch bei dienstlichen Veranstaltungen auftreten mussten, wurden die Noten vom Dienstherrn gestellt. Eine verbesserte technische Ausstattung haben wir uns mit der Zeit und auf eigene Kosten angeschafft. Jetzt mussten die Menschen also „nach meiner Pfeife tanzen“. Nein! So war es natürlich nicht. Sie haben nach meiner / unserer Musik mit Freude und Begeisterung getanzt und unbeschwert gefeiert. An diese schöne Zeit werde ich immer wieder erinnert, wenn ich Schlager aus den 70er Jahren höre; vor allem dann, wenn es solche sind, die wir auch gespielt haben.

Neben den dienstlichen Wohltätigkeitskonzerten, die für unterschiedliche Organisationen regelmäßig stattfanden, waren außerdienstliche Konzerte in kleinerer Besetzung auf den Dörfern bei uns sehr beliebt. Diese fanden stets an den Wochenenden statt. Nach dem Konzert spielte noch eine Tanzkapelle des Musikkorps zum Tanz auf. Wir jungen Soldaten sind oft dort geblieben und haben noch einige gemütliche Stunden verbracht. Es war gang und gäbe, dass wir dann von begeisterten Gästen fast den ganzen Abend zu „geistreichen“ Getränken eingeladen wurden und damit unser Portemonnaie schonen konnten. Aber auch die jungen weiblichen Gäste waren uns oft sehr wohlgesonnen.

Dabei ist es nicht ausgeblieben, dass man interessante Bekanntschaften knüpfen konnte. So war es auch bei mir; denn bei einem dieser Konzerte habe ich Ende Januar 1971 meine spätere Frau kennen gelernt.

Der Chef hat in allen Bereichen daran gearbeitet, das Musikkorps der Öffentlichkeit mehr bekannt zu machen. Eine dieser Maßnahmen war das Einspielen einer Langspielplatte. In den zehn Jahren zuvor hatte das Musikkorps nur eine einzige Platte aufgenommen. Von jetzt an haben wir jährlich einen, manchmal auch zwei Tonträger herausgebracht. Diese Aufnahmen wurden bei allen möglichen Gelegenheiten zum Kauf angeboten. Bei fast allen folgenden Chefs war das auch üblich. Dadurch hatten nicht nur sie, sondern auch wir kleine Nebeneinkünfte.

Weil es nicht mehr genug Streicher gab, wurde dieses Orchester Ende der 60er Jahre aufgelöst. Einige Jahre haben Streicher noch als Quartett musiziert. Als das nicht mehr möglich war, haben Blechbläsern die Aufgaben übernommen. Bevorzugt wurden diese Gruppen in der Vorweihnachtszeit eingesetzt.

Wie bei allen anderen Musikkorps, gab es auch bei uns eine weitere kleinere Bläsergruppe, die „Egerländer-Besetzung“. Wie es der Name schon verrät, wurde sie eingesetzt, wenn diese typische Blasmusik verlangt war. Das war oft der Fall, wenn in gemütlicher Runde das eine oder andere Bier getrunken wurde.

Zum Rosenmontagsumzug 1968 in Düsseldorf suchte ein befreundeter Kollege für seine dortige Kapelle eine Verstärkung vom Musikkorps. Er wurde schnell fündig und voller Vorfreude machte ich mich mit vier Freunden auf den Weg zum Karneval. Ausgerüstet waren wir mit Notenmaterial im Taschenformat. Den Freitag- und Sonnabendabend verbrachten wir nun damit, in dem Stadtteil unseres Freundes von Kneipe zu Kneipe zu ziehen, um dort mit unserer Blasmusik Stimmung zu machen. Das war ein großer Erfolg, weil unser Tenorhornbläser auch typische Karnevalslieder anstimmen und wir ihn nach einigen Anlaufschwierigkeiten begleiten konnten. Diese drei Tage waren für uns ein Erlebnis besonderer Art. Das hatte zur Folge, dass wir uns sagten: was in Düsseldorf geklappt hat, müsste doch auch in Lüneburg und Umgebung funktionieren. Aber wie sollten wir das anstellen? Wir machten uns auf den Weg durch die umliegenden Dörfer, um zu erkunden, vor welchem Lokal viele PKW standen. Als wir ein solches „Objekt" ausfindig gemacht hatten, sind wir zunächst ohne Instrumente in die Kneipe gegangen, um ein Bier zu trinken. Nach einer Weile haben wir dem Wirt erklärt, dass wir ein Geburtstagskind in unseren Reihen hätten und wir „zufällig" die Instrumente im Auto hätten und ihm gerne ein Ständchen bringen würden. Dagegen gab es keine Einwände. Da im Nebenraum die ortsansässige Feuerwehr bald ihre Versammlung beendet hatte und nun zu begeisterten Zuhörern wurde, herrschte schnell eine fantastische Stimmung. Das Bier floss in Strömen und wir erlebten einen wunderschönen Abend. Das Portemonnaie brauchte von uns niemand zu zücken. Durch die Aufnahme einer weiteren Trompete, eines Baritons, einer Posaune sowie eines zusätzlichen Schlagzeugers wurden wir bald musikalisch aufgewertet. Ein Name wurde auch schnell gefunden, der mit dem ursächlich Grund unserer Auftritte im weitesten Sinne etwas zu tun hatte: „Brennerbesetzung“.

Durch die Verbindung zu meinem Heimatort war es naheliegend, dass wir dort bei den unterschiedlichsten Anlässen aufgetreten sind. Außerdem war ich zu der Zeit Mitglied in der Landjugend in einem Dorf in unmittelbarer Nähe von Lüneburg und konnte auch nach dort Auftritte vermitteln. Als wir das erste Mal bei einem Polterabend in meinem Dorf auftraten wurde eine Lawine losgelöst, denn unsere Musik war heiß begehrt. Auf jedem Polterabend wurden neue Termine abgemacht. Das Gute war, dass zu dieser Zeit ein Stimmungsschlager nach dem anderen produziert wurde. Es bereitete uns kaum Schwierigkeiten, jeden Schlager in kürzester Zeit auswendig nachzuspielen. Und bald konnten wir auf unsere Noten im Taschenformat ganz verzichten.

Normalerweise wurden wir überall mit Begeisterung aufgenommen. Aber einmal war das anders. Von Bekannten hatten wir erfahren, dass in der Gegend in der wir schon öfter aufgetreten waren, auf einem Reiterhof ein Polterabend gefeiert werde. Diese Gesellschaft würde sich sicher über uns freuen. In der Annahme, dass dieses mit den Veranstaltern abgesprochen war, marschierten wir wie üblich mit „Auf der Lüneburger Heide“ um etwa 21.00 Uhr in die Festscheune ein. Wie erwartet brandete begeisterter Applaus auf. Aber wir hatten „die Rechnung ohne den Wirt gemacht“. Und der Wirt war in diesem Fall der Bräutigam, der mit unserem Auftritt gar nicht einverstanden war und uns anwies, die Feier wieder zu verlassen. Er habe uns nicht bestellt und wünsche unsere Musik nicht. Hatte er vielleicht Angst, dass die Gäste durch unseren Auftritt animiert worden wären, mehr zu trinken? Wir haben es nicht ergründen können. Von der Bedienung erhielten wir zwar noch eine Runde Bier, haben danach den Tatort aber völlig perplex verlassen. Eine Alternative wurde schnell gefunden! In meinem in der Nähe befindlichen Stammlokal sind wir anschließend herzlich willkommen gewesen. Mit den zahlreichen Gästen haben wir doch noch einen gemütlichen Abend verbracht und musiziert. So mancher Polterabend ist im Laufe der Zeit in Vergessenheit geraten, aber dieser blieb unvergessen und wir haben noch oft amüsiert darüber geredet.

Zweimal haben wir sogar in Berlin gespielt. Zum einen bei dem Richtfest vom „Steglitzer Kreisel“ und zum anderen bei einer Betriebsfeier. Hierzu mussten wir als Bundeswehrangehörige mit dem Flugzeug anreisen, da eine Anreise mit dem PKW durch die damalige DDR für uns nicht gestattet war. Die Kosten haben beide Veranstalter übernommen. Für die meisten Musiker waren dies die erste Flugreise und daher auch ein Grund, dass beide Einsätze unvergessen geblieben sind.

Auch nach Amerika hat unser Weg geführt, als wir die Kapelle meines Hamburger Freundes auffüllten und bei der New Yorker „Steuben Parade“ 1974 mitwirkten. Philadelphia und Washington waren weitere Stationen. Bei den abendlichen Treffen in deutschen Klubs wurde unsere Formation mit Begeisterung aufgenommen. Bei Auslandseinsätzen war es eine Selbstverständlichkeit, dass wir abends mit der „Brennerbesetzung“ durch die Lokale gezogen sind, die „Bundesrepublik Deutschland würdig vertreten“ und sehr zur Völkerverständigung beigetragen haben. Besonders die Zeit im holländischen Nymwegen während der „Viertagemärsche“ haben wir genossen; denn es gibt wohl kein anderes Volk, das in die Blasmusik so vernarrt ist wie die Holländer.

Auf dem Höhepunkt unserer „Kariere“ konnten wir fast vier Stunden ohne Noten spielen. Wir waren eine gut aufeinander abgestimmte Truppe.

Zum Karneval in Düsseldorf sind wir nun regelmäßig gefahren. Und das hat uns allen sehr viel Freude bereitet. Dann geschah jedoch etwas, das eine große Veränderung zur Folge hatte. Es mag das fünfte Mal gewesen sein, als mitten in der Nacht aus unseren Reihen der Vorschlag kam, wir sollten doch den leichten Damen, die in der Straße „Hinter dem Bahndamm“ ihren „Dienst“ verrichteten, ein Ständchen spielen. Also auf in die besagte Straße! Was eigentlich nur als kleines Platzkonzert gedacht war, entwickelte sich aber ganz anders; denn die Damen waren so begeistert von unserer Darbietung, dass sie uns in ihren Aufenthaltsraum in „Haus 3“ einluden. Nach anfänglicher Skepsis entwickelte sich diese Nacht zu einer interessanten, etwas ungewöhnlichen Begebenheit. Ich hatte zwar keine Ambitionen auf ein Techtelmechtel, fand die Unterhaltungen mit den Damen aber doch sehr interessant. Es gab durchaus Frauen, die sich als seriöse Dienstleister sahen und der Auffassung waren, dass sie einen Beruf ausübten. Kann man durchaus so sehen. Am nächsten Tag mussten wir wieder abreisen, versprachen aber, in einem Jahr wieder vorbeizuschauen. Dieses Ereignis hatte leider zur Folge, dass im nächsten Jahr die Auftritte in den Kneipen immer kürzer und der Aufenthalt „Hinter dem Bahndamm“ immer länger wurde. Der Karneval wurde nur noch zur Nebensächlichkeit. Das gefiel mir ganz und gar nicht und ich bin dann im darauffolgenden Jahr nicht wieder mitgefahren. Was dann aber im nächsten Jahr geschehen sollte, konnte ich nicht erahnen. Irgendein Pressevertreter hatte von dieser Aktion Wind bekommen und meine Kameraden erzählten ihm bei einer „zufälligen“ Begegnung etwas blauäugig von ihren tollen Erlebnissen. Das hätten sie lieber nicht tun sollen; denn was war das Ergebnis? Die Schlagzeile in einer Boulevardzeitung: „Bundeswehrmusiker spielen im Puff!“

Der Skandal war perfekt und löste einen Aufschrei bis hin zum Verteidigungsministerium aus. Die Folgen waren: Verhöre, Vorhaltungen, Maßregelungen. Aber zum Glück keine gravierende Bestrafung; denn man war ja nicht in Uniform aufgetreten. Von der Führungsseite musste zwar reagiert werden, aber man spürte auch ein verschmitztes Lächeln und gewisses Verständnis für diese jugendliche Tat. Als einzige Konsequenz musste ein Verbot für die zukünftige Teilnahme am Karneval in Düsseldorf ausgesprochen werden. Es durfte nun zwar keine Musik mehr gemacht werden, aber ein harter Kern hat in dieser Zeit trotzdem „Haus 3“ besucht. Allerdings gab es in einigen Fällen erhebliche Probleme, weil dabei echte Liebschaften entstanden und die betreffenden Damen sich auch zuhause meldeten; was von einigen Ehefrauen nicht unbemerkt geblieben war. Das hatte wiederum zur Folge, dass auch von dieser Seite ein Reiseverbot ausgesprochen wurde. Es haben aber alle Ehen diese Episode überstanden.

Durch meine Weiterverpflichtung stand für mich ein Laufbahnlehrgang an. Für die Zulassung zu diesem Unteroffizierlehrgang war das Freischwimmerzeugnis erforderlich. Ich jedoch war absoluter Nichtschwimmer.

In diesem Alter das Schwimmen zu erlernen, war eine gewaltige Tortur. Deshalb habe ich nachträglich noch einmal meine Schulkameraden verflucht, die meine damaligen Schwimmübungen durch ihr „Antauchen“ so schnell beendet hatten. Aber durch unermüdliches Üben habe ich schließlich doch das erforderliche Freischwimmer-Zeugnis erhalten.

Von Ende Februar bis Anfang Mai 1968 ging es zum Lehrgang nach München. Unsere Laufbahnlehrgänge haben wir stets im Sanitätswesen absolviert, denn für den „Ernstfall“ waren wir bei den Sanitätern eingeplant. Weil erzählt wurde, dass dieser Lehrgang sehr anstrengend sei, machte ich mich zusammen mit meinem Tuba-Kollege in gespannter Erwartung auf den Weg.

Der Lehrgang war zwar tatsächlich sehr fordernd, aber auch nicht viel anstrengender als die Grundausbildung. Aber München in der beginnenden Zeit des „Flower power“ zu erleben, war für mich sehr beeindruckend und hat mit dazu beigetragen, dass München zu meiner Lieblingsstadt geworden ist.

Unter der Woche habe ich mich voll auf den Lehrgang konzentriert und bin kaum in die Stadt gegangen, aber am Wochenende konnte dann ausgiebig die bayrische Gemütlichkeit genossen werden. Außerdem hatten wir unsere Instrumente dabei, und haben jede Möglichkeit genutzt zu musizieren. Wir hatten uns dafür mit einer kleinen Besetzung das Klubhaus eines nahegelegenen Gartenvereins ausgesucht und haben dort wunderschöne Stunden verbracht.

Es war bei diesem speziellen Lehrgang mit den Musikern, der nur einmal jährlich stattfand, üblich, dass gefragt wurde, ob wir dienstliche Veranstaltungen musikalisch begleiten könnten. Natürlich stimmten wir zu und sind so dreimal zum Einsatz gekommen. Ob wir deshalb nicht ganz so hart herangenommen wurden, kann ich mangels Vergleichsmöglichkeiten nicht beurteilen; aber es kann in einigen Fällen so gewesen sein.

Im Laufe des Lehrgangs kamen mit meinem Ausbilder allerdings kleine Problem auf. Und das hatte einen etwas skurrilen Hintergrund. Er war genau wie ich Fußballtorwart und stand bei Spielen der Stammbelegschaft stets im Tor. Als von dieser Mannschaft wieder ein Turnier zu bestreiten war, fragte mich der Verantwortliche, ob ich nicht bei ihnen im Tor stehen wolle. Es war im Sportunterricht bemerkt worden, dass bei den Musikern ein recht guter Torwart mitwirkte. Weil man der Ansicht war, dass ich wohl besser als ihr Stammtorwart wäre, wurde ich „verpflichtet". Das Turnier verlief hervorragend und wir belegten den ersten Platz. Mein ausgebooteter Gruppenführer war darüber nicht begeistert und ließ seinen Frust an mir aus. In den anderen Fächern war eine ungerechte Benotung schwerlich möglich, aber in seinem Fach „Sport", konnte er es sich nicht verkneifen, mir statt der verdienten „2" eine „3" zu geben.

Mit achtbaren Ergebnissen, mein Freund war Lehrgangsdrittbester und ich fünfter, machten wir uns nach zwölf Wochen wieder auf die Heimreise nach Lüneburg.

Der Alltag hatte uns schnell wieder. Wir nannten uns jetzt Gefreiter UA (das UA steht für Unteroffizier-Anwärter) und durften ab sofort im „Unteroffizier-Speiseraum" zum

Essen gehen; was bedeutete, dass wir nicht mehr in der Warteschlange anstehen mussten, sondern an gedeckten Tischen von den „Küchenfrauen“ bedient wurden. Und ab jetzt mussten wir auch eine Hilfsfunktion im Musikkorps übernehmen. Ich wurde dem „VU“ (Versorgungsunteroffizier) zugewiesen. Eine der wichtigsten Aufgaben bestand nun für mich darin, dafür zu sorgen, dass die Toiletten mit genügend Toilettenpapier bestückt waren. Die drastische Formulierung im Musikkorps lautete dafür „Scheißhauswart“. Eine weitere einschneidende Veränderung wurde mir vom Chef offenbart. Er wolle mich als Ausbilder des Spielmannszuges einsetzen, weil der bisherige Leiter für eine andere Position vorgesehen sei. Ach du Schreck! Spielmannszug! „Was kommt da auf dich zu?“ war meine zweifelnde Frage. Nun sollte ich nicht nur Ausbilder sein, sondern auch als Stabführer zusammen mit dem Chef und Schellenbaum das Musikkorps anführen. Mit einem Spielmannszug hatte ich mich vorher noch nicht beschäftigt und keine Erfahrung gehabt. Warum also gerade ich? Eine Erklärung dafür ist wohl, dass ich eine sportliche Figur hatte und genau wie mein Vorgänger blond war. Klingt blöd! War aber das entscheidende Kriterium; denn der damalige Chef hatte ein Faible für diesen Typus. Nun also auch noch Spielmannszug! Jetzt machte sich der Trommelunterricht vor der Bundeswehrzeit bezahlt; denn in diesem Bereich konnte ich gute praktische Anleitungen geben. Bei der Spielmannspfeife musste ich mich jedoch vollkommen auf mein Gehör verlassen. Außerdem musste ich noch eine fachlich korrekte Stabführung erlernen. Ich trug nun den hochtrabenden Titel „Tambourmajor“. Nach dem ersten Schock und einer kurzen Eingewöhnungsphase spürte ich, dass ich dieser zusätzlichen Aufgabe gewachsen war und gerne ausübte. Weil der Spielmannszug stets das Musikkorps anführte, legte der Chef auf das perfekte Auftreten den allergrößten Wert. Diese Ansprüche konnten wir auch erfüllen. Wenn sich jedoch trotzdem ein kleiner Fehler eingeschlichen hatte, musste ich zum Rapport beim Chef antreten. Zwar habe ich durch diese Tätigkeit auch die eine oder andere „Förmliche Anerkennung“ bekommen, aber Lob und Tadel lagen stets dicht beieinander. Bei einem nachfolgenden Chef bin ich zwar von einem anderen Soldaten abgelöst worden, aber als Tambourmajor bin ich bis zu meinem Dienstzeitende bei Bedarf immer wieder eingesetzt worden.

Mit der Übernahme des Spielmannszuges war noch eine andere Aufgabe verbunden; denn fortan war ich jetzt auch der Busführer von „Bus 2“ des Musikkorps und habe diese Funktion wohl an die 20 Jahre innegehabt. In diesem Bus saßen nicht nur die Spielleute, sondern auch die anderen Mannschaftsdienstgrade des Musikkorps. In „Bus 1“ folgerichtig die höheren Dienstgrade, die von uns anfangs etwas respektlos noch als „Grufties“ bezeichnet wurden. Dieser scherzhafte Begriff verschwand aber im Laufe der Jahre. Mein Platz war fortan vorne rechts. Diesen Platz habe ich mit etwas Glück auch eingenommen als ich für die letzten Jahre in den ersten Bus übergesiedelt bin, weil der dortige Busführer lieber in der zweiten Bank sitzen wollte. Zu meinen Aufgaben gehörte nun, für Ordnung und Disziplin an Bord zu sorgen. Auch der gute äußere Anblick sollte gewährleistet sein. In der Anfangszeit hatte der Chef einmal bei der Vorbeifahrt wohl nach seiner Meinung unordentlich abgelegte Kleidung oder andere Gegenstände gesichtet und mich dann direkt nach der Ankunft energisch darauf hingewiesen, dass ich darauf verstärkt zu achten habe. Also waren fortan gewisse Regeln strenger zu befolgen. Außerdem hatte ich darauf zu achten, dass die Soldaten beim Verlassen des Busses korrekt gekleidet waren und sich vorbildlich verhielten.

Eine kuriose Regel habe ich als Busführer aber nur noch kurz zu überwachen gehabt. „Mütze auf – Mütze ab“ lautet das Stichwort. Beim Verlassen unseres Gebäudes war grundsätzlich eine Kopfbedeckung zu tragen. Auch wenn wir zum etwa 50 m entfernten Probesaal gehen mussten und grundsätzlich auch während der Busfahrt. In der ersten Zeit war diese Kopfbedeckung noch die sperrige Schirmmütze, später ein Schiffchen und letztlich ein bequem zu verstauendes schwarzes Barrett. Für den Bus gab es in den ersten Jahren noch folgende Regelung: Die Kopfbedeckung kann abgesetzt werden, wenn der Bus den Dienstort verlassen hat. Was für mich bedeutete, dass ich bei der Vorbeifahrt des Ortsschildes den entsprechenden Befehl dazu geben musste. Sobald wir aber das Ortsschild des Einsatzortes passierten hieß es kurz „Mütze auf!“ Diese Befehlslage führte so auch dazu, dass wir zum Beispiel zwar am Ortsschild Buxtehude die Kopfbedeckung aufsetzen mussten, wenn wir dort einen Einsatz hatten, jedoch „kahlköpfig“ den Ort passierten, wenn wir in Stade spielen mussten. Diese Problematik mit der Kopfbedeckung zog sich über Jahre hinweg und führte immer wieder zu hitzigen Diskussionen, denn es gab den grundsätzlichen Befehl, dass im Fahrzeug eine Kopfbedeckung zu tragen sei. Durch „Musikkorpsbefehle“ wurde dieses aber im Laufe der Jahre immer mehr aufgeweicht und schließlich im Fahrzeug gar keine Kopfbedeckung mehr getragen. Das hat allerdings manchmal an der Wache für Erklärungsbedarf gesorgt, weil die Wachhabenden eine ganz andere Anweisung hatten.

Im Großen und Ganzen verlief meine Zeit als Busführer ohne nennenswerte Zwischenfälle. Wir sind immer pünktlich am Einsatzort angekommen. Trotzdem gab es hier und da kleine Probleme; nein! Manchmal sogar große! Ein großes Problem war nämlich die richtige Einstellung der Heizung und Lüftung. Die Qualität und der Komfort der Busse wurde zwar im Laufe der Jahre verbessert, aber diese Problematik ist bis zu meinem Dienstzeitende nie zur vollen Zufriedenheit gelöst worden, denn es gab ja noch keine Klimaanlage und die Regelung erfolgte nur durch Gebläse und Einstellung der Temperatur. Hinzu kommt noch, dass das Wärmeempfinden der Menschen sehr unterschiedlich ausgeprägt ist. Jedenfalls gab es relativ häufig kleine Auseinandersetzungen über die richtige Einstellung. Allerdings muss ich auch gestehen, dass unser damalige Zivilkraftfahrer Willi sich wohl nie so richtig mit der Technik auseinandergesetzt hat. Seine Aufmerksamkeit galt vor allem dem Fahren und nicht der genauen Einstellung der Temperatur. Wenn also Beschwerden geäußert wurden, konnte dass ohne weiteres die Folge haben, dass er dann die Heizung fast ganz runter oder rauf stellte. Ein Zwischenmaß gab es kaum. Dann war ich als Diplomat gefragt und musste den Streit schlichten. Da ich eigentlich ein sehr gutes Verhältnis zu ihm hatte, haben wir uns schließlich darauf geeinigt, dass ich die in meiner Reichweite befindlichen Bedienelemente möglichst wunschgemäß einstellte. Aber das ist auch mir nicht immer zur vollen Zufriedenheit aller

Fahrgäste gelungen. Aber der Busfahrer war jetzt aus der Schusslinie und hatte seine Ruhe. Die hatte er allerdings bei einem anderen Anlass nicht. Nach abendlichen Konzerten war es häufig üblich, dass der Veranstalter uns noch zu einem „kleinen“ Umtrunk eingeladen hat. Die trockne Bühnenluft hatte durstig gemacht und es wurde dann in gemütlicher Runde reichlich Alkohol genossen; vielleicht sogar noch Bier für die Rückreise mitgegeben. Meine Aufgabe, für Ruhe und Ordnung an Bord zu sorgen, stieß dann an fast unüberwindbare Grenzen. Eigentlich waren wir in solchen Fälle alle äußerst gut gelaunt; nur über unseren Busfahrer übertrug sich diese gute Stimmung leider nicht immer. Es wurde laut gelacht und noch lauter gesungen. Und hierbei vor allem sehr schlüpfrige Lieder angestimmt. Es dauerte nicht lange und er verlangte, dass endlich Ruhe einkehren solle; sonst würde er nicht mehr weiterfahren. Wenn ich dann in die hinteren Reihen gegangen bin, um für Verständnis zu werben, ließ man mich hochleben anstatt meiner Bitte zu folgen. Wenn man dann auch noch bedenkt, dass bis in die 80er Jahre hinein das Rauchen im Bus erlaubt war, kann man sich ein Bild davon machen, welche Atmosphäre auf diesen Heimfahrten herrschte. Ja! Willi hat dann tatsächlich einige Male auf freier Strecke seinen Bus angehalten und sich geweigert weiterzufahren. Dann wurde es für mich wirklich kompliziert, denn ich hatte ja die Verantwortung. Es wurde danach zwar etwas ruhiger aber eine merkbare Wirkung konnten wir nur erzielen, nachdem ich Willi geraten hatte, auf den nächsten Parkplatz zu fahren und eine Pause einzulegen. Nach dieser Abkühlung beruhigte sich die Belegschaft meistens, weil viele in den Schlafmodus übergegangen waren.

Diese Problematik war geringer, wenn wir schon vor dem Konzert zu einem Essen mit entsprechenden geistigen Getränken eingeladen waren. Dann war zwar auf der Rückreise relative Ruhe an Bord, aber da manche Soldaten ihre Grenzen bezüglich der Alkoholmenge nicht richtig einzuschätzen wussten, waren die musikalischen Leistungen bei dem einen oder anderen Konzert etwas „eingeschränkt". Allerdings hat das bei dem Chef, der mich zum Busführer gemacht hatte, kaum jemand gewagt, weil dieser ein solches Verhalten streng geahndet hätte. Seine beiden Nachfolger waren diesbezüglich, für mich völlig unverständlich, toleranter und akzeptierten die Einladungen. Erst 1977 gab es eine radikale Änderung. Jeglicher Alkoholgenuss vor Auftritten wurde von dem damaligen Chef streng verboten. Unter Alkoholeinfluss wäre sein schwieriges Programm von uns auch nicht zu bewältigen gewesen. Aber das Thema Musiker und Alkohol konnte auch dieser Chef nicht ganz aus der Welt schaffen. Es hat immer wieder Musiker gegeben, die mit dem Alkohol erhebliche Probleme hatten. Und dass nicht nur bei uns, sondern wohl weltweit in allen Musikbereichen. Gravierende Alkoholprobleme gab es aber meistens nicht mit den jungen Soldaten, sondern gerade ältere Dienstgrade kannten manchmal ihre Grenzen nicht. Vor allem bei Musikfesten mit anderen Gruppen kam es stets zu großem „Verbrüderungstrinken". Ich hatte dafür kein Verständnis und es wäre mit meinem Ehrgefühl auch nicht vereinbar gewesen, dass man sich in der Öffentlichkeit so verhalten konnte; zumal es dabei auch, um es einmal vorsichtig auszudrücken, zu peinlichen Vorfällen gekommen ist. Einer dieser „Skandale" ist wohl bei uns allen unvergessen geblieben. In der Nachbetrachtung haben wir darüber zwar oft gelacht, aber zum Lachen war mir zur Tatzeit überhaupt nicht. Wir waren, wie damals in jedem Jahr üblich, bei den Holländern in Seedorf zu einem Musikfest mit anderen Gruppen eingeladen. Meistens gab es schon nach der gemeinsamen Probe am Nachmittag reichlich Begrüßungs-Genever. Am Abend waren die Ausschank-Stände in den Pausen für einen Teil unserer Musiker weiterhin ein begehrter Aufenthaltsort. Und bei unserem Auftritt geschah dann das fast Unglaubliche! Der Chef ließ für den Auftritt antreten und gab den Befehl "Musikkorps stillgestanden!“ Daraufhin wollte ein direkt vor ihm stehender Trompeter diesen Befehl wohl übertrieben exakt ausführen und holte mit dem rechten Bein weit aus, um die Hacken dann besonders laut knallen zu lassen. Aber der Schwung war seiner körperlich geistigen Verfassung nicht angepasst und er haute sich im wahrsten Sinn des Wortes die Beine unter dem A… weg und fiel dem Chef genau vor die Füße; worauf dieser nur verzweifelt hervorbrachte: „das darf doch nicht wahr sein.“ - Die anschließende Musikschau bleibt auch unvergessen, denn einige Soldaten haben dabei total die Orientierung verloren. Vielleicht haben die Zuschauer sogar gedacht, dass das alles so geplant war. Außerdem war das Gelände, eine Wiese, auch sehr unübersichtlich und uneben, sodass man einige „Ungenauigkeiten“ auch darauf zurückführen hätte können. Bei gutem Willen!

Aber das Drama setzte sich auf der Rückfahrt im Bus fort. Der Trompeter war nämlich so unglücklich auf seine Trompete gefallen, dass sich das Mundstück nun nicht mehr vom Instrument lösen ließ. Was dann geschah, weiß ich nur aus Erzählungen, da ich zu der Zeit noch in „Bus 2“

mitgefahren bin. Jedenfalls hat man in übermütiger Stimmung mit „vereinten“ Kräften versucht, das Mundstück zu entfernen. Von beiden Seiten wurde nun kräftig gezogen, als schließlich jemand mit großem Hallo kundtat, dass es sich wohl gelöst habe. Nein! Das Mundstück hatte sich keinen Millimeter gelöst, sondern die Trompete war in ihre Einzelteile zerlegt worden. Und was hatte das alles für Folgen? Außer den Reparaturkosten für den Trompeter, keine. Und es kann sogar sein, dass die Reparatur „innerbetrieblich“ als eine dienstlich notwendige erledigt worden ist. Der Chef hatte ja von dem Vorfall im Bus keine Kenntnis. Seinen „Hinfaller“ hat der Trompeter mit einem Erdhügel auf dem er ausgerutscht sei erklärt und eine Alkoholisierung hätte beweiskräftig noch unmittelbar nach dem Vorfall festgestellt werden müssen. So blieb es bei dem eindringlichen Hinweis des Chefs, zukünftig mehr Disziplin walten zu lassen…

Um das Rauchen im Bus hat es einen langen erbitterten Kampf gegeben. Aber in den 80er Jahren hat sich dann doch ein Chef dazu durchgerungen, ein Verbot auszusprechen. Allerdings war die Raucherlobby immer noch so stark vertreten, dass nach einer Stunde Fahrtzeit eine Raucherpause einzulegen war. Für die Einhaltung war der Busführer verantwortlich. Am Anfang wurde dieses auch strikt eingehalten; aber mit der Zeit doch merklich aufgeweicht und schließlich fast gar nicht mehr beachtet. Zumal sogar leidenschaftliche Raucher den rauchfreien Aufenthalt im Bus zunehmend angenehm empfanden. So ähnlich ist es ja auch bei dem späteren Verbot in Gaststätten gewesen.

Aufgrund meines bestandenen Lehrgangs ließen die entsprechenden Beförderungen nicht lange auf sich warten. Zunächst zum Unteroffizier und nach einem weiteren Jahr zum Stabsunteroffizier. Zu meiner großen Freude wurde ich auch meinen Toilettenjob wieder los, weil mich der Rechnungsführer des Musikkorps überredet hatte, bei ihm als Gehilfe anzufangen. Dieser Posten war zwar etwas aufwendiger und verantwortungsvoller, sagte mir aber trotzdem mehr zu.

In der Landwirtschaft konnte ich wegen der vielen Dienste, besonders in der Sommerzeit, nicht mehr viel helfen. In den ersten Jahren ist mir der Antrag auf „Ernteurlaub“ vom Chef stets großzügig als Sonderurlaub genehmigt worden. Trotzdem stand ich nach drei Jahren vor der Frage, wie es mit mir weitergehen sollte. Mein Vater verhielt sich dabei absolut neutral und überließ mir vollkommen Entscheidungsfreiheit. Hin- und hergerissen wählte ich die abwartende Variante. So verlängerte ich meine Dienstzeit schließlich nicht auf acht, sondern nur um zwei Jahre auf insgesamt sechs Jahre und erhielt dadurch eine geringere Verpflichtungsprämie.

Diese Entscheidung hatte auch zur Folge, dass der nächste Lehrgang auf mich wartete. Aber vorher musste ich noch die „Musikalische Fachprüfung“ bestehen. So, wie der anstehende Feldwebellehrgang den militärischen Bereich abdeckte, war diese Prüfung für den weiteren Weg in musikalischer Hinsicht bedeutsam. Hier war nun praktisches Können aber auch theoretisches Wissen gefordert. Nach einer längeren Vorbereitungszeit im Musikkorps konnte ich Anfang des Jahres 1970 vor der externen Prüfungskommission bestehen und mit einer Drei abschließen. Auf

Einlassung meines Chefs sind dabei auch meine, nach seiner Meinung, guten Leistungen als Tambourmajor in diese Zensur eingeflossen. Dass er darauf besonders hingewiesen hatte, überraschte mich ein wenig; nahm es jedoch erfreut zur Kenntnis.

Diese Möglichkeit der Ausbildung und Prüfung vor Ort, wie ich sie noch machen konnte, hatte aber bald ein Ende; denn in Siegburg wurde ein spezielles Musikkorps gegründet in dem Soldaten ausgebildet wurden, die die Absicht hatten, bei der Bundeswehr zu bleiben. Weil mit der Düsseldorfer Uni eng zusammengearbeitet wurde und dort auch die Prüfung mit der „Musikalischen Reife“ abgelegt werden konnte, ist diese auch im Zivilleben als Abschluss anerkannt worden. Das führte allerdings dazu, dass einige der dort ausgebildeten Soldaten etwas abgehoben in die Musikkorps zurückgingen und mit dem militärischen Alltag ihre Probleme hatten.

Wir alten „Selbstgestrickten“, wie uns einmal ein Vorgesetzter etwas geringschätzig bezeichnete, haben diese Musiker deshalb manchmal etwas verächtlich als „Die Künstler“ bezeichnet. Zweifelsfrei war diese „neue Generation“ aber eine musikalische Bereicherung für die Musikkorps.

Einen Tag nach Ostern 1970 startete ich mit meinem VW-Käfer nach München zum Feldwebellehrgang. Lag die Kaserne beim vorherigen Lehrgang in Freimann am Rand von München, waren wir nun in der San-Akademie in unmittelbarer Nähe des Olympiageländes untergebracht. Fachlich waren die Anforderungen nicht wesentlich höher, aber wir mussten nun die Unterrichte selber ausarbeiten und gestalten. Für mich lief der Lehrgang optimal, denn ich hatte mich für alle Unterrichtstunden spontan als Erster gemeldet und dadurch vielleicht auch einen kleinen Startbonus erworben. Da ich am Anfang sehr gute Benotungen einheimste, brauchte ich diese gute Ausgangslage praktisch nur noch verwalten. Das gelang mir auch hervorragend und ich konnte als Lehrgangsbester abschließen.

Eigenartigerweise wurde von den Teilnehmern bei diesem Lehrgang kaum Musik gemacht. So konnte ich die Stadt, die gefühlt noch bunter geworden war, mehr genießen als zwei Jahre zuvor. Mit einer kleinen Gruppe sind wir an manchen Wochenenden nach Rottach-Egern am Tegernsee gefahren; denn dort gab es ein hervorragendes, großes Tanzlokal. Bei einem solchen Tanzabend war auch der bekannte Trainer Max Merkel anwesend. Ich hatte sogar den Mut, ihn anzusprechen und wir unterhielten uns lange an seinem Tisch. Thema war natürlich auch sein Abstieg als Meister mit dem 1. FC Nürnberg. Nicht nur diese Episode sondern auch die Möglichkeit von unserem Kasernengelände aus, die Arbeiten auf dem Olympiagelände verfolgen zu können, ist in guter Erinnerung verblieben.

An einem Wochenende bin ich sogar durch das im Bau befindliche Stadion gegangen. Damals ahnte ich noch nicht, dass ich zwei Jahre später bei der Olympiade den dann fertigen Rasen mit unserem Musikkorps würde betreten dürfen.

Jetzt hatte ich alle möglichen Prüfungen erfolgreich absolviert, war mir aber trotzdem immer noch nicht im Klaren darüber, wie es mit mir weitergehen sollte. Daran, dass ich auch Berufssoldat werden könnte, habe ich zu diesem Zeitpunkt überhaupt noch nicht gedacht. Eine Rückkehr in den elterlichen Betrieb stand immer noch im Raum. Oder sollte ich etwas ganz anderes machen? Schon lange interessierte ich mich für alternative Heilmethoden und hatte aus den unterschiedlichsten Kräutern Tees zusammengestellt. Ich besorgte mir umfangreiches Material für die Ausbildung zum Heilpraktiker. Durch eine Weiterverpflichtung auf zwölf Jahre hätte ich die Möglichkeit gehabt, eine Prämie von 4.000 DM zu erhalten. Ich entschied mich aber wieder für die abwartende Variante und verlängerte 1971 für 2.000 DM nur auf acht Jahre. Mit der Heilpraktiker-Ausbildung beschäftigte ich mich jedoch weiterhin und ging alles immer wieder gedanklich durch; konnte mich aber zu keiner Entscheidung durchringen. Ich ließ mich wieder einmal treiben. Kommt Zeit, kommt Rat.

Mit unnachgiebiger Energie hat der damalige Chef daran gearbeitet, uns auch im Fernsehen zu „vermarkten". Immer wieder ist er deshalb beim NDR in Hamburg aufgetaucht. Überspitzt kann man schon sagen: Wenn er vorne herausgeworfen wurde ist er hinten wieder hineingegangen. Aber schließlich hatte seine Hartnäckigkeit Erfolg.

1971 wirkte das Musikkorps bei der Sendung „Ein Platz an der Sonne" in der Alsterdorfer Sporthalle in Hamburg mit. Nach der Titelmelodie sind wir mit einer Musikschau aufgetreten. Das war eine aufregende aber auch fordernde Zeit, weil wir dafür sehr intensiv geprobt haben. Für mich aber insbesondere deshalb, weil ich als Tambourmajor den Stab einige Male in die Luft werfen sollte. Obwohl ich intensiv geübt hatte, spürte ich eine große Anspannung; denn ich konnte nicht sicher sein, ob bei dem Liveauftritt auch alles klappen würde. Trotz des ungewohnten Scheinwerferlichtes ist dann aber doch alles reibungslos verlaufen.

Die Olympiade 1972 in München! Ein weiterer Höhepunkt und ein grandioses Erlebnis für das Musikkorps und natürlich auch für mich. Wir hatten das Glück, als eines der ausgewählten Orchester daran teilnehmen zu können. Fast vier Wochen waren wir dabei im Einsatz, einschließlich der Vorbereitungszeit. Hauptsächlich sollten wir bei der Siegerehrung im Gewichtheben die Nationalhymnen spielen; aber vereinzelt waren wir auch bei anderen Sportarten eingeplant. Zusätzlich waren noch einige Platzkonzerte zu geben. Aber wir hatten auch sehr viel Freizeit und konnten somit die unbeschreibliche Atmosphäre in uns aufsaugen. Bis der unsägliche Anschlag auf die israelischen Sportler einen merklichen Bruch verursachte. An diesem Nachmittag saßen wir unter dem Zeltdach des Olympiastadions und sollten beim Fußballspiel zwischen der DDR und der Bundesrepublik Deutschland die entsprechenden Hymnen spielen. Wir konnten von dort aus ins Olympische Dorf hineinsehen und in einem Haus auch gelegentlich die Attentäter sehen. Ein deprimierender Anblick und beängstigendes Gefühl.

Wir haben die Hymnen schließlich nicht gespielt, weil die Begegnung unmittelbar vor Beginn abgesagt wurde. In der Nacht verfolgten wir fassungslos an den Rundfunkgeräten das unsägliche Drama, das sich in der benachbarten Kaserne abspielte.

Die Gedenkfeier am kommenden Tag haben wir im Stadion musikalisch begleitet.

Bei den Wettkämpfen selbst herrschte weiterhin eine gute Stimmung, aber die Atmosphäre war nicht mehr so fröhlich und ungezwungen.

Nach dem Ende der Spiele verblieb unser Musikkorps weiterhin in München, weil wir am kommenden Sonnabend in der Münchener Olympiahalle noch einen weiteren Auftritt in der Fernsehsendung „Ein Platz an der Sonne" hatten. Bei diesem Auftritt war ich nicht mehr als Tambourmajor, sondern bei den Fanfaren eingeteilt. Hier war zwar auch Konzentration erforderlich, aber ich stand nicht mehr so sehr im Rampenlicht; was mir ganz recht war.

Diese vier Wochen in der Bayrischen Hauptstadt waren für uns alle ein unvergessliches Erlebnis.

In unserer Tanzkapelle änderte sich in dieser Zeit für mich Entscheidendes. Der Bassist hatte angekündigt, dass er aufhören wolle. Da habe ich die Gelegenheit genutzt, um mir in relativ kurzer Zeit das Spielen auf dem E-Bass beizubringen. Nach einer gewissen Eingewöhnungszeit habe ich dieses Instrument in unserer Kapelle mit großer Freude gespielt. Hinzu kam, dass wir einen guten Trompeter als meinen Nachfolger gewinnen konnten. In dieser Kapelle habe ich bis 1985 Tanzmusik gemacht. Aufgehört habe ich in erster Linie deshalb, weil ich mit der dargebotenen Leistung der Band nicht mehr so recht einverstanden war. Die Bereitschaft, durch intensives Üben den Leistungsstand zu halten, war nicht mehr ausreichend vorhanden. Nach meinem Abschied hat sich die Formation wenig später ganz aufgelöst.

Der Alltag im Musikkorps wurde immer mehr zur Routine. Die Belastung war in den Sommerhalbjahren jedoch sehr hoch, weil wir neben den dienstlichen Auftritten auch oft außerdienstlich unterwegs waren. Dementsprechend gereizt war manchmal das Betriebsklima und man sehnte den Erholungsurlaub sehnsüchtig herbei.

Zusätzlich war ich zuhause auch noch mit großen Umbaumaßnahmen beschäftigt; denn die obere Etage unseres Bauernhauses wurde von mir für eine neue Familie hergerichtet. Im Mai 1973 wurde unsere Hochzeit groß gefeiert. Bei dem Polterabend gab das gesamte Musikkorps mit unserem neuen Chef ein kleines Platzkonzert. Anschließend sorgte die „Brennerbesetzung“ mit schmissiger Musik für einen unvergesslichen Abend. Es werden wohl an die zweihundert Gäste gewesen sein. Noch heute wird manchmal davon begeistert erzählt, wenn man sich an alte Zeiten erinnert. Übrigens fand schon um 16.00 Uhr, wie damals noch üblich, ein Kinderpolterabend statt.

Die Hochzeit in der benachbarten Gaststätte war für die über 120 Gäste ein musikalischer Genuss; denn zum Essen spielten meine Kollegen vom Musikkorps und die Musiker der Kapelle meines Vaters in großer Besetzung wie eine Kurkapelle auf. Sogar Streicher gehörten dazu. Auch bei der Tanzmusik vereinigten sich die Mitglieder beider Kapellen. Nie zuvor und danach war bei einer Feier in unserem Ort ein so großes musikalisches Angebot zu erleben.

Im Musikkorps war meine „Ausbildung am Arbeitsplatz“ als Rechnungsführer so weit fortgeschritten, dass ich zum Lehrgang in Sonthofen angemeldet wurde. Nachdem ich mich ein weiteres Mal weiterverpflichtet hatte, dieses Mal auf zwölf Jahre, bekam ich einen Platz für das Frühjahr 1974 zugewiesen. Da in dieser Zeit jedoch auch die Geburt unseres ersten Kindes sein sollte, versuchte ich, einen anderen Termin zu bekommen. Leider vergebens. Tatsächlich ist unsere Tochter dann auch eine Woche vor Ostern während meiner Abwesenheit geboren worden. Diese unangenehme Erfahrung mussten wohl vorher auch schon andere machen. Leider hatte es in der Heimat Probleme gegeben, mir dieses freudige Ereignis gleich mitzuteilen und ich habe erst zwei Tage nach der Geburt die Nachricht in Sonthofen erhalten.

Am kommenden Gründonnerstag konnte ich dann endlich die Heimreise antreten. Da ein Kollege aus Flensburg mit dem PKW auch nachhause fahren wollte, machten wir uns mit einem weiteren Lehrgangsteilnehmer um etwa 17.00 Uhr auf den langen Weg. Und diese Entscheidung hätte beinahe dazu geführt, dass meine Tochter ihren Vater niemals gesehen hätte. Ich hatte es mir auf der Rückbank bequem gemacht und war wohl im Liegen eingeschlafen, als mich um Mitternacht herum plötzlich lautes Reifenquietschen weckte. Der Wagen war ins Schleudern geraten und ich sah nur immer wieder rechts und links die Leitplanken auf mich zukommen und rechnete in jedem Moment damit, dass wir sie durchbrechen würden. Zu unser aller Glück war die Fahrbahn trocken. Aber auch durch die nagelneuen griffigen Gürtelreifen gelang es dem Fahrer, den Wagen wieder unter Kontrolle zu bringen. Was war geschehen? Nicht nur ich auf der Rückbank, sondern wohl auch der Fahrer war kurz eingeschlafen. Vielleicht auch der Beifahrer; aber der hatte zum Glück im letzten Moment bemerkt, dass das Fahrzeug mit hoher Geschwindigkeit ungebremst auf einen vor uns fahrenden LKW mit ganzer Wucht aufzufahren drohte. Vor Schreck griff der Beifahrer nun nicht zur Handbremse, sondern so heftig ins Lenkrad, dass der Wagen ausbrach und ins Schleudern geriet. Der Schreck steckte uns allen in den Gliedern, als der Fahrer sein Auto wieder in der Gewalt hatte. Wir sind dann gleich auf den nächsten Parkplatz gefahren, um uns wieder zu beruhigen. Wir waren uns alle einig, dass wir diese Situation nur mit sehr viel Glück schadlos überstanden hatten. Die Rückfahrt habe ich zwar wieder mit meinem Kollegen gemacht, zukünftige Heimfahrten jedoch immer mit dem Zug absolviert.

Der Lehrgang war sehr fordernd; verlief für mich aber sehr gut. Ich hatte zwar den entsprechenden Ehrgeiz, aber dass ich wieder als Lehrgangsbester abgeschlossen hatte und dafür sogar mit einem Buchpreis geehrt wurde, war nicht das vordergründige Ziel. Aber unangenehm war es mir auch nicht. War ich etwa ein Streber?

Die Initiative ging nicht von mir aus, sondern der „Spieß" bestellte zwei Kameraden und mich in sein Dienstzimmer und machte uns klar, dass wir nun alle Voraussetzungen erfüllen würden, um Berufssoldat werden zu können. Wir sollten uns möglichst schnell entscheiden. Für meine Eltern war dieser Schritt wohl absehbar gewesen und es kamen auch keinerlei Einwände oder Bedenken. Genauso war die Gemütslage bei meiner Ehefrau. So habe ich mich dann in relativ kurzer Zeit für diesen Schritt entschieden. Am 17. Februar 1975 bin ich dann zusammen mit meinen beiden Kollegen zum Berufssoldat ernannt worden und damit war für mich das Thema Landwirtschaft endgültig erledigt und ich hatte mein Hobby zum Beruf gemacht.

Schon bald übernahm ich von meinem Vorgänger den Posten des Rechnungsführers. Nun hatte ich zwei Chefs zu dienen und Rechenschaft abzulegen; neben dem Chef des

Musikkorps auch noch dem Leiter der zuständigen Truppenverwaltung. Mit der neuen Funktion war nicht nur mehr Verantwortung verbunden, sondern auch zusätzliche Arbeit, die ich neben der Musiktätigkeit zu erledigen hatte. Gerade in Zeiten der Vorbereitung des Hauptzahltages war ich oft noch in der Dienststelle, wenn die anderen schon zuhause waren. Trotzdem hat mir diese Arbeit Spaß gemacht, weil ich dabei auch geistig gefordert war. Außerdem hat es auch gut getan, anerkennende Worte zu bekommen, wenn ordentliche Arbeit abgeliefert worden war. Ich hatte ein sehr gutes Verhältnis zum dortigen Chef und den Mitarbeitern der für mich zuständigen Truppenverwaltung; deshalb wurden mir auch Fehler, die sich doch einmal eingeschlichen hatten, großzügig verziehen.

Mit der Ernennung zum Berufssoldaten war auch klar, dass meine Dienstzeit aufgrund der Altersregelung nach weiteren 25 Jahren im März 2000 enden würde.

Wie bei fast allen anderen Berufen, wurden auch viele Abläufe im Musikkorps zur Routine. Allerdings sorgten die unterschiedlichen musikalischen Auffassungen und Vorlieben der verschiedenen Chefs für eine willkommene Abwechslung.

Mein zweiter Chef hatte neben der perfekten musikalischen Darbietung fast noch mehr Wert auf die Show-Elemente gelegt. Das war auch ein Grund, warum wir beim Publikum so beliebt waren. Wir hatten uns in kurzer Zeit einen hervorragenden Ruf erarbeitet.

Eine total gegensätzliche Auffassung hatte sein Nachfolger. Er legte den Schwerpunkt verstärkt auf das Musikalische. Das führte allerdings dazu, dass wir bei den Konzerten nicht unbedingt die Musik anboten, die das Publikum von uns erwartete. Daher war er auch bei uns nicht sehr beliebt und wir waren froh, als er uns nach zweieinhalb Jahren wieder verließ.

Von 1975 bis 1978 hatten wir dann das Vergnügen, den ehemaligen Dirigenten der Göttinger Symphoniker als Chef erleben und genießen zu können. In den regionalen Medien wurde er gelegentlich sogar als „Heide-Karajan" gefeiert. Nicht nur für die Zuschauer, sondern auch für uns waren die Konzerte unter seiner Leitung ein wahrer Genuss. Manchmal stieß die Auswahl der Musikstücke allerdings auch an die Grenze des Machbaren für ein Blasorchester. Aber durch beispielhafte Probenarbeit war vieles machbar was wir vorher für unmöglich erachtet hatten. Er war in allen Bereichen der perfekte Chef. Hinzu kam noch, dass auch seine Ehefrau zum allgemeinen „Wohlfühl-Faktor" beitrug. Zwar hatte es auch vorher schon gelegentliche Musikkorpsfeste gegeben, aber sie veranlasste nun, dass unsere Ehefrauen und Familien in regelmäßigen Abständen zu gemeinsamen Treffen eingeladen wurden. Für sie war es auch selbstverständlich, dass sie uns unmittelbar nach der Geburt des dritten Kindes (eine Tochter) im Jahre 1977, einen Besuch abstattete und mit einem Blumenstrauß gratulierte. Man kann in diesem Zusammenhang schon davon sprechen, dass wir zu einer großen Familie wurden. Vieles, was sie eingeführt hatte, wurde auch danach noch beibehalten, aber im Laufe der Jahre nicht mehr so intensiv gepflegt.

Aus dieser Zeit ist auch der Unterricht zu Beginn seiner Amtszeit haften geblieben, in dem wir eine Einweisung in „Anstand und Sitte" erhielten. Dabei wurde nicht der gesamte „Knigge“ abgehandelt, sondern es ging vor allem um grundsätzliche Verhaltensregeln auf die wir besonders achten sollten. Vieles war für mich selbstverständlich, aber den Mut aufzubringen, auf erwachsene Männer erzieherisch einzuwirken, hat mich trotzdem beeindruckt. Eine Ansage lautete zum Beispiel, dass bei Auftritten in der Öffentlichkeit lange Socken zu tragen seien, um „kein Bein“ zu zeigen! Folglich wurden wir damals mit langen schwarzen Socken ausgestattet, die zukünftig, vor allem bei Konzerten, zu tragen waren. Aus dieser Erfahrung heraus, stößt es bei mir auf Unverständnis, wenn ich bei „Gesprächsrunden“ im Fernsehen Prominente in kurze Socken sitzen sehe. Die Spitze des „Danebenbenehmens“ sind jedoch Teilnehmer, die zwar ein schickes Sakko tragen, aber ohne Socken „unten herum“ nackt sind. Das soll wohl „cool“ aussehen, ist aber ein absolutes „No-Go“.

Wie geplant und wohl auch von der Bundeswehr so versprochen, hat dieser „Superchef“ nach unserer Zeit Kariere gemacht und wurde schließlich als Musikinspekteur der oberste Vorgesetzter aller Musikkorps. In dieser Funktion ist er später im Rahmen der turnusmäßigen „Inspizierung“ für einige Tage wieder in unser Musikkorps zurückgekehrt.

Alle nachfolgenden Chefs wurden stets mit ihm verglichen und beurteilt.

In der Nachbetrachtung muss man eingestehen, dass einige von ihnen erhebliche Defizite sowohl im musikalischen Bereich als auch im Führungsstil vorzuweisen hatten.

Das traf insbesondere auf seinen unmittelbaren Nachfolger zu, der von 1978 bis 1984 das Musikkorps leitete. Einige ältere Musiker versuchten, diesem jungen unerfahrenen Chef beratend zur Seite zu stehen. Die gutgemeinten

Ratschläge wurden zwar zur Kenntnis genommen, änderten meistens aber nicht viel. So kam es während eines Konzertes in Braunschweig zu der deutlich vernehmbaren Unmutsäußerung „aufhören", als wir ein viel zu langes schwer zu verdauendes Musikstück aufführten. Wir hatten ausdrücklich geraten, davon nur einen Satz zu spielen. Aber er wollte „Perlen vor die Säue werfen" und beließ es bei allen vier Sätzen. Besonders peinlich war diese Situation für uns, weil das Konzert im Rahmen einer „Woche für Militärmusik" stattfand und wir in Konkurrenz zu anderen Musikkorps auftraten.

Zum Glück blieb es bei dieser einmaligen öffentlichen Unmutsäußerung.

Allerdings haben uns auch bei anderen Chefs gelegentlich Briefe erreicht, in denen sich Personen über die Zusammenstellung des Programms negativ äußerten. Dann hatte der betreffende Chef wieder einmal „seine" Musik präsentiert und nicht die Erwartungen unseres Publikums erfüllt; denn die Mehrzahl des meist älteren Publikums erwartete von einem Militärorchester natürlich auch schmissige Militärmärsche. Aber leider gab es Chefs, die damit ihre Probleme hatten. „Dafür habe ich nicht studiert" hat mal einer von ihnen gesagt. Bei uns Musikern war die Meinung über die richtige Programmgestaltung natürlich auch unterschiedlich. Jeder hat eben seinen eigenen Geschmack. Die Kunst besteht darin, die richtige Mischung zu finden.. Vergleichen kann man das mit unserem Essen. Am gesündesten ist es, sich nicht einseitig zu ernähren, sondern von allem etwas zu essen.

Nach sechs Jahren übernahm uns im Oktober 1984 der ehemalige Chef eines Marinemusikkorps. Ihm war deutlich anzumerken, dass er sehr enttäuscht und unzufrieden war, weil er nun seine schicke Marineuniform mit dem eintönigen Grau des Heeres tauschen musste. Nach dem Motto „neue Besen kehren gut" machte er gleich ordentlich Wind, den er wohl von der Nordseeküste gewohnt war, und wollte nun neue „Saiten" aufziehen. Seinen Ausspruch „Jetzt wird der Stall erst einmal ausgemistet" konnten wir nicht so recht nachvollziehen, ging wohl auch mehr in Richtung seines Vorgängers. Seine Versetzung zum Heer hat er zwar bis zu seinem Dienstende nie richtig verkraftet, aber nach einer relativ kurzen Zeit hat er zumindest seinen Frust nicht mehr an uns ausgelassen und es kam zu einer vernünftigen Zusammenarbeit. An der Nordsee herrscht ja auch nicht immer Wind; also beruhigte sich die See auch bei uns. Seine Konzerte waren sehr volkstümlich und wurden mit großer Begeisterung aufgenommen.

Wenn ich hier immer die Konzerte hervorhebe, so sind sie als Produkt unserer täglichen Probenarbeit zu sehen. Dass das militärische Zeremoniell tadellos klappen musste, ist eigentlich eine Selbstverständlichkeit. Hierbei sind vor allem die Zapfenstreiche zu nennen, die gelegentlich sehr publikumswirksam stattfanden.

Von den vielen Einsätzen in dieser Zeit ist mir einer unvergessen geblieben. Wahrscheinlich ist hier auch der Grund zu suchen, warum mich noch heute gelegentlich Albträume verfolgen und ich dabei irgendwelche Ausrüstungsgegenstände oder Sonstiges verzweifelt bei Einsätzen des Musikkorps suche.

Wir hatten den Auftrag, mit einer kleinen Besetzung unter Leitung des Chefs aus Anlass eines Treffens von hochrangigem Führungspersonal in Buxtehude, dem Sitz unseres vorgesetzten Divisionskommandeurs, nach dem Essen ein kleines Ständchen darzubieten. Auf dem Programm standen vorwiegend Reitermärsche und andere Sonderwünsche. Unmittelbar vor dem Auftritt bemerkte ich entsetzt, dass mir das passiert war, wovor alle Musiker panische Angst haben: Ich hatte meine Noten nicht dabei! Aus mir bis heute unerklärlichen Gründen hatte ich meine Marschtasche, in der sich die Noten befinden, nicht mit in den Bus genommen. Was nun?

Da ich bei der Aufstellung unmittelbar vor dem Chef stand, habe ich meinen Satzkollegen gebeten, mir ein Buch zu überlassen, das nicht gebraucht wurde, um vortäuschen zu können, dass ich Noten dabei hatte. Dass das Fehlen meiner Noten vom Chef nicht bemerkt worden ist, ist schon eine Meisterleistung von mir gewesen. Das klingt zwar nach Eigenlob, kann man aber schon so bezeichnen.

Es basierte aber auch darauf, dass ich einige Stücke fast auswendig blasen konnte und auch darauf, dass ich erfahren genug war, die nicht so wichtigen etwas schwierigen Passagen wegzulassen und nur bei den bedeutsamen einzusteigen.

Aber noch eine andere Begebenheit an diesem Abend ist erwähnenswert. Auf dem Programm stand auch die „Amboss Polka“. Aus einer Laune heraus forderte der Chef die sehr attraktive Ehefrau des Kommandeurs auf, doch den Amboss dazu zu schlagen. Da diese das dann mit großer Freude und auch mit dem nötigen Taktgefühl hervorragend erledigt hatte, ernannte er sie spontan zur „Ehrenchefin“ des Musikkorps. Was mehr als Scherz gedacht war, hat sie so aber keineswegs aufgefasst, sondern sehr ernst genommen. Noch am gleichen Abend erkundigte sie sich nach der nächsten Veranstaltung innerhalb des Musikkorps. Diese Gelegenheit währte nicht lange und sie ist dabei in würdigem Rahmen mit einer großen, aufwändig gestalteten Urkunde offiziell zur „Ehrenchefin des Heeresmusikkorps 3“ ernannt worden. Fortan war sie nicht nur bei internen Veranstaltungen dabei, sondern auch gelegentlich bei herausragenden Konzerten anwesend.

In die Amtszeit dieses Chefs fällt auch ein Ereignis, das für mich außergewöhnlich war. Aus Anlass des fünfzigsten Geburtstages von Uwe Seeler fand im November 1986 in der Alsterdorfer Sporthalle in Hamburg ein großes Fußballturnier mit herausragenden Mannschaften und prominenten Spielern statt. Unser Musikkorps begleitete diese Veranstaltung musikalisch. Bei so viel Fußballprominenz hatte ich in weiser Vorahnung das Fußballtagebuch unseres zehnjährigen Sohnes mitgenommen, um vielleicht das eine oder andere Autogramm zu ergattern. Als ich nun auf dem Kabinengang unweit unserer Kabine auf einer Tür die Aufschrift „Prominentenauswahl“ entdeckte, nahm ich all meinen Mut zusammen und ging mit dem Tagebuch in diese Kabine. Und dann traute ich meinen Augen nicht! Da saßen die Granden des deutschen Fußballs und waren dabei, sich umzuziehen. Und in deren angeregter Unterhaltung platzt nun ein uniformierter Heeresmusiker. Mit den Worten: „Liebe Sportfreunde, darf ich einmal kurz stören“ begann meine Begrüßung und ich schilderte mein Anliegen. Es kehrte kurzfristig etwas Ruhe ein und dann ergriff Franz Beckenbauer, nur mit einer Unterhose bekleidet, spontan das Buch, erkundigte sich nach dem Alter, Namen und sportlichem Werdegang unseres Sohnes und verfasste auf dem Innendeckel eine ganzseitige Widmung. Dann ging das Buch von Hand zu Hand und alle verewigten sich auf der nächsten Seite; wie zum Beispiel Wolfgang Overath, Berti Vogts und Hannes Löhr. Einfach in diese Umkleidekabine zu gehen, war schon eine kleine Mutprobe; aber getoppt wurde sie noch dadurch, dass ich nach der Veranstaltung auch noch in den Raum gegangen bin, in dem diese Fußballer zusammen mit bekannten Ehrengästen, jetzt aber etwas vornehmer gekleidet, sich zu einem kleinen Umtrunk versammelt hatten. Hier hatte ich das große Glück, auch den Jubilar Uwe Seeler um eine Unterschrift bitten zu können. Des Weiteren verewigten sich auch noch die Fußballlegenden Fritz Walter, Hansi Schäfer und Horst Eckel in dem Buch. Außerdem noch der berühmte Schiedsrichter Walter Eschweiler. So ist dieses Tagebuch sicher zu einer Rarität geworden und wohl einmalig.

Noch heute staune ich darüber, dass ich damals diesen Mut aufgebracht habe. Ich gebe zu, dass mich das mit gewissem Stolz erfüllt und ich mich darüber freue.

Während der Dienstzeit dieses Chefs fand auch die deutsche Wiedervereinigung am 3. Oktober 1990 statt. Jetzt gab es keine direkte Bedrohung mehr und die Stärke der Bundeswehr wurde im Laufe der Jahre Schritt für Schritt reduziert. Da im Osten neue Musikkorps entstanden waren und der Gesamtbedarf auch kleiner geworden war, kam es schon bald zu Auflösungen. Zu der Zeit gab es in Norddeutschland zwei Marinemusikkorps, ein Luftwaffenmusikkorps in Hamburg und vier Heeresmusikkorps: Bremen, Hamburg, Hannover und Lüneburg. Gerüchten zur Folge, galt es als beschlossen, dass es neben den beiden Marinemusikkorps nur noch die Heeresmusikkorps in Hamburg und Hannover geben sollte. Unser „Heidemusikkorps" sollte aufgelöst werden.

Und jetzt kam unsere „Ehrenchefin" wieder ins Spiel. Jedenfalls hat sich bei uns die These festgesetzt, dass es so gewesen sein könnte; denn ihr Ehemann war in der Generalität weit aufgestiegen und nun im Verteidigungsministerium tätig. Seine Ehefrau wird ihm wohl entrüstet klargemacht haben, dass man doch „Ihr" Musikkorps nicht auflösen könne. Jedenfalls kam unmittelbar vor dem geplanten Auflösungstermin die Nachricht, dass nicht Lüneburg, sondern Hamburg aufgelöst werde. Da machte sich natürlich großer Erleichterung bei uns allen breit; hatte sich doch schon fast jeder damit ernsthaft auseinander gesetzt, in welches verbleibende Musikkorps er wechseln wolle. Eigenartigerweise hatte ich mir darüber noch gar keine Gedanken gemacht, weil ich fest von dieser Entwicklung überzeugt war. Woher ich diese Vorahnung genommen habe, ist mir aber nicht klar. Klar war aber, dass ich jetzt davon ausgehen konnte, den Rest meiner Dienstzeit weiterhin in Lüneburg verbringen zu können.

Bis zu seinem Dienstzeitende im Jahre 1991 verblieb dieser Chef in unserem Musikkorps. Allerdings sank das Niveau unserer musikalischen Darbietungen von Jahr zu Jahr. Weil er wegen eines Augenleidens die Partitur nicht mehr so gut lesen konnte, beschränkte er sich bei der Auswahl der Stücke entweder auf Selbstgeschriebenes oder ihm sehr bekanntes Material. Für unser Publikum war das nicht so relevant, aber wir Musiker fühlten uns zunehmend unterfordert. Der sich breitmachende Frust wurde dadurch etwas abgemildert, weil er bei der Gewährung von Dienstausgleich für mehr geleistete Dienste, wie zum Beispiel am Wochenende, sehr großzügig war.

Leider war der nächste Chef jemand den wir schon einmal erlebt hatten. Da er aus der damaligen Zeit noch ein Haus in Lüneburg besaß, hatte die Führung ihm ermöglicht, seine beiden letzten Dienstjahre bis 1993 wieder bei uns verbringen zu können. Leider war es derjenige, den wir ob seiner eigenwilligen Programmgestaltung und des arroganten Führungsstils nicht so gerne mochten.

Nun geschah es, dass nach kurzer Zeit bei einer Korpsveranstaltung in Münster im Rahmen eines Musikfestes mit mehreren Musikkorps, auch von uns eine Musikschau erwartet wurde. Die letzte Aufführung unter dem bisherigen Chef lag allerdings schon etwas länger zurück und der damalige Korpsführer war zwischenzeitlich nach Würzburg versetzt worden, sodass niemand so recht wusste, wie die einzelnen Elemente zu laufen waren. Außerdem waren jetzt auch viele Soldaten aus aufgelösten Musikkorps zu uns gestoßen, die die Schau gar nicht kannten. Es machte sich bei vielen von uns die schadenfrohe Meinung breit: Mal sehen was er macht. Soll er sich doch Gedanken machen.

Diesen Ansatz konnte ich jedoch nicht teilen. Ein Scheitern hätte zu einem riesigen Imageverlust geführt und war für mich unvorstellbar. Obwohl ich gar keine Führungsposition innehatte, fühlte ich mich berufen, diese Schande von uns abzuwenden. Aus der langjährigen Erfahrung heraus und vielleicht auch mit besonderer Fähigkeiten ausgestattet, habe ich in kürzester Zeit eine neue Musikschau ausgearbeitet. Dabei bin ich auch häufig auf unserem heimischen Sportplatz umher gelaufen, um die entsprechenden Schrittfolgen und Abmessungen festzulegen. Nach knapp einer Woche habe ich mein Konzept dem verdutzten Chef vorgelegt. „Ja, Burmester! Dann machen Sie mal“ lautete seine merklich erleichterte Anweisung. Im Allgemeinen ist das Einstudieren einer Musikschau zeitaufwendig und manchmal auch sehr nervend. Deshalb ist dieser Dienst bei den meisten Musikern auch nicht beliebt. Mein Plan bestand darin, dass die vier Posaunisten die verschiedenen Formationen genau kannten und die Reihen anführten. Der Rest des Musikkorps musste praktisch nur hinterher marschieren. Dem Chef war vorbehalten, die entsprechenden Haltezeichen zu geben und die drei Standbilder zu dirigieren. Nachdem ich zwei Tage mit den Posaunisten geübt hatte, war die neue Schau nach drei weiteren Tagen mit dem gesamten Musikkorps nahezu perfekt einstudiert. Einer erfolgreichen Aufführung stand nun nichts mehr im Wege. Als Musik hatte ich sehr bekannte Märsche und volkstümliche Stücke ausgesucht, wie zum Beispiel „Auf der Lüneburger Heide“. Die Musik bei den Standbildern konnte nach Bedarf variiert werden. Weil diese Musikschau so einfach aber doch publikumswirksam war. haben die folgenden Chefs diese bis zu meinem Dienstzeitende beibehalten.

Über den nächsten und meinen vorletzten Chef, der uns ab August 1993 für drei Jahre leitete, ist nur so viel zu berichten, dass er sich bemühte, ein guter Chef zu sein. Zwar ist ihm ein ordentliches zwischenmenschliches Verhalten zu bescheinigen, aber er hätte lieber ein einfacher sehr guter Musiker bleiben sollen, als der überforderte Chef eines Musikkorps. Jedenfalls hatten viele Musiker Probleme mit ihm. Ich weniger, weil er meine zusätzliche Arbeit als Rechnungsführer sehr zu würdigen wusste.

So war es auch bei meinem letzten Chef, den ich noch für vier Jahre ab Juli 1996 als Vorgesetzten hatte. Er war noch relativ jung und unerfahren und hatte am Anfang große Probleme, sich durchzusetzen. Und seine Unerfahrenheit hätte beinahe zu einem Fiasko geführt.

Er war gerade ein halbes Jahr bei uns als wir wieder einmal unsere Musikschau bei dem großen „Musikfest der Nationen" in der Bremer Stadthalle aufführen sollten. Da wir damit schon einmal in Bremen waren, hatten wir die Musik der Standbilder geändert und dabei jetzt unter anderem auch Michael Jacksons „Heal the world" eingebaut. Es war für unseren neuen Chef das erste Mal, dass er „meine" Schau leiten musste. Am ersten von den drei Veranstaltungstagen verlief auch alles reibungslos. Am zweiten jedoch geschah etwas für uns Unvergessliches.

Vom Programmablauf her wussten wir genau, wann wir an der Reihe waren, nämlich nach der russischen Folkloregruppe. Also versammelten wir uns an dem zugewiesenen Platz als diese Vorführung sich dem Ende neigte. Nach dem Applaus kam die Ankündigung für unseren Auftritt und der Chef wollte das Zeichen zum Einmarsch geben. Da bemerkten wir, dass noch einige Soldaten fehlten, die in der großen Aufenthaltshalle unseren Aufruf nicht mitbekommen hatten. Es brach eine allgemeine Aufregung aus und ich rief in Richtung Chef, dass wir so auf gar keinen Fall auftreten könnten. Wahrscheinlich hat bei ihm ein Adrenalinausstoß verhindert, einen klaren Gedanken fassen zu können und er rief nur: „Wir müssen raus!" und gab das Zeichen zum Einmarsch. Fassungslos marschierte ich mit ein und zermarterte mir panikartig den Kopf, wie wir diese Schau absolvieren sollten. Nein! Die Lage war eigentlich hoffnungslos; denn zu den fehlenden Soldaten gehörten auch zwei Posaunisten, die ja die Formation anführen sollten. Alle anderen waren sonst immer nur hinterher gelaufen. Mir war schnell klar, dass gleich etwas Furchtbares geschehen würde; nämlich der totale Zusammenbruch der Musikschau, weil keiner mehr wusste, wie es weitergehen sollte. Und das vor tausenden von Zuschauern. Eine Katastrophe bahnte sich an!

Die Schau beginnt damit, dass das Musikkorps zunächst geschlossen zur gegenüberliegenden Seite marschiert und sich dann in Zweierreihen nach rechts und links teilt, um auf beiden Seiten wieder zurückzumarschieren. Und genau danach wäre das Chaos ausgebrochen, wenn; ja wenn, wie ein Wunder, sich die fehlenden Soldaten, es waren genau acht, auf der gegenüber gelegenen Seite nicht inzwischen formiert hätten und uns nun entgegen marschiert wären, um sich in die fehlenden Positionen einzugliedern. Für die Zuschauer sah es wohl wie gewollt aus, aber für uns war es die Rettung in letzter Sekunde.

Ein erfahrener Chef hätte natürlich gewartet, bis das Musikkorps vollständig versammelt gewesen wäre. Da haben wir sehr viel Glück gehabt!

Im Laufe der Jahre hat sich dieser Chef aber weiterentwickelt und ist mit elf Jahren derjenige, der das Musikkorps am längsten geleitet hat. Die zufriedenstellende Zusammenarbeit lag aber auch daran, dass eine bestimmte nur auf ihre Vorteile bedachte Gruppe, ihn nach ihren Vorstellungen „zurechtgebogen“ hatte. So konnten die weiterhin noch vorhandenen Schwächen gut toleriert werden.

Ich selber habe ihn nur noch dreieinhalb Jahre erlebt, denn Ende März 2000 endete meine Dienstzeit und ich wurde zusammen mit meinem Freund, mit dem ich schon in der „Brennerbesetzung“ und Tanzkapelle zusammen musiziert hatte, am 22. März vor zahlreichen Gästen in feierlichem Rahmen verabschiedet und in den Ruhestand versetzt.

In dem als Abschluss üblichen Dienstzeugnis des Chefs heißt es unter anderem: „Herr Burmester war ein Mitarbeiter mit vorbildlicher Berufseinstellung und soldatischer Haltung. Besondere Gewissenhaftigkeit, Genauigkeit und selbstverständliche Einsatzbereitschaft zeichnen ihn in besonderem Maße aus. Er verfügte als Rechnungsführer über sehr gute Vorschriftenkenntnis, arbeitete stets gut strukturiert und organisiert und genoss dadurch in Fachkreisen ein hohes Ansehen.“

Die Musik zu meinem Beruf machen zu können, war ein Glücksfall für mich und ich war ein überzeugter „Musiksoldat“. Ich habe ihn gerne ausgeübt und in ihm Erfüllung gefunden. Durch ihn und dem „Abschalten“ im Kreis meiner Sportfreunde beim Fußballsport im heimischen Verein ist es mir möglich gewesen, vorhandene Krisen in meinem Leben zu ertragen und zu bewältigen. Ich kann meinen Berufsweg durchaus mit dem eines Fußballprofis vergleichen. In beiden Fällen ist ein Hobby zum Beruf gemacht worden. Und so, wie es ein Fußballer mit Talent und viel Fleiß, aber manchmal durchaus auch mit etwas Glück, in eine der 18 Mannschaft der ersten Liga geschafft hat, konnte auch ich in einem der 16 Musikkorps der Bundeswehr mitwirken. Ich habe also im Bereich der Blasmusik auch in der ersten Liga gespielt. Genau wie im Fußball gab es auch bei uns „Stars“ und Solisten die aus der Masse herausragten. Diese sind für Spitzenformationen unerlässlich; aber es gehören auch die unermüdlichen Arbeiter dazu, die gewissenhaft und verlässlich die ihnen gestellten Aufgaben erfüllen. Und in diese Sorte von „Mitspielern“ kann ich mich rückblickend, ohne es als abwertend zu betrachten, einordnen.

Aber auch für meine Tätigkeit gilt der Satz: Wo viel Licht ist, ist auch Schatten. Und der Schatten ist in diesem Fall, dass mein Beruf nicht gerade familienfreundlich war; denn vor allem in den Sommermonaten waren wir pausenlos unterwegs und ich musste die Familie, vor allem an den Wochenenden und abends, oft alleine lassen.

Ich habe bestimmt hunderttausende von Kilometern in den Bundeswehrbussen verbracht. Leider konnte ich dabei keine Bücher lesen, weil mir schon nach wenigen Zeilen schwindlig geworden ist. So komfortabel wie die heutigen Busse, waren unsere damals noch nicht ausgerüstet. Das bedaure ich etwas.

Neben den Routineeinsätzen haben wir, wie schon angedeutet, sehr interessante Auslandseinsätze gehabt. Einige davon möchte ich herausheben: viermal die „Viertagemärsche“ in Nymwegen, kleinere Einsätze in Dänemark, Belgien und Frankreich. Mehrtägige Einsätze in Stockholm, Oslo, Krakau, Versailes (Paris), Albertville und Brüssel.

Dann haben wir auch noch an der Steuben-Parade in New York teilgenommen und waren, als herausragendes Ereignis, fast dreieinhalb Wochen im kanadischen Halifax bei dem größten Musikfest Amerikas mit unserer Musikschau 1990 dabei. Unvergessen bleibt dabei die grandiose Abschlussveranstaltung mit den 600 Mitwirkenden. Am

Nachmittag hatten wir bei einem Besuch in Lunenburg, eine von Deutschen gegründeten Stadt, bei der dortigen Feuerwehr den Gewinn des Weltmeistertitels unserer Fußballnationalmannschaft feiern können. Am späten Nachmittag war dann mit allen Teilnehmern in einem großen Zelt das traditionelle Lobster-Essen (Hummer) angesagt, zu dem auch reichlich Weißwein kredenzt wurde. Deshalb war auch die deutsche Abteilung in einer unbeschreiblichen Stimmung und es wurde im Bus während der Rückfahrt noch kräftig gesungen.

In regelmäßigen Abständen waren Sanitäts-Lehrgänge zum Auffrischen unserer Kenntnisse vorgeschrieben. Da in Hörnum, später in List, eine zuständige Einheit stationiert war, konnten wir diese Ausbildungswoche, bei einer großzügigen Dienstplangestaltung, sogar fünfmal auf Sylt verbringen. Da wir dabei auch immer gutes Wetter erwischt hatten, war dieser Aufenthalt stets ausgesprochen angenehm.

Obwohl ich an meinen ersten Chef keine guten Erinnerungen habe, hat mich ein Satz von ihm während meiner Dienstzeit immer begleitet. Er hatte diesen im Zusammenhang mit mangelnder Disziplin einmal einprägend zu uns gesagt:

„Denken sie immer daran, dass sie in einer Eliteeinheit sind. Betrachten sie es als ein Privileg, im Musikkorps sein zu dürfen. Zu ihnen wird heraufgeschaut. Dementsprechend haben sie sich auch zu benehmen und sie sind verpflichtet, das gute Ansehen des Musikkorps in Ehren zu halten!“

Obwohl wir es damals als belustigend empfunden haben und herumgefeixt haben, ist mir schnell klar geworden, wie Recht er doch hatte.

Ich habe während meiner gesamten Dienstzeit diesen Satz stets beherzigt. Mir ging es immer zuwider, wenn andere dieses missachteten oder beklagten, wie schwer sie es doch hätten. Vor allem dann, wenn dieses von solchen Personen ausging, bei denen ich mir nicht sicher war, was sie sonst hätte machen sollen.

Manchmal habe ich es auch zu Konfrontationen kommen lassen, indem ich mein Unverständnis für ein solches Verhalten kundgetan habe. Auch aus diesem Grund hatte ich an der Tür meines Dienstzimmers folgenden Spruch angebracht: „Willst du geh'n zur Arbeit gern, halte dich von Nörglern fern!"

Am 30.06.2007 hat es dann auch mein ehemaliges Musikkorps erwischt. Bei einer weiteren Auflösungswelle kam das Ende und die verbliebenen Kameraden wurden anderen Musikkorps zugeteilt oder haben ihren Dienst bei der Bundeswehr quittiert. Nach etwas mehr als 50 Jahren gehörte die Geschichte des Heeresmusikkorps 3 der Vergangenheit an.

Nach meiner Pensionierung habe ich zunächst keine Musik mehr gemacht, aber dann bald einen kleinen gemischten Chor in meinem Wohnort gegründet. Da in einer Blaskapelle eines ehemaligen Kameraden der Tuba-Spieler ausgefallen war und ich dazu immer wieder „genötigt" wurde, habe ich schließlich die alte Tuba meines Großvaters von der Wand genommen und darauf fleißig geübt. Nach relativ kurzer Zeit konnte ich dann bei dieser Kapelle mitmachen. Mit beiden Formationen sind wir oft bei gemeinsamen Konzerten aufgetreten. Leider haben sich beide Gruppen 2008 aus Altersgründen aufgelöst und ich habe mich dann bald nicht mehr musikalisch betätigt. Mitverantwortlich war dafür auch, dass ich 2010 an Mandelkrebs erkrankte. Durch die anschließende Bestrahlung nach den umfangreichen Operationen ist meine Gesichtsmuskulatur so sehr in Mitleidenschaft gezogen worden, dass ich seitdem nicht mehr in der Lage bin, ein Blasinstrument zufriedenstellend zu spielen.

Neben den gelegentlichen Reisen verbringe ich, wie auch schon vorher, sehr viel Zeit mit der Arbeit in unserem großen Garten. Die Verbundenheit zur „Scholle“ ist immer erhalten geblieben und die Belange der Landwirtschaft haben mich stets interessiert. Wie heißt es so schön in der Niedersachsen-Hymne? „Wir sind die Niedersachsen, sturmfest und erdverwachsen“ …

Bei meinem Sportverein habe ich mit der Vorstandsarbeit zwar nach meiner Pensionierung aufgehört, ihn aber weiterhin mit Rat und Tat stets unterstützt.

Außerdem habe ich 2006 eine Boule-Gruppe ins Leben gerufen. Diese elf Männer treffen sich jeden Montag zum Spiel und „Erfahrungsaustausch“ in lustiger Runde.

Im Winterhalbjahr beschränkt sich unsere Tätigkeit allerdings nur auf eine regelmäßige „Klönrunde“.

Seit meiner Pensionierung fahre ich regelmäßig am Mittwoch nach Lüneburg, um mich in kleinem Kreis mit ehemaligen Kollegen zu treffen. Diese vielseitigen Unterhaltungen genieße ich und verbinde den Aufenthalt mit Einkäufen.

Sehr viel Zeit verbringe ich damit, meine Gedanken über dies und das, oft auch mit einem philosophischen Hauch ausgestattet, niederzuschreiben. Das fordert mich geistig heraus und schärft meine Sinne.

Natürlich ist eine gewisse Routine und Gleichmäßigkeit in meinem Alltag eingekehrt; aber durch die feststehenden Termine geselliger Art sind immer wieder Ziele gesetzt auf die ich mich freue und die mein Leben bereichern. Auch die gelegentlichen Reisen sorgen für eine angenehme Abwechslung.

Bereue ich etwas?

Aus heutiger Sicht und der Lebenserfahrung heraus, hätte ich mich hier und da vielleicht etwas anders verhalten können. Mit zwanzig Jahren gilt man als ein erwachsener Mensch. Vom Körper her mag das auch stimmen, aber geistig ist die Entwicklung noch lange nicht abgeschlossen. Man ist unerfahren und noch nicht weitsichtig genug. Da passiert es schon, dass man sich nicht immer ideal verhält. Aber vor Fehlern ist man ja das ganze Leben nicht gefeit. Wichtig ist, dass man sie erkennt und versucht, sie abzustellen. Liegen diese im zwischenmenschlichen Bereich, kann eine Entschuldigung befreiend wirken. Das habe ich immer so gehalten und deshalb bin ich auch im Großen und Ganzen mit mir im Reinen.

Eine große Freude für mich ist das sehr gute Verhältnis zu den Kindern und deren Lebenspartnern sowie den Enkelkindern. Das ist keine Selbstverständlichkeit; ebenso auch nicht, dass sie sich auch untereinander gut verstehen. Ich hoffe sehr, dass wir noch eine lange gemeinsame Zeit verbringen können. Und wenn ich einmal sterbe, dann geschieht das im Bewusstsein, dass ich nicht tot sein werde, sondern in den Kindern weiterlebe. Das wird mir immer wieder bestätigt, wenn ich ihr Wesen und ihre Charaktereigenschaften erlebe.

Für meinen beruflichen Werdegang hatte ich keinen „Matchplan“, wie es in der neuen Trainersprache so schön heißt, aber es hat sich in den entscheidenden Momenten alles zum Guten gewendet. Daher blicke ich mit demütiger Dankbarkeit auf diese Zeit zurück.

9. Kapitel
Der Verein und ich

Den ersten Kontakt mit „meinem“ Sportverein hatte ich im Alter von etwa sieben Jahre als ich bei dem traditionellen „Bunten Abend“ aufgetreten bin. Das Lehrerehepaar war damals bei der Gestaltung des Programmes sehr aktiv und so hatte die Ehefrau während der Schulzeit mit uns Kindern für diesen Abend fleißig geübt. Bei diesem ersten Auftritt mussten wir uns nach der Melodie „Glühwürmchen-Idyll“, mit Taschenlampen ausgestattet, bei verdunkeltem Saal im Kreis bewegen aber auch bestimmte Formationen einnehmen und dann mit beiden Armen unterschiedliche Bewegungen machen. Um die Glühwürmchen zu imitieren, waren die Lampen mit rotem durchschimmerndem Papier versehen. Von da an war eine Teilnahme an dieser Veranstaltung als aktiver Mitwirkender selbstverständlich und hat nicht nur mir, sondern natürlich auch den Gästen immer wieder viel Freude bereitet. So mancher Gast ist nur wegen des „Bunten Abends“ Mitglied geworden. In vielen Bereichen war ich im Laufe der Jahre bei der Gestaltung des Programmes tätig. so habe ich in den letzten fünfzig Jahren auch die Lieder für den kleinen Chor einstudiert, der traditionell mit einigen Liedern den Abend eröffnet hat. Ab 1981 bin ich zusammen mit einer „Altherrentheatergruppe“ fast dreißig Jahre lang mit lustigen Sketchen aufgetreten. Unsere Darbietungen wurden immer mit großer Begeisterung aufgenommen. Nicht nur die Aufführungen, sondern besonders die vielen Übungsabende in gemütlicher Runde waren ein unvergessliches Erlebnis. Der harte Kern dieser Gruppierung besteht aus sieben

Männern und trifft sich immer noch regelmäßig und verreist auch einmal im Jahr für einige Tage. Außerdem hat diese Gruppe vor fünfzehn Jahren eine Boule-Gruppe gegründet und das dafür erforderliche Spielfeld errichtet. An diesem Spiel nehmen inzwischen elf Personen teil.

Obwohl ich in einem Dorf aufgewachsen bin, habe ich während meiner Jugendzeit nicht sehr häufig Fußball gespielt und bin somit auch kein sogenannter „Straßenfußballer“ geworden. Das lag auch daran, dass es keinen richtigen Bolzplatz im Dorf gab und alle Straßen aus Kopfsteinpflaster bestanden und deshalb auch nicht gut zu bespielen waren. So habe ich im Vergleich zu der heutigen Generation, die schon mit vier oder fünf Jahren mit dem Fußballspielen beginnt, im Verein erst relativ spät begonnen. Ich war schon sechzehn Jahre alt, als ich das erste Mal in einer Mannschaft gespielt habe. Das lag daran, dass es zu der damaligen Zeit gar keine Jugendarbeit und somit Jugendmannschaften im Verein gab. Die letzte Jugendmannschaft, die „Jungmann“, war 1959 nach ihrem Aufstieg in die Sonderstaffel mangels Masse abgemeldet worden.

Aber im benachbarten Sportverein gab es bis in die 60er Jahre hinein eine „Schülermannschaft“. Aus Anlass eines Pokalturniers dieses Vereins im Jahre 1963 ist es uns gelungen, einige Jungen zu finden, die daran teilnehmen wollten. So ist dann endlich wieder eine Jugendmannschaft in den gelbblauen Vereinsfarben angetreten. Der Anfang war gemacht und wir konnten so viele Jugendliche aus den umliegenden Dörfern überzeugen mitzumachen, dass mein Verein in der Saison 1963/64 nach langer Zeit wieder eine A-Jugend anmelden konnte. In dieser Mannschaft habe ich überwiegend im Tor gespielt. Unsere Bilanz war durchwachsen, aber für uns Späteinsteiger doch recht ordentlich. Unvergessen bleibt für mich aus dieser Zeit ein Pokalturnier bei einem befreundeten Verein. Unsere Mannschaft hatte sich blendend geschlagen und war ins Endspiel gekommen, welches unentschieden endete. Ein Elfmeterschießen in der heutigen Form gab es noch nicht. Aber man hatte sich etwas Anderes ausgedacht. Die Torwarte beider Mannschaften hatten jeweils zehn Elfmeter zu schießen. Für die Zuschauer eine Gaudi, für mich leider nicht. Es klingt jetzt nach Ausrede, aber es war wirklich so. Als Torwart brauchte man nicht unbedingt die besten Fußballschuhe; meine glichen eher Elbkähnen und hatten, soweit ich mich innere, vorne sogar noch Stahlkappen. Jedenfalls scheiterten meine Versuche immer wieder, den Ball ins Tor zu schießen. Daher versuchte ich eine andere Technik anzuwenden. Eigentlich wollte ich den Ball über den Spann rutschen lassen und so ins rechte obere Eck schlenzen; was dabei allerdings herauskam, verfolgt mich manchmal noch heute, wenn ich ein Elfmeterschießen im Fernsehen betrachte. Natürlich habe ich den Ball nicht richtig getroffen. Aber es geschah, was eigentlich unmöglich ist! Der Ball verabschiedete sich in Richtung Eckfahne und blieb kurz vor der Torauslinie, sich wie ein Brummkreisel drehend, liegen. Wäre ein Spaten in der Nähe gewesen, hätte ich mich wohl eingegraben.

Aber wie das Schicksal es so will, kam es ein Jahr später bei dem gleichen Turnier wieder zu einem Elfmeterschießen. Das Endspiel ging wieder unentschieden aus und ich musste wie gehabt gegen den gegnerischen Torwart antreten. Aber! Dieses Mal war ich mit perfektem Schuhwerk ausgerüstet und versenke alle zehn Elfmeter und wurde von „jubelnden Kameraden“ vom Platz getragen … Na, ja. Gefreut haben sie sich schon.

In der Saison 65/66 ist dann ein großer Teil dieser A-Jugend in die (einzige) Herrenmannschaft gewechselt. Das Intermezzo Jugendmannschaft war für den Verein schon wieder vorüber.

Diese Herrenmannschaft hatte zu jener Zeit mit großen Schwierigkeiten zu kämpfen. Die besten Rahmenbedingungen waren auch nicht vorhanden. Regelmäßiges Trainieren war nicht angesagt. Ab und zu einmal etwas herumbolzen. Das war’s. Wir hatten auch keinen Trainer. Die Aufstellung machte unser Spielführer; ein mit außergewöhnlicher Schusstechnik ausgestatteter bulliger Mittelstürmer; vielleicht vergleichbar mit Uwe Seeler.

Seit 1956 spielte diese Mannschaft nun schon in der Kreisklasse und dümpelte dahin. Manchmal war es schwer, elf Spieler für die Mannschaft zu finden. So war es zum Beispiel auch bei einem anstehenden Auswärtsspiel als wir beim Frühschoppen saßen und verzweifelt die Pässe durchgingen. Wir hatten einfach nicht genügend einsatzfähige Spieler. Als wir uns in der Kneipe umschauten, stießen wir auf jemandem, den wir zutrauten, mitmachen zu können. Hatte der aber schon einmal gespielt und gab es überhaupt einen Spielerpass von ihm? Einen Pass haben wir schließlich gefunden; also wurde er „zwangsverpflichtet“. Die Auswirkungen des Frühschoppens haben wohl dazu beigetragen, dass er auch tatsächlich zugesagt hat. Jetzt musste nur noch eine Ausrüstung aufgetrieben werden und wir konnten vollzählig antreten. Wir waren aber trotzdem chancenlos und verloren mit 6:0 Toren.

In den ersten beiden Jahren war ich noch Stürmer gewesen, jetzt aber ein machtloser Torwart. Ich habe zwar oft gute Kritiken bekommen, aber die vielen Niederlagen konnte ich auch nicht verhindern.

Wir waren also nicht sehr erfolgreich, aber die großartigen Feiern der „dritten Halbzeit“ entschädigten uns für vieles. Vor allem unser Mannschaftsführer war es, der die treibende Kraft dabei war. Es wurde im Vereinslokal ausgiebig getrunken und gesungen. Dabei konnte es schon vorkommen, dass unser Kapitän mit Fußballschuhen auf dem Tisch stand und sein „Annemarie“ oder „Es zogen drei Mannschaften über den Rhein“ anstimmte. Damals wurde in der Runde eigentlich nur aus dem Stiefel Bier getrunken. Und dabei hieß es oft: „Der Vorletzte bezahlt“. Wenn man dann vor dem Kapitän in der Runde saß, hatte man schlechte Karten und es dauerte nicht lange, dann war man der Vorletzte der getrunken hatte, weil er den Stiefel genüsslich geleert hatte. Das war auch noch die Zeit, als grundsätzlich eine Flasche Korn auf dem Tisch stehen musste. Insbesondere bei verlorenen Spielen, spendierte unser Vereinsvorsitzende als Gastwirt zum Trost erst einmal eine Flasche. Wenn später kein Spender mehr gefunden wurde, ging ein Aschenbecher herum und es wurde „geschabt“; so wurde das Geldsammeln von uns genannt.

Insbesondere nach Heimspielen kam es häufig vor, dass man noch mit Fußballschuhen in der Kneipe saß, denn in dem 1956 fertiggestellten Sporthaus gab es weder Wasser noch Strom. Und auf den alten Holzbänken in der winzigen Kabine war kaum Platz für eine komplette Mannschaft. Nach dem Spiel wurde dann schnell eine lange Hose übergezogen und ab ging es in die Kneipe. Es konnte durchaus passieren, dass man nach einer ausgedehnten „dritten Halbzeit" am nächsten Morgen mit dreckigen Knien vom Fußballkampf erwachte.

Unser junge Dorfpolizist hatte 1966 damit begonnen, wieder ein gezieltes Jugendtraining durchzuführen. Und bald konnten die ersten großen Erfolge erzielt werden und eine regelrechte Fußballeuphorie flammte auf.

Anfang der siebziger Jahre war es so weit. Der Jugendtrainer konnte das „Herumgekicke" der Herrenmannschaft wohl nicht mehr ertragen und sagte sich, „was in der Jugend möglich ist, muss doch im Herrenbereich auch möglich sein". Was bedeutete, dass nun unter seiner Leitung auch bei den Herren regelmäßig trainiert wurde. Was für eine Umstellung!

Aber das oft sehr, sehr, sehr anstrengende Training machte uns Spaß und es stellten sich auch bald die ersten Erfolge ein. Unser „Bomber der Nation" war jetzt leider nicht mehr aktiv, sondern nun unser Betreuer.

Kurios verlief ein Pokalspiel in dieser Zeit. Wir hatten bei winterlichem Wetter eine Mannschaft zu Gast, die eine Klasse höher spielte. Der Schneefall wurde immer heftiger, aber wir machten ein gutes Spiel und gewannen 2:0. Auf dem Weg zur Kabine, in Vorfreude auf die große Siegesfeier, teilte der Schiedsrichter uns mit, dass er das Spiel abgebrochen habe. Zwei Minuten vor dem Ende!!! Zum Glück haben wir dann aber das neu angesetzte Spiel auch gewonnen.

In der Saison 71/72 standen wir sogar kurz vor dem Aufstieg in die Kreisliga. Wir brauchten im letzten Spiel zuhause nur noch ein Unentschieden. Allerdings gegen unseren „Angstgegner". Damals war ich noch Torwart und leider verhindert, weil ich mit dem Musikkorps unterwegs war. So gegen 17.00 Uhr habe ich von unterwegs hoffnungsvoll in der Kneipe angerufen und unsere Vereinswirtin erreicht. „Wir haben 1:0 verloren“ musste sie mir leider mitteilen. Verloren? Ich hatte doch schon eine kleine Blaskapelle für die Aufstiegsfeier verpflichtet. Und jetzt? Verloren! Die Enttäuschung war bei allen riesengroß.

Aus der eigenen Jugend kamen in der neuen Saison dann einige sehr gute Spieler hinzu und wir besaßen dadurch eine noch bessere junge Mannschaft, die von einem alten erfahrenen Mittelfeldstrategen angeführt wurde. In dieser Spielzeit konnte ich das Tor verlassen, weil ein neuer Torwart zugezogen war, der ein kompromissloser, sehr guter Nachfolger war. Ich spielte nun Mittelstürmer und erzielte unzählig Tore. Die Anzahl lässt sich leider nicht mehr genau überprüfen. Es werden wohl so um die 40 gewesen sein, einige meinen es könnten auch 50 sein. Ob ich tatsächlich damit der Rekordtorschütze des Vereins geworden bin, wollen wir einmal dahingestellt lassen, denn zu der damaligen Zeit wurden die erzielten Tore nicht so penibel gezählt und statistisch ausgewertet wie heute. Es wurde mir damals aber auch leicht gemacht, denn ich hatte nur gute Spieler um mich herum. Ich stand eben immer da, wo der Ball hinkam und habe „ihn dann rein gemacht“, wie man so schön sagt. Technisch war ich als langjähriger Torwart limitiert und habe deshalb gleich den Abschluss gesucht, wenn der Ball in meiner Nähe war. Aber die Mitspieler haben selbstverständlich auch ihre Tore geschossen. 120 waren es an der Zahl und wir schafften nun das, was wir im Jahr zuvor vermasselt hatten; wir stiegen in die Kreisliga auf. Übrigens spielten wir damals schon ein hochmodernes

4-3-3. Allerdings mit einem Libero. Davon redet man heute bei der „Dreierkette“ manchmal auch.

An diese Leistung konnte ich jedoch nie wieder richtig anknüpfen. Auch, weil ich oft mit Verletzungen zu kämpfen hatte. Das war besonders tragisch, als ich mich in der folgenden Saison im Halbfinale des Kreispokals bei einem Kopfballduell so schwer am Auge verletzte, sodass ich am darauffolgenden Endspiel nicht teilnehmen konnte. Leider wurde es mit 4:2 verloren! Natürlich gegen unseren „Angstgegner“.

Wegen einer hartnäckigen Bänderverletzung im Sprunggelenk habe ich 1977 mein Karriere als Fußballer unterbrochen und die Übungsleiter-Lizenz erworben. Dafür war auch eine Schiedsrichterprüfung erforderlich. Da ich mich weiter sportlich betätigen wollte, war ich für zweieinhalb Jahre als Schiedsrichter auf verschiedenen Sportplätzen unterwegs. Eine interessante Erfahrung, die mich sehr geprägt hat. Seit dieser Zeit ist mir bewusst geworden, wie schwer es ist, in jeder Situation die richtige Entscheidung zu treffen. Auch vermeintlich krasse Fehlentscheidungen nehme ich seitdem gelassener hin und akzeptiere sie so, wie sie gefallen sind. Auch wenn es manchmal schwer fällt.

Aus zweierlei Gründen habe ich die Pfeife an den berühmten Nagel gehängt. Zum einen musste ich immer wieder Ansetzungen absagen, weil der Dienst beim Bundeswehr-Musikkorps mich am Wochenende forderte und zum anderen habe ich ab Januar 1980 das Training der ersten Herren übernommen. Leider konnte ich den Abstieg nicht verhindern. Das hatte wohl zwei Gründe: Zwar konnte ich die vorher schlechte Trainingsbeteiligung wieder steigern aber der Kader hatte einfach nicht mehr die Qualität der ehemaligen Aufstiegsmannschaft; hinzu kam natürlich auch meine Unerfahrenheit als Trainer im Herrenbereich. Zuvor hatte ich schon lange Jugendmannschaften aller Altersklassen trainiert, aber diese Aufgabe war doch schwieriger zu bewältigen.

In den folgenden Jahren habe ich nicht nur diese Mannschaft trainiert, sondern oft auch noch drei Jugendmannschaften am Nachmittag. Das war sehr fordernd und anstrengend.

Nach fünf Jahren bin ich von einem neuen Trainer bei der Herrenmannschaft abgelöst worden. Unter seiner Leitung habe ich im Frühjahr 1988 mit 41 Jahren meine letzten Spiele in der 1. Herren absolviert. Ich habe zwar noch das eine oder andere Tor erzielt, der abermalige Abstieg aus der Kreisliga konnte aber nicht verhindert werden.

Auch meine Kariere als Altherrenspieler ab dem 32. Lebensjahr war von vielen Verletzungen geprägt. Als Fußballer habe ich bis auf den Verteidiger praktisch alle Positionen im Laufe der Zeit gespielt. Die beste Leistung habe ich wohl im fortgeschrittenen Alter in der Altherren-Mannschaft als Libero gezeigt. Leider aber nur für eine Saison. Nicht nur die Verletzungen, sondern auch die vielen Wochenenddienste bei der Bundeswehr beeinträchtigten mein Kariere als Fußballer erheblich.

Meine Laufbahn als aktiver Fußballer endete wie sie begonnen hatte. Im Alter von 53 Jahren habe ich als Torwart in der zweiten Herren ausgeholfen. Obwohl meine Leistungen, objektiv betrachtet, recht „durchwachsen" waren, bin ich an dem Staffelsieg und Aufstieg in die höhere Klasse nicht ganz unbeteiligt gewesen. Als Meister aufzuhören, ist schon ein würdiger Abschluss einer Sportlerlaufbahn.

Aber ich war auch auf anderen Gebieten für meinen Verein aktiv tätig.

27 Jahre war mein Vater seit der Wiedergründung im Jahre 1946 Schriftführer im Verein gewesen. Als er 1973 nicht mehr kandidierte, wurde ich gefragt, ob ich sein Nachfolger werden wolle. Ich war sehr überrascht, sagte aber zu. Es ist eher Zufall, aber auch meine Vorstandsarbeit währte dann ebenfalls 27 Jahre.

In den ersten zwei Jahren meiner Mitarbeit war unser Vereinswirt auch Vorsitzender. Der Vorstand bestand damals aus nur fünf Personen. Regelmäßig wurden noch Monatsversammlungen im Clubzimmer des Vereinslokals abgehalten.

Da die Gegebenheiten auf dem Sportgelände nicht mehr zeitgemäß waren, reifte in dieser Zeit der Plan, ein neues modernes Sportgelände zu schaffen. Begünstigt wurde diese Absicht dadurch, weil die Gemeinde vor der anstehenden Gebietsreform dem Verein ein Gemeindehaus überschrieben hatte. Der Plan, dort in der Nähe auch die neue Sportanlage zu errichten, konnte nicht umgesetzt werden, weil es nicht möglich war, das brachliegende Gelände käuflich zu erwerben. Schließlich wurde man sich mit dem Landbesitzer des alten Sportplatzes handelseinig. Die treibende Kraft des Neubaus war der Nachfolger unseres bisherigen Vorsitzenden, der die Planungen forcierte. Die Baumaßnahmen waren sehr zeitaufwändig und die Mitglieder waren gefordert, fleißig mitzumachen. Selbstverständlich mussten wir Vorstandsmitglieder immer mit gutem Beispiel vorangehen. Und es ist bei einer Bauzeit von fast zwei Jahren nicht einfach, sich immer wieder zu motivieren. Aber schließlich konnte am 02.11.1975 das erste Punktspiel auf der neuen Anlage bestritten werden. Der Grundstein für eine erfolgreiche Vereinsarbeit war gelegt. Leider ist der Platz nicht „auf Sand gebaut“, sondern auf Lehm. Was dazu führt, dass wir bis heute bei nasser Witterung ein sehr tiefes „Geläuf“ haben und der Platz nach den Spielen sehr ramponiert aussieht. Dies erfordert dann immer wieder umfangreiche „Pflegemaßnahmen“.

Wie bei jedem Verein, gab es auch bei uns nicht nur gute, sondern auch schwierige Phasen.

Ganz besonders bleiben mir davon zwei in Erinnerung, die während meiner Vorstandsarbeit geschahen.

Ende der 1980er Jahre wollte die komplette zweite Herren zusammen mit ihrem Betreuer zu einem Nachbarverein wechseln, weil es Disharmonien mit dem Trainer der I. Herren gegeben hatte. Das wäre für den Verein ein Desaster gewesen. Nach einer Aussprache und einem gemeinsamen Essen in einem griechischen Lokal gelang es mir jedoch, nach offener Diskussion, die Wogen zu glätten und die Mannschaft zum Bleiben zu überreden.

Die andere Sache ereignete sich Anfang der 1990er Jahre. Eine Anzahl von jungen Spielern aus anderen Vereinen wollte beim Nachbarverein eine neue Fußballmannschaft gründen. Obwohl ein ungeschriebenes „Gesetz“ vorsieht, dass unsere Vereine in den jeweiligen Sparten nicht in Konkurrenz treten, war der Verein jedoch bereit, diese Mannschaft aufzunehmen. Ein namhafter Trainer stand auch schon bereit.

Ich sah darin eine große Gefahr für die weitere Zukunft „meines Vereins“. Auch ein intensives Gespräch mit dem

Vorsitzenden brachte keine Lösung. Letztendlich scheiterte das Vorhaben dann daran, dass nicht genug Spieler gefunden werden konnten und die betroffenen Vereine die Freigabe verweigerten. Damals sahen die Statuten bei einer Verweigerung noch eine längere Sperre vor. Ich war jedenfalls sehr erleichtert; denn eine Konkurrenz in unmittelbarer Nachbarschaft wäre wahrscheinlich für beide Vereine nicht zum Vorteil gewesen.

Die langjährige gute Jugendarbeit zahlte sich aus und der Verein konnte davon profitieren und schließlich auch die Früchte ernten. Zu meinem Glück fiel die Ernte genau in die Zeit als ich 1990 das Amt des Vorsitzenden übernommen hatte. Bis zu meinem Ausscheiden in 2000 konnten wir hervorragende sportliche Erfolge erzielen, die danach auch noch etwa zwei Jahre anhielten.

Für die Kreisliga zu stark, für die Bezirksklasse etwas zu schwach; so lautet das Fazit. Wir pendelten zwischen diesen Klassen hin und her. Für unseren kleinen Verein war das aber eigentlich ein überragendes Ergebnis.

Leider musste ich in meiner Amtszeit auch unpopuläre Entscheidungen treffen, die mich bei einigen Mitgliedern auch angreifbar und vielleicht auch unbeliebt gemacht haben. Bei allen Entscheidungen, die stets mit dem Vorstand abgestimmt waren, stand für mich immer das Wohl des Vereins im Vordergrund. Es jedem Recht zu machen, ist einfach nicht möglich.

Oft bin ich gefragt worden, warum ich schon so früh mit „nur“ 53 Jahren als Vorsitzender aufgehört habe. Wer jedoch über einen so langen Zeitraum mit sehr großem Einsatz die Geschicke eines Vereins lenkt, ist irgendwann einfach amtsmüde. Vor allem auch dann, wenn das Gefühl aufkommt, dass der eingeschlagene Führungsstil nicht mehr von allen mitgetragen wird.

Auch nach meinem Rücktritt habe mich weiterhin in den Verein eingebracht. Viele ehemalige Vorstandskollegen sind nach ihrem Ausscheiden nicht mehr für den Verein in irgendeiner Weise tätig geworden. Einige sind sogar aus dem Verein ausgetreten. Ich habe nie aufgehört, für den Verein zu arbeiten. Nur nicht mehr in vorderster Front, in verantwortlicher Position.

Dass ich mich weiterhin beim Fest des Jahres, dem „Bunten Abend“ einbringen würde, war selbstverständlich. Mehr als 60 Jahre habe ich auf der Bühne gestanden. Wie doch die Zeit vergeht!

Mein Mitwirken im Verein ist vielseitig geblieben. Dazu gehört unter anderem auch die Platzpflege!

Bis in die heutige Zeit hinein, habe ich nach den Spielen die Löcher auf dem Platz wieder zugemacht. Und das mittlerweile über 40 Jahre. Weil niemand so richtig ermessen kann, wie viel Arbeit dahinter steckt, wird diese Tätigkeit auch ein wenig belächelt. „Ach, Eckhard macht wieder Löcher zu …“

Solange mein Sohn noch zuhause war, hat er mich dabei tatkräftig unterstützt. Auch der eine oder andere Platzwart war dabei aktiv. Aber meistens habe ich die Zeit auf dem Platz alleine verbracht. Um den Aktiven jedoch eine gute Spielfläche zu präsentieren, ist dieses „Löcherzumachen“ unerlässlich. Nach einem Spieltag in der „nassen Jahreszeit“ können es schon an die zweitausend und mehr „Verletzungen“ sein.

Zu meinem „Zuständigkeitsbereich“ gehört noch heute, dass der Platz bei Bedarf gewalzt und einmal im Jahr aerifiziert wird.

Nach der Saison müssen insbesondere die Strafräume „aufgearbeitet“ werden und auch sonstige Schadstellen eingesät oder mit Soden versehen werden.

Neben diesen Arbeiten sind zusätzlich immer wieder kleinere „Heinzelmännchen-Arbeiten“ zu erledigen.

Unmittelbar nach meinem Ausscheiden aus dem Vorstand, bekam ich das Angebot, einen Verein aus der Landesliga in Zusammenarbeit mit einem gleichberechtigten Trainer aus Lüneburg zu trainieren. Da mein Sohn dort aktiv war, habe ich diese Herausforderung angenommen. Dass ich (wir) nach drei Monaten gefeuert wurden, hatte verschiedene Gründe. In erster Linie natürlich die Erfolglosigkeit. Aus meiner Sicht gab es auch andere Ursachen für den Misserfolg. Meine damals favorisierte Spielweise, die ich in meinem Verein erfolgreich praktiziert hatte, ließ sich nicht umsetzen, weil mein Trainerkollege dieses strikt ablehnte. Auch meine Anregungen, während des Spieles doch besonders gefährliche Gegenspieler in „Manndeckung“ und so aus dem Spiel zu nehmen, wurden stets ignoriert. Ich habe dann auch bald resigniert und mich nur noch als Gehilfe gesehen. Problematisch waren auch die technischen Übungen, die ich immer mal wieder ins Training einstreute. Ich war sehr überrascht, welche Schwierigkeiten diese bei den Landesliga-Spielern auslösten. „Sind wir denn hier in der C-Jugend?“ lautete ein Kommentar dazu. Da kann man sich schon Feinde machen…

Sicher kam bei mir auch die mangelnde Erfahrung im höherklassigen Fußball hinzu. Auch die Tatsache, dass es für meinen Kollegen die erste Trainerstation war, ist sicher ein Punkt, der ausschlaggebend war.

Aber! Der sehr erfahrene Nachfolger war genauso erfolglos und ist mit der Mannschaft schließlich abgestiegen. Es hat wohl auch etwas mit der Qualität des Kaders zu tun gehabt.

Einige Jahre später war ich wieder in meinem Verein für zwei Jahre als Co-Trainer bei einem qualifizierten Trainer tätig. Das war für mich eine sehr spannende Erfahrung und hat mir viel Spaß gemacht. Gekrönt wurde diese Zeit mit dem Aufstieg in die Bezirksliga, nachdem wir das Relegationsspiel gewonnen hatten.

Unvergesslich, und für mich das größte sportliche Erlebnis außerhalb meines Vereins, ist die Zeit als ich für den Bundesligaverein Hannover 96 als „Scout" arbeiten durfte. Auf Vorschlag des dortigen Torwarttrainers, den ich einmal in unserer Jugend trainiert und als Torwart entdeckt hatte, sollte ich deutschlandweit Torwarte beobachten und beurteilen. Nebenbei aber auch interessante Feldspieler melden. Diese Tätigkeit führte mich unter anderem bis nach Freiburg und zum Hoffenheimer Trainingsgelände und dem alten „Ditmar Hopp Stadion". Leider wurden wir zwölf „Regionalscouts" nach einigen Monaten aus finanziellen Gründen abgeschafft und somit auch meine Aufgabe.

Obwohl diese Zeit ein unvergessliches Erlebnis für mich ist, glaube ich nicht, dass ich diese Aufgabe über einen sehr langen Zeitraum hätte ausüben wollen. Insbesondere die weiten Fahrten und auch das manchmal schlechte Wetter bei den Beobachtungen waren nicht immer angenehm.

So war ich über das Ende auch nicht traurig und betrachte diese Zeit als kleine herausragende Episode.

Weil ich noch immer eine sehr starke Bindung zum Verein habe, kann ich mir so gut wie nie ein Spiel bis zum Ende anschauen. Eine Niederlage und jubelnde Gegner nach dem Abpfiff wären für mich unerträglich. Deshalb verschwinde ich meistens schon in der Halbzeit und lasse mich dann überraschen. Meine Freunde und Bekannten haben dafür kein Verständnis; haben aber auch nicht so lange und mit so viel Herzblut für „meinen Verein" gearbeitet.

Ohne diese „Fußballverrückten" können Vereine, ob groß oder klein, nicht erfolgreich arbeiten und im Konkurrenzkampf bestehen.

10. Kapitel
Das Schlachten

Das Schlachten fand früher immer in der kalten Jahreszeit statt, denn zum einen hatte man damals noch nicht die heutigen Möglichkeiten der Kühlung und zum anderen hatten nur im Winter die sogenannten „Hausschlachter" Zeit. Hausschlachter waren in der Regel Maurer, die sich diese Fähigkeiten angeeignet hatten. Um dieses Handwerk zu erlernen, wurden sie von einem alten Schlachter in die Materie eingewiesen. Sie sind „mitgegangen", wie man es nannte. Maurer standen zur Verfügung, weil sie grundsätzlich im Winter „stempelten". In der Baubranche war Winterruhe und der Betrieb hatte die Beschäftigten arbeitslos gemeldet. Diese Hausschlachter waren in der Schlachtsaison begehrte Leute, sodass man schon rechtzeitig einen Termin vereinbaren musste. Normalerweise bestellte man immer denselben Schlachter, denn nicht nur die Rezepturen waren von Haushalt zu Haushalt unterschiedlich, sondern sie hatten auch verschiedene Vorgehensweisen. Der „Hausschlachter" unterschied sich von dem gelernten Fleischer, der auch als „Blockschlachter" bezeichnet wurde, im Wesentlichen dadurch, dass er nicht nach exakt vorgegebenen Mengenangaben arbeitete, sondern er arbeitete mit dem „Handgewicht" und schmeckte ab. Das barg allerdings auch gewisse Gefahren in sich. Wenn nämlich im Laufe des Tages etwas zu viel Alkohol im Spiel gewesen war, konnte es schon einmal vorkommen, dass die Wurst versalzen war. Gefährdet war vor allem die Mettwurst, weil sie erst gegen Abend abgeschmeckt wurde. Zum

Glück blieben wir von solchen Unannehmlichkeiten verschont und waren mit dem Ergebnis immer zufrieden.

Der Verkauf von Schweinen war eine wichtige Einnahmequelle für unseren kleinen landwirtschaftlichen Betrieb. Das erklärt auch die relativ große Anzahl in unserem Stall. Überwiegend wurden betriebseigene Produkte verfüttert. Nur etwas Fischmehl kam zur Mast hinzu. Dieses wurde aber ungefähr eine Woche vor dem Schlachttermin abgesetzt, da man befürchtete, dass das Fleisch sonst nach Fisch schmecken oder riechen könnte.

Der geplante Schlachttermin richtete sich aber auch danach, ob die Schweine schon „soweit waren“, das heißt, ob sie ein bestimmtes Gewicht erreicht hatten.

Die Schweine, die für den eigenen Verbrauch vorgesehen waren, wurden etwas länger gefüttert. Während die anderen mit etwa 110 kg verkauft wurden, hatten die für den eigenen Verzehr vorgesehenen ein Gewicht von 130 kg oder mehr.

Vor dem Tag des Schlachtens musste der Tierarzt informiert werden, um die Trichinenuntersuchung durchzuführen. Mir ist allerdings kein positiver Befund bekannt. Die Schlachter gaben schon vorab grünes Licht. Sie hatten einen geübten Blick dafür, ob ein Trichinenbefall vorlag. Aber die offizielle Freigabe erfolgte laut Gesetz erst nach der Untersuchung.

Bereits am Vortag waren einige Dinge zu erledigen.

Verarbeitet wurde das Fleisch in der Schweineküche. Auf der rechten Seite befanden sich rechts und links von dem in der Mitte stehenden Schornstein mit Ziegelsteinen gemauerte Feuerstellen in denen große Kessel eingelassen waren. Im hinteren wurden die Kartoffeln für die Schweine gekocht, deshalb von uns als „Schweinekessel“ bezeichnet. Der vordere war für die Kochwäsche reserviert. Dieser „Waschkessel“ wurde am Vortag gründlich gereinigt, weil darin das Fleisch gekocht werden sollte.

Vorne, auf der linken Seite der Schweineküche führte eine Treppe auf den kleinen Boden, wo sich eine Räucherkammer befand, die für die Hausschlachtung unverzichtbar war. In der Mitte der Schweineküche führte eine Tür in den Stall, in dem die Ferkel und etwa sechzehn Schweine gehalten wurden. Im hinteren Bereich waren auch noch zwei oder drei Kälber untergebracht.

Für das Schlachten musste am Tage zuvor ein großer Tisch genau in der Mitte der Schweineküche aufgebaut werden. Er diente jetzt nur noch diesem Zweck und stand vorher in der angrenzenden Imkerkammer. Bei der früheren Korbimkerei wurden darauf auch die Honigwaben verarbeitet. Dieser Tisch war etwa 250 x 100 cm groß und wurde vor dem Schlachten gründlich mit heißem Wasser gesäubert.

In den Tagen vor dem Termin waren schon Gläser und Dosen hergerichtet worden. Der Rand der Dosen musste abgeschnitten werden. Der benachbarte Kolonialwarenladen war im Besitz eines solchen speziellen Gerätes. Damit wurden später die mit Wurst gefüllten Dosen auch verschlossen; sie wurden „zugedreht“.

Die benötigten Zutaten mussten rechtzeitig besorgt werden. Die meisten Sachen konnten wir im benachbarten Laden kaufen. Dieses waren: Schwarzer und weißer Pfeffer sowie Nelkenpfeffer. Hafergrütze und Wurstmehl (grobes Roggenmehl), dann noch Zwiebeln aus eigenem Anbau und schließlich noch Salz. Andere Haushalte haben noch verschiedene Kräuter und Gewürze verwendet, wir blieben stets bei diesen Standartzutaten.

Ob noch genug Wurstband vorhanden war, wurde auch überprüft.

Außerdem mussten noch der Schweinetrog und die Schweineleiter aus dem Schuppen geholt werden.

Der Trog wurde mit Wasser gefüllt, um die Dichtigkeit zu prüfen. Durch das lange Stehen im trockenen Schuppen hätte er eventuell „auseinandergetrocknet" sein können. Das war nur selten der Fall. Ansonsten hätte das eingefüllte Wasser dazu geführt, dass das Holz aufquellen würde und er somit wieder dicht wäre.

Die Schweineleiter war ungefähr zwei Meter lang aber bedeutend breiter, als eine normale Leiter.

Nun war alles hergerichtet. Der Tag des Schlachtens konnte kommen.

Der Schlachter während meiner frühen Kindheit wohnte außerhalb des Dorfes und kam schon früh am Morgen mit dem Fahrrad angeradelt. Seine Utensilien waren auf dem Gepäckträger und in einem Rucksack verstaut. Er trug einen blau-weiß-gestreiften Kittel. Das Vieh war schon versorgt worden und der Kessel angeheizt. Man würde bald heißes Wasser benötigen. Als „starker" Mann kam noch mein Onkel hinzu. Der wurde zu Anfang der Prozedur dringend gebraucht.

Zunächst ging es in den Stall, um das richtige Schwein auszusuchen.

„Wer soll es denn sein?" (Zumeist aber auf Plattdeutsch: „Keen schal et denn sien?"), fragte der Schlachter meine Mutter, die sozusagen die „Schweinebeauftragte" war, denn für die Schweine war meistens die Hausfrau zuständig.

Bei der Auswahl der Schweine für den eigenen Verbrauch entschied man sich gerne für ein weibliches Schwein, eine Sau. Eine Sau liefert die besseren Schinken, so hieß es. Aber auch ein „Borg“ wurde geschlachtet. Als Borg wurde ein männliches Schwein bezeichnet, das als Ferkel kastriert worden ist. Ein solches Schwein wurde manchmal notgedrungen genommen, wenn die zur Schlachtung vorgesehene Sau ausgerechnet am Schlachttag „gebrust“ hatte – rauschig war oder besser gesagt: sich in der Brunft befand. Das Fleisch hatte in diesem Fall eine nicht so gute Qualität.

Nachdem das Schwein bestimmt war, befestigte der Schlachter einen Strick um das rechte Hinterbein des Schweines und führte es hinaus.

In diesem Zusammenhang gibt es eine kleine Anekdote:

Als ich etwa fünfzehn Jahre alt war, verlief bei dieser Aktion nämlich nicht alles wie geplant. Der Schlachter hatte zwar das ausgesuchte Schwein vorschriftsmäßig aus dem hinteren Stall in den langen Schweinestallgang geführt, aber dabei war ihm leider der Strick aus den Händen geglitten und das Schwein erfreute sich plötzlich seiner kurzen Freiheit. Ich hielt mich zu diesem Zeitpunkt etwa in der Mitte des Ganges auf und wollte breitbeinig stehend und beidseitig mit den Armen rudernd das Schwein aufhalten. Dieses nahm jedoch den direkten Weg, nämlich den durch meine breigestellten Bein und ich kam unversehens rücklings auf dem Schwein zu sitzen. Auf dessen Hinterteil abstützend legte ich einige Meter in unserem Schweinestall als „Schweinereiter“ zurück. Natürlich zum großen Gaudi der zum Glück wenigen Zuschauer. Geheim geblieben ist diese sportliche Einlage natürlich nicht und ich bin später immer mal wieder damit aufgezogen worden. Auch der Schlachter hat sicher bei seinen anderen Kunden oft amüsiert von meinem Ritt auf dem Schwein berichtet. Schließlich ist es aber doch den geplanten Gang gegangen und auf der Schlachtbank gelandet.

Nach alter Tradition, aber auch aus damals vorherrschenden fachlichen Gründen, mussten die Schweine auf den Trog zum Liegen kommen. Das erwies sich stets als schwierig, denn sie waren oft nicht kooperativ und weigerten sich beharrlich, auf der Schlachtbank Platz zu nehmen. War das Schlachtschwein endlich in die gewünschte Stellung gebracht, wurde auch am vorderen rechten Bein ein Strick befestigt, und dann Vorder- und Hinterbein durch die unter dem Trog liegenden Hölzer mit dem Strick festgezurrt. Nun bedurfte es zweier kräftiger Männer, um die obenliegenden Beine festzuhalten. Dann setzte der Schlachter den Bolzen-Apparat auf die Stirn des Schweines. Ein dumpfer Knall zeigte an, dass das Opfer erlöst war.

Das Blut aus der angestochenen Halsschlagader wurde in einer mit etwas kaltem Wasser gefüllten Schüssel aufgefangen und musste stetig gerührt werden, um durch die einsetzende Gerinnung nicht zu verklumpen. Sicher nicht sehr angenehm für die Hausfrau, die meistens diese Arbeit übernehmen musste.

Nach der damals vorherrschenden Ansicht, musste das Schwein erhöht auf dem Trog liegen, um vollkommen auszubluten. Die nachfolgenden Generationen der Schlachter schossen die Tiere sobald sie draußen zum Stehen gekommen waren. Was deutlich stressfreier war, vor allem, wenn sie das Tier noch beruhigend hinter dem Ohr kraulten.

Das ausgeblutete Schwein wurde dann in den wie ein Sarg anmutenden Trog mit dem Bauch nach unten hineingesetzt. Die Vorderbeine nach vorne ausgestreckt, die Hinterbeine dementsprechend nach hinten. Unter dem Bauch hindurch war eine Eisenkette gelegt. Nun wurde das Schwein abgebrüht. Dazu brauchte man genau temperiertes, heißes Wasser. Der Schlachter fügte entsprechend kaltes Wasser zu dem kochend heißen hinzu, bis die Temperatur seinen Ansprüchen genügte. Dann überbrühte er das Schwein. Eine Arbeit, die nur ihm allein oblag. Nur er allein entschied, wann genug gebrüht worden war. Dann wurde das Schwein abgeschabt, um die Borsten und feine Oberhaut zu entfernen. Dazu benutzte man sogenannte „Glocken". Das sind ca. 15 cm lange „Tüten" aus Metall, die an der offenen Seite relativ scharf sind und an der spitzen Seite in einem Haken enden, der bald noch zum Einsatz kommen sollte.

Als kleines Kind durfte man dabei auch ein wenig helfen und den hinteren Teil bearbeiten. Beim Schlachtvorgang selbst war es uns nicht erlaubt, sich vorne aufzuhalten. Wenn man den Mut dazu hatte, konnte man das Schwein vielleicht am Schwanz festhalten. Somit war man in das Procedere eingebunden und hatte das Gefühl, eine wichtige Funktion innezuhaben.

Nachdem die Kette unter dem Schwein hin und her gezogen worden war, um auch auf der Bauchseite die Borsten zu entfernen, wurden dem Schwein „die Schuhe ausgezogen", wie der Schlachter gerne dazu sagte. Jetzt kamen die beschriebenen Haken an den Glocken zum Einsatz. Die

Fußzehen sind mit einer Hornschicht versehen. Hinter dieser setzte man den Haken an und hielt das betreffende Bein hoch. Vorsichtig goss der Schlachter dann fachmännisch Brühwasser über den Fuß, bis sich die „Schuhe“ relativ leicht von den Zehen abziehen ließen. Danach kam die Schweineleiter zum Einsatz. Vorsichtig wurde sie unter das Schwein geschoben und dann auf den Trog abgelegt. Jetzt konnte mit dem Feinschliff begonnen werden. Das Schwein wurde „rasiert“. Zuerst wusch man es mit kaltem Wasser ab, und bearbeitete es dann mit äußerst scharfen Schlachter-Messern.

Heutzutage werden die Borsten mit einem Gasbrenner abgebrannt, und es muss nur noch etwas nachgearbeitet werden. Wenn das Schwein dann frei von Borsten war, sah es aus, wie aus dem Ei gepellt.

Schwierigkeiten bereiteten nur die Pfoten und der runzelige Kopf. Diese Teile mussten später in der Küche nachgereinigt werden. Die damaligen Schweine hatten einen gedrungenen Körperbau und eine sehr schrumpelige Stirn. Spätere Züchtungen hatten ein schlankes, langes Schwein als Ziel. Dadurch wurde das Kotelett länger, und sie hatten auch einen geringeren Fettanteil.

Das geputzte Schwein lag nun mit dem Rücken auf der Leiter. An den Hinterbeinen wurde die Achillessehne freigelegt und an beiden Beinen – zwischen Knochen und Sehne – ein Krummholz geschoben. Dieser fast armdicke Stock hatte am Ende eine widerhakenähnliche Verdickung, die verhinderte, dass die Beine abrutschen konnten. Nachdem das Krummholz mit Stricken an der obersten Sprosse festgebunden worden war, wurde die Leiter mit dem kopfüber hängenden Schwein mit vereinten Kräften an die Wand des Schweinehauses gestellt.

Nun wurde das Tier „aufgebrochen“, wie es so schön in der Jägersprache heißt. Dabei wird vorsichtig von oben beginnend die Bauchdecke geöffnet. Man könnte auch sagen, dass jetzt der Unterricht in Anatomie begann.

Zunächst kamen die herausgelösten Därme samt Magen in eine Holzmolle. Der Schwanz und das darunter befindliche Gewebe wurde herausgeschnitten und nicht weiter verwendet. Es sei denn, man wollte Schabernack damit treiben, und es einer Person auf den Rücken oder unter die Schürzenbänder anhängen. Den anderen Teil, zu dem auch der Harnleiter gehört, habe ich oft in einen großen Apfelbaum geworfen. Für die Meisen war es ein Leckerbissen, den sie gerne angenommen haben. Dieses Stück sowie die Augen und die Galle fanden keine Verwendung. Alles andere wurde verarbeitet. Die gereinigte Blase wurde wie ein Luftballon aufgeblasen, und über dem Küchenherd zum Trocknen aufgehängt und am Nachmittag daraus einige Hüllen für die Mettwurst genäht.

Nach den Därmen entnahm man vorsichtig die Innereien. Dabei war besonders auf die an der Leber sitzende Galle zu achten. Sie durfte auf keinen Fall verletzt werden. Mit äußerster Vorsichtig wurde sie abgelöst und auf dem Misthaufen entsorgt. Die Lunge und die Leber schnitt der Schlachter an. Hatte die Lunge einige bläuliche Flecken wurde angenommen, dass das Schwein wohl mal Husten oder eine Lungenentzündung gehabt hatte. Ob das wirklich so ist, kann ich nicht beurteilen.

Die Innereien wurden in einer mit kaltem Wasser gefüllten Zinkwanne zwischengelagert; das Schwein mit gezielten Axtschlägen oder mit dem Haumesser in zwei Teile zerteilt. Auch der Kopf wurde gespalten. Vorsichtig entnahm man das Hirn und legte es in eine Tasse mit kaltem Wasser, um es später in der nach ihm benannten Bregenwurst als Beigabe zu verwenden. Jetzt wurde das Wasser aus dem Trog vorsichtig abgegossen, sodass nur die Borsten und die „ausgezogenen“ Schuhe übrig blieben. Diese Reste wurden vom Schlachter sorgsam in ein mitgebrachtes Netz getan. Auf die Frage, was er denn damit machen wolle, antwortete er mir: „Da wird Maggi draus gemacht!“ Ob das stimmte? Jedenfalls gab es dafür einen Abnehmer.

Nun war das erste Etappenziel erreicht, und nach dem Motto: „Wenn das Schwein am Haken hängt, wird erstmal einer eingeschenkt!“, gab es den wohlverdienten Schluck aus der Buddel, und man ging zum Frühstücken. Beim Frühstück wurde ausführlich besprochen und festgelegt, was alles aus dem Schwein gemacht werden sollte. Welche Würste, wie viele Schinken (einer oder zwei), und Speck oder welche Bratenstücke man haben wollte. Es wurde also entschieden, was alles in den Kessel zum Garen musste und was roh verarbeitet werden sollte

Nach dem Frühstück machte sich der Schlachter manchmal einen Spaß daraus, Kinder, die etwa zehn Jahre alt waren, zu veralbern. „Ich habe gestern bei Müllers geschlachtet, und dort meine Darmhaspel vergessen. Geh bitte mal hin und hol das Gerät!“, sagte er zu seinem „Opfer“. Bei Müllers wurde dann darüber herzlich gelacht, denn eine Darmhaspel gibt es gar nicht, aber man hatte dort auch etwas Mitleid mit dem veräppelten Kind. Ich hatte jedoch Glück und wurde von meinen Eltern rechtzeitig gewarnt.

Weniger Glück hatte allerdings mein Freund aus der Nachbarschaft, denn auch bei den Maurern waren solche Scherze üblich. Als er interessiert zuschaute, wie eine Steinmauer fachgerecht aufgesetzt wurde, sagte der Altgeselle zu ihm, dass man dringend einen „Steinhobel“ und eine „Bogenschnur“ benötige und er möchte doch zum in der Nähe befindlichen Betriebshof gehen und beides holen. Als er dort den Chef antraf, wusste dieser gleich worum es ging. Er bat um etwas Geduld, denn er müsse die Sachen erst einmal suchen. Kurze Zeit später kam er mit einer Karre wieder in der sich ein großer gefüllter Sack befand. Stolz schob mein Freund die schwere Karre zu den Maurern. Wahrscheinlich hatten diese gar nicht damit gerechnet, dass der Chef auf diesen Scherz eingehen würde, daher war das Gelächter groß als der Inhalt ausgeschüttet wurde. Es befanden sich darin nur Ziegelsteine. Damals war meinem Freund sicher nicht zum Lachen zumute. Wenn er heute davon erzählt, sieht es allerdings anders aus.

Jetzt aber wieder zum Schlachten!

Nach dem Frühstück wurde das Schwein, beginnend mit dem Kopf, in Einzelteile zerlegt. Zunächst wurden die an der Innenseite sitzenden „Flomen“ abgelöst, und in der Speisekammer zum Abkühlen und „Aushärten“ auf ein weißes Leinentuch ausgebreitet.

Wie in der Frühstückspause besprochen, landeten die einzelnen Teile in einer mit kaltem Wasser gefüllten Zinkwanne oder im Kessel.

Ein großer Hauklotz von etwa 80 cm Durchmesser diente zum Zerlegen des Fleisches, und fand ausschließlich beim Schlachten Verwendung.

Nachdem diese Arbeit abgeschlossen war, widmete sich der Schlachter den Därmen. Da sie später mit Wurst gefüllt werden sollten, mussten sie gründlich gereinigt werden. Das Säubern der Därme geschah zumeist in der Nähe des Misthaufens, auf dem die Futterreste aus dem Magen-und Darmtrakt landeten. Nachdem sie gründlich in Salzwasser gesäubert worden waren, wurde ein Ende umgestülpt und der Schlachter goss warmes Wasser in diese „Umstülpung“, so dass sich der Darm praktisch im Darm umdreht. Der ursprünglich äußere Darm wird dadurch zum inneren und ist somit nie mit Verdautem in Berührung gekommen.

Da der Inhalt des Kessels noch eine Weile kochen musste, hatte der Schlachter nun Zeit, das übrige Fleisch für die jeweilige Verwendung zurechtzuschneiden.

Es ist manchmal schwierig zu entscheiden, wie man das Fleisch des Schweines verwertet. Möchte man zwei Schinken räuchern und dazu noch etliche Braten haben, würde zwangsläufig weniger Fleisch zum Wurstmachen übrig bleiben. Wir haben daher mehrmals im Winter geschlachtet. Dann war das eine Schwein eben ein „Wurstschwein“ und ein anders ein „Fleischschwein“, aus dem man dann überwiegend Schinken und Braten machen konnte. Manchmal wurden aber auch zwei Schweine an einem Tag geschlachtet, um sowohl genügend Wurst als auch Fleisch zu haben.

War das „Kesselfleisch“ nach Ansicht des Schlachters gar, wurde es mit einer großen hölzernen Schöpfkelle aus dem Kessel genommen und in Holzmollen gelegt; die Fleischbrühe in Eimer abgefüllt. Sie diente als Zugabe bei der Wurstherstellung. Ein Teil wurde auch eingekocht. Der Rest, zu deren Freude, an Nachbarn verteilt.

Nun ging es an die Zubereitung und die Einteilung für die einzelnen Wurstsorten. Ganz bestimmte Teile mussten in besonders kleine Würfel geschnitten werden. Sie kamen in die Rotwurst und Leberpastete, die nach einem speziellen Hausrezept hergestellt wurden. Andere Teile wurden separat für die Magensülze, die Kopfsülze und das Sauerfleisch gelagert. War das Kochfleisch auf dieser Art und Weise verarbeitet, konnte mit dem Wurstmachen begonnen werden.

Folgende Würste wurden bei uns nun der Reihe nach hergestellt:

Leberwurst

Die Zutaten wurden zweimal durch den Fleischwolf gedreht. Zunächst nahm man die grobe, dann die feinere Scheibe. Nach dem ersten Mal kam die Holzmolle mit der Wurst an die frische Luft, zum Abkühlen. Von Zeit zu Zeit musste der grobe Brei umgerührt werden. Beim zweiten Mal wurde der „Brei“ mit einem Löffel in den Fleischwolf eingefüllt und noch einmal durchgedreht. Die Kurbel am Fleischwolf musste mit der Hand bedient werden. Eine mühsame Arbeit, bei der auch die Kinder zum Einsatz kamen. In späteren Zeiten kam allerdings eine elektrischer Fleischwolf zum Einsatz. Damit ging es schneller und einfacher! Als Gewürze nahmen wir nur Salz und weißen Pfeffer. Hinzu kamen noch Zwiebeln und etwas Brühe. In manchen Haushalten wurde auch eine „Zwiebelwurst“ gemacht, die einen wesentlich höheren Anteil an Zwiebeln hatte und auch etwas fetter war. Unsere Leberwurst kam überwiegend in den Dünndarm. Dazu wurde das Ende des Darmes über einen Ring gestülpt und durch diese Öffnung füllte der Schlachter die Masse ein. Ein Teil der Wurst wurde aber auch in Dosen oder Gläser abgefüllt. Zu Würsten geformt wurde der Dünndarm dann mit einem Wurstband abgebunden. Dieses auf Länge zugeschnittene Band kam bei allen Würsten zum Einsatz. Für uns Kinder machte der Schlachter gerne kleine Würste, die „Kinderwürste“. Wir freuten uns darüber, denn so hatten wir unsere eigenen, speziellen Würste. Großzügig haben wir aber unseren Erziehungsberechtigten erlaubt, auch davon zu essen.

Leberpastete

Zu einem Teil des Leberwurstbreis wurde zusätzlich Leber genommen und ausgelassene Butter und feingewürfeltes, durchwachsenes Fleisch dazugegeben. Diese Mischung, als Leberpastete ausschließlich in Dosen abgefüllt, war eine Delikatesse der besonderen Art.

Rotwurst

Diese Wurst wurde nur zu einem Teil durchgedreht. Zugefügt wurden fein gewürfeltes Kochfleisch und Speckkrampen. Hinzu kamen Salz, weißer Pfeffer, Nelkenpfeffer, Wurstmehl und Zwiebeln. Und natürlich auch Blut; deshalb wird diese Wurst manchmal auch als Blutwurst bezeichnet. Abgefüllt wurde sie in den Dickdarm, aber auch in Dosen und Gläsern.

Beutelwurst

Zu diesem Teil der Rotwurst wurde wesentlich mehr Wurstmehl genommen. Zusätzlich kam kleingeschnittene Zunge und relativ mageres Fleisch in die Masse. Insgesamt war die Beutelwurst nicht ganz so fett wie die normale

Rotwurst. Abgefüllt wurde sie überwiegend in selbstgenähte dünne Leinenbeutel, aber auch in Dosen. Später konnte man fertige Beutel kaufen.

Magensülze

Hierfür wurde auch grobgeschnittene Schwarte verwendet, die zusammen mit den anderen Zutaten in den Magen eingefüllt wurde. Dieser kam dann, genau wie die Leber- und Rotwürste zum Brühen in den Kessel. Anschließend wurde sie genau wie die anderen Würste geräuchert.

Kopfsülze

Kopfsülze ist relativ fett. Die ebenfalls grobgeschnittene Masse, hauptsächlich aus Schweinebacke bestehend, wurde in ein Leinentuch gefüllt, gepresst und mit einem Stein bedeckt in Salzlake gelegt.

Sauerfleisch

Kleingeschnittenes Bauchfleisch wurde in gezuckertem Essigwasser gekocht und in Steinkrüge abgefüllt. Auch die Schweinepfoten wurden gerne hinzugegeben; denn dadurch wurde erreicht, dass die Masse gut gelierte.

Grütz- oder Pottwurst

Zu dieser durchgedrehten Masse wurde viel Hafergrütze hinzugefügt. Der Unterschied von Grütz- zu Pottwurst ist der, dass zur Pottwurst etwas Blut genommen wurde und sie daher eine dunklere Farbe hatte. Beide Wurstvarianten wurden in Dosen abgefüllt.

Mettwurst

Das für die restlichen Würste vorgesehene rohe Fleisch wurde mit einer groben Scheibe durchgedreht. Bei einer feineren Scheibe war die Mettwurst im Ergebnis entsprechend feiner. Wir bevorzugten aber die grobe Schweinemettwurst. Manche Familien haben noch Rindfleisch dazugekauft. Dadurch wurde die Wurst dann etwas fester und bekam auch einen anderen Geschmack. Das haben wir aber nicht gemacht.

Als Gewürz haben wir lediglich Salz und schwarzer Pfeffer verwendet. Nachdem alles intensiv durchgeknetet worden war, presste man das Mett fest in den „Stopfapparat“. Dieser Apparat ist etwa ofenrohrgroß. Auf der einen Seite geht dieses „Ofenrohr“ in der Mitte in ein etwa 3 cm dickes und 15 cm langes Rohr über. Darüber wurde der zu füllende Darm gestülpt. Auf der anderen Seite wurde eine passende Scheibe eingesetzt, die, durch eine Spindel angetrieben, die Masse in den Darm presste. Das Drehen der Spindel musste vorsichtig geschehen, damit die Wurst nicht platzte. Beim Einfüllen stach der Schlachter mit einer zweizinkigen Gabel in den Darm, um eventuell eingeschlossene Luft entweichen zu lassen und weil die Wurst beim späteren Räuchern dadurch das Aroma besser aufnehmen konnte. Wenn das Stopfen der Mettwurst nicht sorgsam genug gemacht war, konnte es passieren, dass sich Luftblasen im Inneren befanden, welche die Haltbarkeit einschränkten. Wenn die Würste dadurch später vom Schimmel befallen wurden oder gar sauer geworden waren, mussten sie leider entsorgt werden. Was man natürlich auf jeden Fall vermeiden wollte!

Die Zeit des Mettwurstmachens bleibt mir aus einem speziellen Grund unvergessen. So wie mir, wird allen Kindern, die die Hausschlachtung miterlebt haben, ein bestimmter kulinarischer Genuss unvergessen bleiben.

Von der Rohmasse der Mettwurst wurde „heimlich" eine kleine Menge geklaut, zu einem Kloß gedreht und in den Kessel zu den Würsten gegeben. Da man als Kind dazu eingeteilt war, mit einer großen hölzernen Schöpfkelle, die Würste immer wieder unter Wasser zu drücken, damit diese nicht platzten, hatte man natürlich die Kesselgewalt. So konnte man kontrollieren, wann die „Fleischklöße" gar waren. Sie hatten durch das Wurstwasser einen unvergleichlichen Geschmack. Zusätzlich zu dieser so unvergesslichen Erinnerung hat aber sicherlich auch das Ambiente im Schlachtraum beigetragen. Der Schlachter hat diesen „Mettwurstklau" aber nicht so gerne gesehen und bald sein Veto eingelegt. Aber zwei, drei Klöße waren schon erlaubt.

Abgefüllt wurde die Mettwurst in Därmen, die aus der Haut der Flomen und der Blase genäht worden waren. Auch Leinensäckchen kamen zur Anwendung. In späteren Zeiten wurden zu dieser Wurst aber nur noch gekaufte Därme verwendet.

Bregenwurst

Während für die Mettwurst auch Teile der Schinken verarbeitet wurde, bestand die Bregenwurst überwiegend aus Schulterfleisch. Wie der Name schon sagt, kam der Bregen hinzu und neben Salz und schwarzem Pfeffer auch noch Hafergrütze. Sie wurde ebenfalls mit dem „Stopfapparat" in den Dünndarm abgefüllt. Zwar konnte man später die geräucherte Pelle nicht mitessen, aber der Inhalt hatte einen unvergesslichen Geschmack. Ein Vergleich mit der heute angebotenen Wurst führt immer wieder zur Aussage „aber so gut wie früher schmeckt sie nicht!“

Mett mit Schnauze

Für diese einmalige Delikatesse hatte der Schlachter leider oft nur wenig Material zur Verfügung. Wie schon erwähnt: man kann nicht alles haben. Aber um einige Dosen damit füllen zu können, hat es meistens doch gereicht. Zu dem Mett kam, wie es der Name schon sagt, noch gewürfeltes Fleisch von der Schnauze und Backe; zusätzlich noch etwas Brühe.

Nachdem das „Wurstfleisch“ schließlich verarbeitet worden war, wurde der Tisch gründlich gereinigt; die Leber- und Rotwürste sowie der Magen aus dem Kessel genommen und zum Auskühlen auf dem Tisch ausgebreitet. Die Bregen- und Mettwürste wurden zunächst auf Stäben im Keller aufgehängt, um, im wahrsten Sinne des Wortes, abzuhängen und kamen erst später in den Rauch.

Für den Schlachter waren die Arbeiten in der Schweineküche abgeschlossen. Aber er hatte doch noch etwas zu erledigen. Im Keller befand sich ein gemauerter Trog mit einem größeren und einem kleineren „Fach“. Das dafür vorgesehene Fleisch musste eingesalzen (gepökelt) werden. In das kleinere Fach kamen überwiegend Knochenteile, wie zum Beispiel die **„Eisbeine“.** Das andere Fach nahm den **Schinken**, die **Speckseiten** und das ebenfalls zum Räuchern vorgesehene **Kasseler Kotelett** auf.

Erst jetzt, nachdem der Schlachter seine Aufgaben endlich erledigt hatte, konnte gemeinsam am reichlich gedeckten Abendbrottisch Platz genommen werden. Neben seiner Entlohnung erhielt er auch noch die traditionell von ihm eingeforderte Leberwurst. Sie diente ihm wohl als eine Art von „Qualitätsnachweis." Das ist allerdings nur eine Vermutung von mir, weil über den wahren Grund nicht gesprochen worden ist. Der Schlachter hatte nun Feierabend, aber für die Hausfrau war die Arbeit noch nicht beendet. Nachdem die Dosen beim Nachbarn, mit beschrifteten Deckeln versehen, zugedreht worden waren, mussten sie noch im Kessel etwa zwei Stunden „eingekocht" wurden. So war es schon recht spät, als der Schlachtetag endlich beendet war.

Am nächsten Morgen wurden dann die Leber- und Rotwürste sowie die Magensülze in der Räucherkammer aufgehängt. Die Späne zum Räuchern haben wir aus einer Sägerei geholt. Der größte Anteil bestand wohl aus Buche. Diese Holzart wurde bevorzugt, weil sie den idealen Rauch erzeugt. Der jetzt noch existierende rechteckige „Räucherofen" ist mit Ziegelsteinen aufgesetzt und hatte Seitenlängen von etwa 80x70 cm. Er ist bei einer Höhe von 70 cm nach oben offen. Auf der Vorderseite ist eine Öffnung, durch die glühende Kohle eingefüllt wurde. Die Sägespäne mussten leicht angefeuchtet werden, damit sie schön räucherten. Das war eine Wissenschaft für sich und erforderte viel Erfahrung.

Die Würste wurden unterschiedlich lange geräuchert. Die Leberwürste zum Beispiel meistens nur einmal. Eine Woche später kamen dann auch die abgehängten Mett- und

Bregenwürste in den Rauch. Die in Salz eingelegten Teile, wie Schinken oder der „Fette Speck" erst nach drei Wochen und blieben dort für längere Zeit hängen. Angeschnitten werden durfte der Schinken jedoch einer alten Regel zufolge erst dann, wenn der Kuckuck das erste Mal gerufen hatte. Aber daran hat man sich nicht immer gehalten. Dieser ungefähre Zeitraum wurde festgelegt damit gewährleistet war, dass der Schinken auch gut ausreifen konnte.

Nachdem diese Arbeiten erledigt waren, ging es in der Küche an die „Schmalzproduktion". Die in der Speisekammer auf einem weißen Leinenlaken ausgebreiteten Flomen wurden in feine Streifen geschnitten und gewürfelt und dann in einem großen Topf aus Zink zu **Schmalz** ausgelassen. Das Fett goss man durch ein Sieb, in dem die „Grieben" verblieben. Diese wurden ein wenig zerstoßen und unter einen Teil des gewonnen Schmalzes gerührt. Das ergab das beliebte **„Griebenschmalz"**. Aufbewahrt wurden beide Schmalzarten in Tonkrüge.

Das als Braten vorgesehene Fleisch musste auch noch verarbeitet werden. Die **Bratenstücke** wurden fertiggebraten und in sogenannte „Stülpgläser" gefüllt, die etwas größer als die normalen Gläser waren. Das Braten und Einkochen des Fleisches war sehr zeitaufwendig, und nahm nicht selten noch den folgenden Tag in Anspruch.

Waren alle Arbeiten erledigt, hatte das „Schlachteköst", wie es von uns auf „plattdeutsch" genannt wurde, endlich seinen Abschluss gefunden. Frei übersetzt könnte man es als „Fest" bezeichnen, aber davon kann eigentlich keine

Rede sein, denn es war mit anstrengender, schweißtreibender Arbeit verbunden.

Schlussbemerkung

Die hier beschriebene Hausschlachtung schildert die Gegebenheiten so, wie ich sie zu Beginn der 50er Jahre noch miterlebt habe, und wie sie auch in den Jahrzehnten davor waren. Es gab noch nicht die Möglichkeit des Einfrierens. Als das später auch in „normalen" Haushalten möglich wurde, hat sich der Ablauf etwas verändert, aber nicht grundlegend!

Welche Konservierungsmöglichkeiten hatte der Mensch grundsätzlich in früheren Zeiten? Die natürlichste Art war das Trocknen (Dörren) und das Räuchern. Auch die Möglichkeit des Konservierens durch natürliche Säure (Milchsäure durch Gärung, wie beim Sauerkraut), durch Salz, Alkohol und Zucker. Das ist auch heute noch gängige Praxis. Das Einkochen in Dosen und (Weck)Gläsern ist eine relativ späte Erfindung. Sie eröffnete ganz andere Möglichkeiten. Recht lange hatte man aber schon die Möglichkeit, mit Eis zu kühlen und frisch zu halten. Dafür wurden im Winter große Eisblöcke in speziellen Teichen und Seen zugeschnitten und dann in „Eiskellern" verbracht. Je nach Bedarf konnte man mit zerstoßenem Eis die zu kühlenden Waren dann „auf Eis legen". Oft reichten diese Vorräte bis weit in den Sommer hinein. Diese Kühlungsart findet auch heute noch vor allem in der Fischindustrie Anwendung.

In diesem Zusammenhang erinnere ich mich auch noch an eine andere bei uns praktizierte Art, die Haltbarkeit von Wurstwaren zu verlängern. In der warmen Jahreszeit wurden insbesondere die restlichen Leber- und Mettwürste in

Zeitungspapier gewickelt und in die Brennkammer des großen Stubenofens gelegt. Durch den angeschlossenen Schornstein war immer eine kühle Zugluft vorhanden. Diese luftgetrockneten Würste hatten einen unvergleichbaren Geschmack.

Erst durch die Entwicklung strombetriebener Gefrierschränke und Truhen wurden die Konservierungsmöglichkeiten entscheidend verbessert.

Vor allem die Landbevölkerung war finanziell noch nicht so gestellt, dass sie sich schon einen Eisschrank kaufen konnte. Deshalb gab es in den Dörfern sogenannte „Kühlhäuser", die mit einem riesigen Gefrierschrank ausgestattet waren. Dieser Gefrierschrank hatte viele kleine Fächer, die angemietet werden konnten.

Nachdem sich die finanzielle Situation verbessert hatte, schafften sich die Familien aber nach und nach eigene Gefriergeräte an. So war die Vorratshaltung über einen längeren Zeitraum gegeben. Die Kühlhäuser wurden nicht mehr benötigt, stehen aber heute noch in manchen Orten und werden anderweitig genutzt.

Vielfach wird die Massentierhaltung, teilweise auch berechtigt, scharf verurteilt. Wahrscheinlich ist sie jedoch nötig, um den Bedarf zu decken, denn die Gegebenheiten haben sich in den letzten Jahrzehnten sehr verändert. Gerade in ländlichen Gebieten war die Hausschlachtung früher weit verbreitet. Viele sogenannten „Kleinen Leute" hatten sich dafür ein Schwein zur Selbstversorgung gehalten und für die Futtergewinnung oft ein kleines Stück Ackerland bewirtschaftet.

Ich kann mich nicht erinnern, dass wir zur damaligen Zeit Fleischwaren zusätzlich eingekauft haben. Nur Produkte aus eigener Erzeugung kamen auf den Tisch. Die große Ausnahme war bei uns das Essen am Heiligabend. Traditionell gab es „Wiener Würstchen". Mein Vater wies dabei fast immer ausdrücklich darauf hin, dass für sie ein „Saitlingsdarm" (so nennt sich der Schafdarm) genommen wird. Mein Opa bekam, auf seinem besonderen Wunsch hin, stets eine „Breslauer", die heute besser unter dem Namen „Gekochte" bekannte ist. Dazu aßen wir selbstgemachtes Sauerkraut und Salzkartoffeln. Mit diesem Essen verbinde ich noch heute meine Erinnerungen an das Weihnachtsfest meiner Kindheit. Rückblickend bedaure ich mit etwas Wehmut, dass heute aus den unterschiedlichsten Gründen bei uns eine andere Mahlzeit üblich ist.

Die allgemeine Annahme, dass das damalige Essen sehr „fleischlastig" war, kann ich aus meiner Erfahrung heraus nicht bestätigen; zumindest für unsere Familie. Oh nein! Die Küche war äußerst ausgewogen, sodass man durchaus von einer „gesunden" Ernährung sprechen kann. Und, worauf ein besonderes Augenmerk gelegt werden sollte, man wusste genau, was auf den Teller kam. Fast alles stammte aus eigener Produktion. Sicherlich waren einige Gerichte fetthaltiger als heute, aber die meisten Menschen hatten früher viel mehr Bewegung, was zu einem höheren „Verbrennungswert" führte. Stoffwechselkrankheiten traten viel seltener zutage oder waren noch gar nicht bekannt.

Heute ist es noch erlaubt, für den Eigenbedarf Hausschlachtungen durchzuführen. Aber es gibt kaum noch Schlachter, die die alten Rezepte kennen. Ganz selten werden noch Hausschlachter durch das „Mitgehen" angelernt. So verschwinden nach und nach viele alte traditionelle Rezepturen. Zusätzlich ist das Schweinefleisch zunehmend in Verruf gebracht und als ungesund eingestuft worden. Vielleicht liegt es auch daran, dass das Fleisch, das wir heute kaufen, durch die Schnellmast qualitativ nicht mehr so hochwertig ist, wie zu früheren Zeiten; es eine andere Beschaffenheit und nach eigener Einschätzung auch einen anderen Geschmack hat. Leider wird dem Verbraucher auch noch vermittelt, dass es ein Zeichen von Frische sei, wenn verarbeitetes Fleisch rot aussieht. Gekochtes unbehandeltes Fleisch hat jedoch eine graue Färbung. Ebenso Wurst aus gekochtem Fleisch. Um dem Käufer die angebliche Frische von Fleisch und Wurst anhand der roten Farbe vorzugaukeln, wird das Fleisch unter anderem mit Pökelsalz behandelt, und die Wurst mit unzähligen Zusätzen versehen. Das ist nur schwer zu verstehen.

Unser letzter Hausschlachter war gelernter „Blockschlachter" und somit ein Fachmann mit Handwerksbrief. Er hat es immer strikt abgelehnt, gespritztes (rötliches) Fleisch zu essen. Er wird dafür seine Gründe gehabt haben.

Den Menschen, die ein „Schlachtefest" noch erlebt haben, bleibt heute nur noch die Möglichkeit, der jungen Generation mit verklärtem Blick vorzuschwärmen, wie es damals bei diesem „Fest" zugegangen ist und wie die damaligen Produkte so einzigartig geschmeckt haben.

11. Kapitel
Die Kartoffelernte

Dienstag, der 28. September 1954. Es ist genau 15.30 Uhr.

Die Arbeiterinnen und Arbeiter die schon seit 13.00 Uhr auf dem Feld sind, versammeln sich um ein Laken aus weißem Leinen, das unter einem schattenspendenden Eichbaum auf dem Boden ausgebreitet worden ist. Darauf stehen Tassen und ein köstlich duftender Pflaumenkuchen. Die emaillierte Kaffeekanne wird aus dem Korb genommen in dem sie in ein Kissen gehüllt war, um den Kaffee warm zu halten.

Der ausgeschenkte Kaffee ist kein „richtiger“, sondern ein Kaffeeersatz der Firma „Bonisto“. Wir haben diese Sorte gekauft, weil oben in der Packung kleine Figuren oder Autos lagen, mit denen wir Kinder spielen konnten.

Nachdem die schmutzigen Hände kurz an der Kleidung, bei den Frauen handelte es sich dabei meistens um eine sogenannte „Sackschürze“ aus groben Leinen, abgerieben worden waren, wurde in gemütlicher Runde im Gras Platz genommen.

Es ist Kartoffelernte und für genau eine halbe Stunde wird nun Pause gemacht.

Für meine Schwester und mich, fünf und sieben Jahre alt, ist diese Zeremonie ein unvergessliches Erlebnis. Neben uns beiden sind noch meine Eltern und Großeltern sowie drei bekannte Frauen aus dem Dorf anwesend. Heute sind es also fünf Sammlerinnen. In der Regel waren es immer dieselben Frauen, die als zusätzliche Hilfe bestellt wurden. Die Arbeit in dieser Zeit ist schwer und mühsam, aber die Pausen werden trotzdem bei uns peinlich genau eingehalten.

Bei uns! Das ist eine kleine Landwirtschaft, zu der 24 Morgen eigenes Land und acht Morgen gepachtetes gehören. Damals wurde die Größe der bewirtschafteten Flächen in Morgen angegeben. Ein Morgen ist 2500 m^2 groß. Zu dieser Zeit sind wir noch sogenannte „Kuhbauern“; wir spannen Kühe für die Arbeiten an.

Die Zeit, als die Kartoffeln noch mit einem Kartoffelpflug durch „Kuhkraft“ aufgepflügt wurden, habe ich nicht mehr erlebt. Auch den dann folgenden „Pluster“ kenne ich nur vom Hörensagen und alten Filmaufnahmen. Hierbei wurden die Kartoffeldämme durch ein schnell drehendes Rad an dem mehrere viergliedrige Metallzinken angebracht waren, in einen mitlaufenden Korb geschleudert und dann in einer Reihe abgelegt. Dieses Gerät wurde von Pferden aber auch von Kühen gezogen. Eine neue Reihe konnte erst dann „aufgeplustert“ werde, wenn alle Kartoffeln aufgesammelt waren. Jedem Sammler wurde ein bestimmter Abschnitt der Reihe zugewiesen. Hier mussten die Kartoffeln aufgesammelt und selbstständig in die bereitgestellten Säcke gefüllt werden. Als Gefäße benutzte man aus Weidenruten geflochtene Kiepen und Mollen. Waren alle fertig, folgte die nächste Reihe. Das war sicherlich ein langwieriger Ablauf, wurde aber in der damaligen Zeit als erheblicher Fortschritt angesehen und war eine wesentliche Erleichterung der Arbeit.

In der Anfangszeit des Kartoffelanbaus wurden die Knollen noch mit einer Kartoffelhacke per Hand „zutage“ gebracht. Aber das ist schon lange her.

Im 16. Jahrhundert gelangten diese Knollen durch die Spanier von Lateinamerika zunächst auf die Kanarischen Inseln. Von dort aus eroberte sie im Laufe der Jahrhunderte ganz Europa.

Erst im 18. Jahrhundert wurde sie auch auf deutschem Gebiet vereinzelt angepflanzt. Der Durchbruch gelang in den 70er Jahren des 19. Jahrhunderts als Friedrich II., der „Alte Fritz", seine Beamten anwies, dafür zu sorgen und zu überwachen, dass alle Bauern Kartoffeln anbauten. Damit sollte die Ernährung der Bevölkerung gewährleistet werden, denn die Getreideernte reichte damals nicht mehr aus. Vor allem dann, wenn sie nicht sehr ergiebig war.

Paradoxerweise herrschte in Irland, wo es die Kartoffeln schon länger gegeben hatte, eine große Hungersnot, weil es in den Jahren von 1845 bis 1848 hintereinander eine verheerende Missernte gegeben hatte. Durch schlechte Witterungsbedingungen war durch die gefürchtete Kraut- und Knollenfäule Phytophtora fast die gesamte Ernte vernichtet worden. Eine große Auswanderungswelle von Irland in die USA und anderen Ländern war die Folge. Heute ist diese Krankheit immer noch sehr gefürchtet, jedoch gibt es nun Spritzmittel, die die Fäule wirksam bekämpfen.

Die gleichen Probleme gibt es übrigens auch bei der verwandten Tomate, die ebenfalls zur Gattung der Nachtschattengewächse gehört.

Eine große Gefahr für die Kartoffelpflanze ist aber auch der Kartoffelkäfer. Nicht unbedingt der Käfer selbst, sondern die rötlichen, gefräßigen Larven, die sämtliche Blätter einer Pflanze auffressen können. Oft sind wir Kinder durch die Kartoffelreihen gegangen, um dabei zu helfen, die Larven und Käfer abzusammeln.

Da die Kartoffelpflanze auch noch von anderen Krankheiten befallen werden kann, ist ihr Anbau nicht ganz unproblematisch. Leider wurden in der Anfangszeit vereinzelt irrtümlich auch die grünen Beeren der Pflanze verzehrt. Diese sind jedoch genauso giftig wie die grünen Stellen auf der Knolle, die entstehen wenn sie dem Sonnenlicht ausgesetzt ist.

Die Kartoffeln, die an diesem 28. September 1954 auf unserem Acker geerntet werden, sind am Morgen von einem befreundeten Großbauern mit seinem zweireihigen Kartoffelroder aufgepflügt worden. Bei diesem Gerät werden die „Erdäpfel" gesiebt und dann in einer Reihe abgelegt. Sie verstecken sich also nicht mehr in der Erde und brauchen „nur" noch aufgesammelt werden.

Hört sich leicht an und ist auch einfacher als in früheren Zeiten, aber zuweilen auch sehr mühsam; denn in diesen Reihen liegen auch viele Steine und vor allem oft Berge von Unkraut, das sich auf dem Feld ausgebreitet hatte. Bei lehmigen Stellen auf dem Acker sind dann auch noch die harten Erdkluten, die durch das Roden nicht zerkleinert wurden, ein unangenehmes Hindernis.

Genau nach einer halben Stunde, also Punkt 16.00 Uhr ist die Kaffeepause beendet und es geht wieder an die Arbeit. Die fünf Sammlerinnen setzen sich in Reihe und Glied vor die jeweils zugewiesene Kartoffelreihe und beginnen wieder, emsig zu sammeln. Dabei ist jede bemüht, immer auf gleicher Höhe in der Reihe zu sein. Es will sich niemand nachsagen lassen, nicht schnell genug zu sein. Fast ununterbrochen wird sich über dieses und jenes unterhalten. Dabei wird natürlich auch getratscht, Neuigkeiten aus dem Dorf ausgetauscht.

Mein Vater ist dafür zuständig, dass die vollen Drahtkörbe immer rechtzeitig geleert werden. Er ist der „Auskipper“. Wenn er nicht schnell genug ist, könnte eine Frau bei einem vollen Korb nicht weitersammeln und bliebe dadurch etwas zurück und müsste sich dann sputen, um sich wieder in die Reihe einzugliedern. Deshalb ist dann von der betroffenen Frau ein lautes, langgedehntes „K-o-r-b“ zu vernehmen. Gerne wurde daher eine gerade Anzahl von Sammlerinnen zusammengestellt, weil man dann als „Auskipper“ die Reihen gleichmäßiger bedienen konnte.

Bei fünf Sammlerinnen ist mein Vater heute aber nicht voll ausgelastet und so fordere ich ihn zu einem Wettlauf heraus. Das haben wir schon häufiger gemacht, aber meistens unmittelbar nach der Kaffeepause. Heute also schnell mal zwischendurch. Ich hatte schon den ganzen Nachmittag gequengelt und diesen Lauf gefordert. Ich will unbedingt beweisen, dass ich fixer bin als dieser alte Herr. Dabei ist mein Vater gerade einmal 37 Jahre alt. Aber eigenartigerweise wird er von uns Kindern als alt angesehen. So war es übrigens auch bei unseren Lehrkräften in der Schule...

Jetzt kann der Wettkampf beginnen.

Die Frauen stellen sogar für kurze Zeit ihre Arbeit ein und verfolgen interessiert unser Duell. Nachdem wir uns auf eine entsprechende Strecke geeinigt haben, kann gestartet werden. Ich, barfuß mit kleinen, schnelle und mein Vater, in groben Arbeitsschuhen mit raumgreifenden Schritten, laufen dem Ziel entgegen. Leider hat es für mich heute nicht gereicht. Knapp geschlagen steht für mich aber sogleich fest, dass es eine Revanche geben muss, denn in den zurückliegenden Läufen bin ich auch schon ab und zu als Sieger am Ziel angelangt. In den nächsten zwei Tagen habe ich noch einmal eine Chance, danach werden alle Kartoffeln geerntet worden sein. Na, ja! Mein Vater wird das wohl so gesteuert haben, dass ich auch mal gewinnen konnte.

Unsere Kartoffeln wurden damals noch in Kartoffelsäcke gefüllt. Diese Säcke waren unter Verwendung einer Schablone mittels Teerfarbe mit dem Namenszeichen meines Großvaters versehen. In der Nachkriegszeit wollte man sich so gegen einen Diebstahl schützen.

Bei den großen Bauern, die schon mit Traktoren wirtschafteten waren bei der Ernte schon Anhänger, im Volksmund als „Gummiwagen" bezeichnet, im Einsatz auf die die Körbe ausgekippt wurden.

Um dem „Auskipper" die Arbeit etwas einfacher zu gestalten und damit er auch schnell genug sein konnte, war es gut wenn noch ein „Sackaufhalter" vor Ort war. Schon sehr früh wurden wir Kinder mit dieser Aufgabe und auch anderen leichten Arbeiten betreut. Zu der Zeit war es selbstverständlich, dass die Kinder bei der Arbeit mithalfen. Außerdem mussten sie mit aufs Feld, weil ja zuhause niemand auf sie aufpassen konnte.

Da mein Opa heute der „Sackaufhalter" ist, können meine Schwester und ich unbeschwert auf dem Acker spielen. Wir bauen mit den Steinen kleine Straßen, türmen Berge auf oder bauen Sandburgen. Sehr beliebt ist bei uns auch das „Spargelstechen-Spiel". Dabei werden vom Spielkameraden die nackten Füße tief in die Erde eingebuddelt und, wie beim echten Spargelfeld, noch ein kleiner Damm aufgehäufelt und glatt geklopft. Wenn nun der große Zeh vorsichtig bewegt wird, bricht die glattgeklopfte Erde, wie beim Spargel, etwas auf und man muss mit einem schnellen zielgerichteten Griff in den Untergrund versuchen, den Zeh zu erwischen. Die Freude beim Eingebuddelten war groß, wenn der Versuch misslang. Was allerdings selten passierte.

Der verklärte Blick zurück in diese Zeit besagt, dass es während der Kartoffelernte **immer** sehr warm war und die Sonne am blauen Himmel strahlte. Wir sind auch **immer** barfuß auf dem Acker herumgelaufen. Weihnachten lag früher ja auch **immer** Schnee. …

Aber vielleicht war es bei der Kartoffelernte tatsächlich so; denn bei regnerischem Wetter wurden in der Regel keine Kartoffeln aufgepflügt.

Wenn es uns zu langweilig wurde, haben wir auch ab und zu den Frauen beim Sammeln geholfen. Natürlich vor allem unserer Mutter. Ob das aber wirklich eine Hilfe war, sei einmal dahingestellt. Zwischendurch habe ich auch meinem Opa beim Sackaufhalten geholfen. Wie stolz war ich doch, wenn ich ganz allein den Sack richtig aufgehalten hatte und dafür ein Lob von meinem Vater, dem „Auskipper", einheimste. Es erforderte nämlich etwas Übung, um den Sack so aufzuhalten, dass der Korb mühelos ausgekippt werden konnte.

Da es Ende September schon Nachtfröste geben kann, wurden möglichst nur so viele Kartoffeln gerodet, die auch aufgesammelt werden können. Temperaturen unter null Grad schädigen die Knollen erheblich. Sie schmecken dann süß, sind somit unverkäuflich und auch nicht lange lagerfähig.

An diesem 28. September ist die Menge gut berechnet und weil die Sammlerinnen sehr fleißig waren sind die letzten Knollen schon zehn Minuten vor 18.00 Uhr, dem offiziellen Ende der Arbeitszeit, im Sack.

Für die Frauen ist jetzt Feierabend. Für die Männer aber noch nicht, denn die vollen Säcke müssen noch entleert werden. Sie werden am nächsten Tag ja wieder gebraucht. Mein Opa holt mit den angespannten Kühen einen Ackerwagen, auf den dann die Säcke mit vereinten Kräften geladen werden. Dafür kommt ein Ladestock, man kann auch sagen „ein Knüppel", zum Einsatz. Zu zweit wird jeweils ein Zipfel am oberen Ende des Sackes gepackt und der Stock im unteren Drittel angesetzt, um den Sack dann mit Schwung auf den Wagen abzusetzen. Ist der Wagen voll, geht es zur vorbereiteten Kartoffelmiete und die Säcke werden dort entleert. Weil sie dafür auf den Buckel genommen werden und das Auskippen eine staubige Angelegenheit ist, bietet eine „Sackzipfelmütze" etwas Schutz. Angefertigt wird diese indem man bei einem sauberen Sack die Zipfel des geschlossenen Endes ineinander steckt und so eine lange Zipfelmütze erhält.

Ist diese Arbeit erledigt, geht es bei einsetzender Dämmerung zurück ins Dorf auf unseren Hof.

Nachdem das Vieh versorgt ist, sitzt die Großfamilie schließlich bei einem gemeinsamen Abendessen am reichlich gedeckten Tisch.

Das Tagwerk ist vollbracht.

12. Kapitel
Kartoffeln sortieren

Unsere Schweine wurden überwiegend mit Kartoffeln gefüttert. Dazu mussten diese aber stets gekocht werden, Das geschah in einem großen Kessel im Schweinehaus. Die Kartoffeln für die Schweine waren zum Teil bei den Speisekartoffeln aussortiert worden, aber auch dafür angebaute spezielle Futterkartoffeln.

Bei den Speisekartoffeln gab es unterschiedliche Sorten. Einmal die festkochenden wie zum Beispiel „Hansa“ oder mehlige, die dann für Stampfkartoffeln oder Klöße verwendet wurden. „Ackersegen“ und „Bona“ waren Namen alter Sorten, die wir auch angebaut haben. Während die Futterkartoffeln überwiegend in einen separaten Futterkeller im Schweinehaus eingelagert wurden, kamen die für den Eigenverbrauch vorgesehenen Speisekartoffeln in den Wohnhauskeller. Der Rest musste zum Überwintern in Erdkuhlen als Kartoffelmiete aufbewahrt werden.

Dazu wurde die Erde einer langen Miete etwa 30 cm tief und 1,50 m breit ausgehoben. Die darin aufgehäufelten Kartoffeln wurden dann dick mit langem Roggenstroh eingedeckt und danach per Hand mit der Steinforke mit einer etwa 15 cm dicken Erdschicht versehen. Zusätzlich wurde die Miete noch mit zusammengeschlepptem Kartoffelkraut abgedeckt. Obwohl man sich die größte Mühe gegeben hatte, konnte es trotzdem bei sehr starken Wintern und Ostwind an undichten Stellen zu Frostschäden kommen. Weil sich dann die Stärke in Zucker umwandelte, waren die betreffenden Kartoffeln später unverkäuflich. Ein noch größerer Schaden konnte jedoch entstehen, wenn die Knollen dadurch faulten und andere ansteckten. Ich kann mich an ein Jahr erinnern als wir Mitte November die Miete noch nicht mit Erde abgedeckt hatten und unerwartet Frostwetter mit starkem Ostwind einsetzte. Da unsere Miete stets in Nord-Süd-Richtung angelegt war, hatte sie vom kalten Ostwind eine volle „Breitseite“ bekommen. Die Folge davon war, dass in vielen Bereichen die Knollen gefroren waren. Was war zu tun? In mühevoller Arbeit haben wir uns durch das Stroh getastet, um die gefrorenen Kartoffeln zu entfernen. Dabei waren nicht nur die Kartoffeln, sondern auch unsere Hände zu Eisklumpen gefroren. Aber die Arbeit hatte sich gelohnt und es gab über den Winter hinaus keine großen Verluste. Eine gewisse Sorge war allerdings vorhanden, erwies sich aber beim späteren Öffnen der Miete als überflüssig.

Um Kartoffeln abliefern zu können, müssen sie vorher sortiert werden.

Unsere alte „Kartoffelsortiermaschine“ wurde noch per Hand mit einer Kurbel angetrieben. Nach der Ernte haben wir oft bei uns auf dem Hof Kartoffeln „gesichtet“, wie wir diesen Vorgang nannten. Dann wurden die Säcke vom Wagen aus in die Maschine geschüttet. Im Frühjahr wurde diese Arbeit jedoch meistens direkt an der Kuhle verrichtet. Dazu musste die Maschine auf eine Schleppe, deren Kufen mit einem Eisenband beschlagen waren, verfrachtet und zum Feld gezogen werden. Als wir ab 1956 einen kleinen Trecker besaßen, kauften wir einen „moderneren“ Sortierer der dann mit einem Treibriemen angetrieben werden konnte. Das war eine große Erleichterung, zumal sie mit einem „Verleseband“ ausgerüstet war auf dem die Kartoffeln nun ruhig lagen und nicht mehr so hin und her sprangen wie auf den Sieben der alten Maschine. Außerdem hatte sie auch eine praktische Absackvorrichtung an der zwei Säcke durch Umschalten gefüllt werden konnten. So war es möglich, dass man beim Abwiegen die Maschine weiterlaufen lassen konnte. Bei der alten konnte man die Kartoffeln zwar auch gleich in Säcke abfüllen, aber beim Sackwechsel musste die Maschine kurz angehalten werden.

Die Hilfskräfte zum Kartoffelsortieren wurden vorher im Dorf bestellt. Das waren meistens die gleichen Frauen, die schon beim Sammeln geholfen hatten. Für das „Aufforken" aus der Miete war ein kräftiger Mann gefragt, weil die Kartoffeln von der Miete ganz nach oben mit einer Kartoffelforke in die Maschine befördert werden mussten. Diese Arbeit wurde bei dem späteren neuen Sortierer wesentlich erleichtert, weil nun ein Förderband eingesetzt wurde. Die Kartoffeln brauchten also nur noch auf gleicher Höhe aufgeforkt werden.

Für das Aussortieren von verfaulten und beschädigten Kartoffeln sowie das Entfernen von mitgesammelten kleinen Steinen standen an der Maschine meistens vier Frauen. Wovon eine davon für das Auskippen der durch die Siebe gefallenen und aufgefangenen kleinen Kartoffeln zuständig war. Hierfür gab es zwei verschiedene Siebgrößen. Zunächst fielen die ganz kleinen Kartoffeln in den „Bunker" und danach die etwas größeren. Eigenartigerweise mussten auch die zu großen Kartoffeln mit einem entsprechenden Sieb aussortiert werden. Es gab also auch damals schon vorgegebene Normen.

An der Absackvorrichtung war ebenfalls ein starker Mann gefragt, denn die vollen Säcke mussten zunächst auf der Dezimalwaage auf einen Zentner genau abgewogen und dann in Reih und Glied aufgestellte werden. Anfangs wurden die Säcke noch mit Bindfäden zugebunden; später konnte man die Säcke durch kurze Drähte mit einem speziellen Haken „zuröteln“. Dafür war auch noch eine Frau eingeteilt.

Als wir uns 1956 den Trecker gekauft hatten, wurde gleichzeitig auch ein kleiner Kippanhänger angeschafft. Nun wurden die Kartoffeln bei der Ernte nicht mehr in Säcke abgefüllt, sondern gleich auf diesen Wagen gekippt. Außerdem konnten die Kartoffeln jetzt beim Sortieren direkt vom Wagen aus in die Maschine geforkt werden. Dieses wurde vor allem gleich nach der Ernte so praktiziert. Manchmal haben wir aber auch im Frühjahr die Kartoffeln aus der Miete auf diesen Hänger geladen und dann auf dem Hof oder in der 1963 errichteten Scheune sortiert. Dieses Beladen der Wagen war zwar mühsame Handarbeit aber so musste die Maschine nicht aufs Feld transportiert werden und man konnte zuhause sortieren.

Sicher wäre es möglich gewesen, gleich nach der Ernte alle Kartoffeln abzuliefern. Das hatte allerdings den großen Nachteil, dass in dieser Zeit oft kein guter Preis zu erzielen war, weil das Angebot sehr groß war. Es wurde zwar trotzdem ein Teil gleich verkauft, aber der größere Teil wie beschrieben eingemietet. Die Großbauern hatten allerdings für die Speisekartoffel schon spezielle Scheunen errichtet, die auch heute zum Teil noch dafür genutzt werden. Reine Stärkekartoffeln werden allerdings hier und da in große Mieten auf dem Feld bis zur Abfuhr zwischengelagert.

Wenn man damals Kartoffeln abliefern wollte, wurde zunächst mit dem ortsansässigen Händler ein Preis ausgehandelt. Es war wohl eher so, dass er den Preis bestimmte, denn richtige Konkurrenz hatte er bei uns nicht. Bevor der Händler die Kartoffeln abnahm, wurde von ihm noch eine Qualitätsprüfung durchgeführt. Stichprobenartig entnahm er aus verschiedenen Säcken Kartoffeln und kontrollierte, ob sie sauber nach Größe sortiert und alle kranken oder grünen Kartoffeln aussortiert waren. Obendrein wurden dann noch etliche Knollen aufgeschnitten, um zu prüfen, ob sie Stippen hatten oder gar hohl waren. Nur einwandfreie Ware hatte ihren Preis, der wiederum in erster Linie davon abhing, ob die Gesamterntemenge gut oder schlecht ausgefallen war. Für die Bauern war das ein Teufelskreis. War die Ernte erfreulich gut, wurde der Erlös durch den niedrigen Preis erheblich gemindert. Eine schlechte Ernte dann aber wiederum durch einen höheren Preis etwas ausgeglichen. Heute ist diese Problematik nicht mehr so ausgeprägt, weil die Kartoffelfelder fast immer beregnet werden und dadurch gute Ernten gewährleistet sind.

Manchmal ist es leider vorgekommen, dass der Händler bei der Herbstlieferung mit der Qualität nicht zufrieden war, weil ihm die Knollen zu schorfig waren. Dann hat er uns geraten, sie zu überwintern, denn danach habe die Schale eine dunklere Färbung und der Schorf würde nicht so sehr auffallen.

Wir waren jedenfalls immer froh, wenn der Händler unsere Ware für gut befunden hat. Dies war auch zugleich eine Auszeichnung für die Frauen an der Sortiermaschine, die sehr aufmerksam und gewissenhaft gearbeitet hatten. Aber auch alle anderen Mitarbeiter hatten ihren Anteil an den stets guten Ergebnissen bei unserem „Kartoffelsortieren“.

13. Kapitel
Der Rübenanbau

Der Anbau von Rüben beschränkte sich in unserem Betrieb während meiner frühen Kindheit und auch jahrzehntelang davor nur auf Steck- und Runkelrüben. Sie dienten fast ausschließlich als Viehfutter. Gelegentlich wurden Steckrüben aber auch in der Küche verarbeitet; zum Beispiel als Suppe.

Die Saat wurde mit einer einreihigen von Hand geschobenen sogenannten „Dippelmaschine“ ausgebracht. Während sie bei den „Runkeln“, wie diese Rübenart im Sprachgebrauch genannt wurde, in der Reihe etwas weiter voneinander entfernt gesät wurde, lagen die Steckrübensamen sehr dicht beieinander. Die „Runkeln“ wurden dann nach dem Auflaufen mit der Hacke „verhauen“, wie dieser Vorgang in der landwirtschaftlichen Fachsprache genannt wird und dadurch auf den gewünschten Abstand gebracht. Anschließend mussten sie noch per Hand vereinzelt werden.

Die Steckrüben konnten deshalb so eng beieinander aufwachsen, weil sie bei einer gewissen Höhe zum Verpflanzen gezogen und jeweils zu einem „Schock“, das ist ein altes Zählmaß und besteht aus 60 Pflanzen (5 Dutzend), abgelegt wurden. Die nächstgrößere Einheit wäre das „Gros“ mit 12 Dutzend, also 74 Pflanzen. Vorher hatte man genau berechnet, wie viele Pflanzen für den vorgesehenen Acker erforderlich waren. Auf dem frisch gepflügten Land wurden sie dann, immer hinter dem Pflug her, von Hand gepflanzt; in die Erde gesteckt. Daher auch ihr Name „Steckrübe“. Als wir keine Kuhbauern mehr waren, das heißt nicht mehr mit Kühen ackerten und einen kleinen Trecker besaßen, schafften wir uns für diese mühevolle Arbeit bald eine „Steckrüben-Pflanzmaschine" an. Zwar mussten zwei Frauen auf dieser Maschine die Pflanzen noch einlegen, aber der Arbeitsablauf war im Vergleich zu vorher wesentlich einfacher.

Beide Rübensorten bilden ihre Knolle obererdig aus; die Steckrübe in runder und die rotgefärbte Runkelrübe in länglicher Form. Bei der Ernte müssen beide mit der Hand herausgezogen und in Reihen abgelegt werden. Mit einem speziellen schmalen Spaten mussten zunächst die Blätter abgestochen werden. Während das Blatt der Steckrüben auf dem Acker verblieb, wurden die Runkelblätter zum größten Teil an das Vieh verfüttert. Gerne haben wir zwischen den Steckrüben auch verschiedene Kohlsorten gepflanzt. Im heimischen Garten war der Befall mit den Raupen des Kohlweißlings sehr groß und der Schaden enorm; während hier auf dem Feld die Schmetterlinge kaum unterwegs waren.

Über die Art und Weise, wie die Rüben auf den Wagen zu verladen werden sollten, gab es richtige „Glaubenskriege". Die umstrittene Frage war, ob man mit der Forke hineinstechen sollte oder nicht. Es bestand nämlich die Gefahr, dass die Rüben an den Einstichstellen zu faulen begannen. Meine Großeltern, das belegen alte Bilder, haben noch mit den Händen aufgeladen, aber zu meiner Zeit sind wir dazu übergegangen, die Forke zu nehmen. Gelagert wurden diese Futterrüben bei uns im Rübenkeller, der sich in unmittelbarer Nähe zum Kuhstall befand. Der Rest kam in eine Miete auf dem Feld und wurde, genau wie die Kartoffeln, mit Stroh und Erde gegen die Fröste im Winter geschützt. Dieser Futtervorrat reichte dann bis in das Frühjahr hinein wenn die Kühe wieder auf die Weide konnten.

Für das Kuhfutter wurden die Rüben mit einer speziellen „Rübenmühle“ zerkleinert. Das große Schwungrad musste dabei mit der Hand betätigt werden. Das habe ich noch so erlebt; aber es wurde bald ein kleiner Elektromotor angebracht, der diese anstrengende Arbeit über einen Treibriemen übernommen hat. Das „Menü“ für die Kühe bestand aus diesen zerkleinerten Rüben, dazu kam noch „Kaff“, wie man die Reste vom Dreschen wie Spreu und Ähren nannte. War dieses nicht mehr vorhanden, wurde dafür Stroh mit der Häckselmaschine per Muskelkraft zerkleinert. Als Futter kam noch betriebseigenes Getreideschrot hinzu. Die dafür benötigte Schrotmühle wurde mit einem kräftigen Motor angetrieben, der auf einem kleinen geschlossenen Wagen installiert war. Dieser Motor wurde auch zum Dreschen benutzt. Von Zeit zu Zeit kam ein Steinmetz vorbei, der die Mühlsteine fachgerecht „schärfte“.

Die Runkeln wurden auch im Schweinestall verfüttert. Dazu dienten ursprünglich die mit Muskelkraft erzeugten groben Schnitzel aus dem Kuhstall. Sie wurden in Kiepen in den Schweinestall gebracht. Das war aber nicht mehr nötig, als wir einen elektrisch betriebenen „Schnitzler“ für die Schweineküche angeschafft hatten. Diese „Schweinemahlzeit“ war bedeutend feiner geschnitzelt, weil man annahm, dass sie so für die Schweine leichter verdaulich wäre.

Von Berichten weiß ich, dass für einige Jahre nach dem Krieg von uns Zuckerrüben angebaut worden sind. Zwar mussten die Rüben noch mit einer speziellen zweizinkigen Grabegabel per Hand mühevoll aus den Boden gezogen werden, aber das nahm man gerne in Kauf. Sie dienten nämlich dem „Eigenbedarf", denn aus dem Saft wurde in den „schlechten Jahren" nach dem Krieg nicht nur der leckere Sirup gewonnen, sondern in unserer Schweineküche auch Schnaps „schwarz" gebrannt. Davon zeugte eine Kupferschlange, die ich in späteren Jahren in einem Schuppen entdeckte. Als diese Brennerei nach der Währungsreform vorbei war, war auch mit dem Anbau der Zuckerrüben Schluss; denn zum Verfüttern waren diese nicht geeignet.

Mit dem erwerbsmäßigen Anbau von Zuckerrüben haben wir erst wieder begonnen, als mein Vater 1962 Aktien der Zuckerfabrik Uelzen erworben hatte. Damit wurde auch eine Verpflichtung zur Lieferung einer bestimmten Menge von Rüben eingegangen. Anfangs konnte nur derjenige Zuckerrüben anbauen, der im Besitz von Aktien war. Später wurden aber auch zusätzliche Kontingente zugewiesen.

Allerdings war der Anbau von Zuckerrüben wie ich ihn in meiner Kindheit erlebt habe, im Vergleich zu heute noch sehr arbeitsintensiv. Ausgesät wurde die Saat mit einer ganz normalen Drillmaschine. Die damals zur Verfügung stehenden Saatkörner waren knorrige, rundliche Gebilde, die bis zu vier Keimlinge beherbergen konnte. Das hatte zur Folge, dass die kleinen Pflanzen ganz dicht beieinander standen. Aber das war so nicht gewollt und erforderte damals die folgenden Arbeiten:

1. Arbeitsgang

Wenn die Rübenreihen gut zu verfolgen sind wird das Unkraut zwischen den Reihen mit einer hinter einem Traktor angebrachten „Hackmaschine“ mechanisch gehackt. Es bleibt danach nur ein schmaler Streifen mit den Rübenpflanzen unbearbeitet stehen.

2. Arbeitsgang

Die Rüben werden mit einer normalen Hacke per Hand „verhauen“. Das heißt in Hackenbreite soll möglichst immer nur eine Rübe stehen bleiben. Das gelingt aber selten, weil die Pflanzen sehr dicht beieinanderstehen.

3. Arbeitsgang

Die Rüben werden nun „verzogen“. Dabei kriecht man auf den Knien und hat eine Reihe zwischen den Beinen und jeweils eine rechts und links. Es werden alle überschüssigen Pflanzen und noch vorhandenes Unkraut herausgezogen, sodass dann nur noch eine in einem gewissen Abstand verbleibt. Diese Arbeit kann zuweilen sehr unbequem sein, wenn der Boden hart oder mit vielen Steinen versehen ist. Sie ist mühselig und es ist viel Geduld angesagt.

Bei mir ist dabei eine gefährliche Situation in Erinnerung verblieben. Ich mag vielleicht dreizehn oder vierzehn Jahre alt gewesen sein, als ich zusammen mit meiner Mutter und meiner Schwester beim Verziehen war und bei bedecktem Himmel ein Gewitter vermeintlich in der Ferne herumgrummelte. Als dann aber völlig unverhofft ein Blitz in unmittelbarer Nähe niederging und ein ohrenbetäubender Donnerschlag folgte, sind wir alle drei geschockt aufgesprungen und kamen erst am Feldrand, wo wir uns mit schlotternden Knien eingefunden hatten, wieder zur Besinnung. Natürlich sind wir unverzüglich mit dem Fahrrad nachhause gefahren. Das Gewitter ist aber verschwunden und es hatte nur diesen einen bedrohlichen Schlag gegeben. Es stellt sich die Frage, wo der Blitz niedergegangen wäre, wenn wir nicht gekniet, sondern auf dem Acker gestanden hätten.

4. Arbeitsgang

Nachdem zwischen den Reihen noch einmal maschinell gehakt worden ist, wird mit der Hacke per Hand rund um die Rübenpflanze das Unkraut weggehackt. Dieser Vorgang wird als „Rundhacke" bezeichnet.

5. Arbeitsgang

Da trotz des vielen Hackens immer noch Unkraut verblieben ist und später aus den geschlossenen Rübenreihen herausragt, muss deshalb abschließend durch das Feld gegangen werden, um dieses herauszureißen. Wenn es sich dabei um Melde handelt, die oft wie ein Tannenbaum ausgebildet ist, ist das recht anstrengend; wenn aber Disteln herauszuziehen sind, ist das mit bloßen Händen zusätzlich auch noch sehr unangenehm. Heute ist es selbstverständlich, dass man Arbeitshandschuhe tragen würde, damals war das aber noch verpönt.

Diese Arbeitsgänge waren bei den großen Bauern mit dem eigenen Personal nicht zu bewältigen. Deshalb wurde um zusätzliche Hilfe gebeten. Aus dem Dorf haben sich dann Leute gemeldet, die diese Arbeit übernehmen wollten. Es sind dafür Parzellen in der Größe von einem Morgen (2500 m^2) am Feldrand abgesteckt worden, die dann von den betreffenden Personen in der geschilderten Reihenfolge zu bearbeiten waren. Das geschah nach Feierabend oder in sonstiger Freizeit. Dafür gab es pro Morgen hundert Mark.

Trotz der mühseligen Arbeit war das für viele Menschen ein willkommener Zuverdienst.

Die Ernte erfolgte früher mit der schon erwähnten zweizinkigen Grabegabel in mühevoller Handarbeit. Als wir jedoch wieder mit dem Anbau begannen, hatten wir uns einen „Kopfschlitten“ zugelegt, der vom Trecker gezogen wurde und zweireihig zunächst die Köpfe der Rüben abtrennte. Das Rübenblatt wurde dann mit einer „Blattforke“, die es drei- oder vierzinkig gab und vorne kleine Knöpfe hatte damit man nicht in die Rübenköpfe hineinstechen konnte, zu kleinen Haufen zusammengeworfen; anschließend auf einen Wagen geladen und zu einer Blattmiete gefahren. Um das Blatt auch später verfüttern zu können, machte man daraus durch Gärung jetzt „Blattsilage“; vergleichbar mit unserem Sauerkraut. Dazu wurde es mit dem Trecker Schicht für Schicht festgefahren und zum Schluss zunächst mit Stroh und danach mit Erde abgedeckt. Die Luftzufuhr sollte minimiert werden, um Fäulnis zu verhindern. Das gelang bei dieser Methode aber nicht ganz und die oberste Schicht war dann verdorben. Als später jedoch statt des Strohs eine breite Plastikfolie zum Einsatz kam, gab es so gut wie keine Verluste mehr.

Nachdem das Feld geräumt war, konnte die Ernte der Rüben beginnen.

Für die Kartoffelernte hatten wir damals einen einreihigen Roder, eine „Wühlmaus“, angeschafft. Dafür gab es einen speziellen Vorsatz mit dem die Rüben „herausgepflügt“ werden konnten. Genau wie bei den Kartoffeln wurden diese dabei in Reihen abgelegt.

Jetzt war aber wieder Handarbeit angesagt, denn die Rüben haben wir dann mit der Hand auf kleine Haufen geworfen und danach mit einer breiten Rübenforke auf unseren kleinen Kippanhänger aufgeladen. Am Rand des Feldes wurden sie zu einer Miete abgekippt und warteten dann auf den Abtransport zur 25 Kilometer entfernten Zuckerfabrik. Die Großbauern haben die Rüben mit eigenen Wagen abtransportiert; wir haben damit die damalige Spar- und Darlehenskasse aus dem Nachbarort beauftragt, weil sie auch einen Fuhrpark betrieben hat. Die Wagen haben wir anfangs noch mit der Forke per Hand beladen. Als wir uns später einen größeren Trecker mit Frontlader angeschafft hatten, geschah dieses damit.

Die Zuckerrübenernte zog sich damals bis in den späten Herbst hinein und war dann oft von sehr unangenehmer, manchmal sogar frostiger Witterung begleitet. Deshalb habe ich diese Arbeiten nicht gerne gemocht.

Im Laufe der Zeit hat sich der Anbau von Zuckerrüben grundlegend verändert. Zunächst kam die sogenannte pillierte Saat auf den Markt. Dabei hatte man die knorrigen Saatkörner zertrümmert und dann in Pillenform zur Anwendung gebracht. Dadurch liefen die Pflanzen nicht mehr so dicht auf und das Verziehen konnte entfallen. Heute ist die Züchtung so weit fortgeschritten, dass ausschließlich einkeimige Saat verwendet werden kann. Sie wird auch nicht mehr mit der herkömmlichen Drillmaschine, sondern mit modernen speziellen Maschinen in möglichst gleichem Abstand ausgesät.

Auch bei uns traten nach und nach Arbeitserleichterungen ein. Nachdem Ende der 1960er Jahre das Verziehen durch die Pillensaat entfallen war, haben wir bald die Rüben nicht mehr selber gerodet. Das hing aber auch damit zusammen, dass ich durch meinen Dienst bei der Bundeswehr kaum noch in der Landwirtschaft helfen konnte. Fortan hat ein Bauer aus dem Dorf mit seinem Vollernter die Rüben gerodet. Dieser legte das Blatt anfangs noch in Reihen ab. Dieses musste dann von uns mit dem Frontlader auf den Wagen geladen und zur Blattmiete gebracht werden. Aber bald wurde das anfallende Blatt gehäckselt und gleich auf einen mitfahrenden Wagen transportiert. Wenn es dienstlich machbar war, habe ich diesen Wagen gefahren und mein Vater konnte dann zeitgleich mit unserem großen Trecker die Blattmiete festfahren. Manchmal standen die Wagen für den Abtransport der Rüben schon am Wegesrand und wurden dann vom Roder direkt beladen.

Für uns war jetzt praktisch keine Handarbeit mehr nötig, denn die Züchtung war inzwischen so weit fortgeschritten, dass die Rübenpflanzen gegen die neuen Spritzmittel resistent waren und das Unkraut bequem bekämpft werden konnte. Obwohl heute noch zum größten Teil das gesamte Feld mit diesen Mitteln gespritzt wird, geht man immer mehr dazu über, eine „Bandspritzung“ durchzuführen. Hierbei werden nur die Reihen in einem schmalen Band bespritzt während die Zwischenräume wie früher wieder mechanisch bearbeitet werden. Dadurch kann der Einsatz der umstrittenen Spritzmittel um 70 % vermindert werden.

Auch das Roden hat sich in den letzten Jahren stark verändert. Diese Arbeit wird nur noch von wenigen Bauern selber verrichtet; meistens wird sie von einem Lohnunternehmen „rund um die Uhr“ erledigt. Inzwischen sind diese Maschinen so groß, dass in einem Arbeitsgang sechs Reihen gerodet werden können. Das Blatt wird dabei gleich in den Boden eingearbeitet. Das frühere Silieren wird, auch wegen der strengen Auflagen, so gut wie gar nicht mehr praktiziert. Die Rüben lagern in riesigen Mieten am Wegesrand und der Abtransport wird auch von einem Lohnunternehmen abgewickelt. Dazu werden die Rüben mit der sogenannten „Rübenmaus“ in breiter Front von der Miete mit Förderbändern auf die Wagen verbracht. Aber diesen Arbeitsablauf haben wir als Anbauer nicht mehr „genießen“ können, weil wir schon vorher den Betrieb eingestellt hatten.

Bei der heutigen Anbaumethode braucht der Bauer während der gesamten Vegetationsperiode seinen Acker praktisch nicht einmal betreten. Alles wird von Maschinen erledigt.

Wenn ich dabei an die mühevollen Arbeiten von früher denke …

14. Kapitel
Die Getreideernte

Wer ernten will, der muss auch säen. Als der Mensch noch Jäger und Sammler war, hat er sich auch von Samen, die er in der Natur gefunden hat, ernährt. Irgendwann hat er dann begonnen, die wichtigsten Pflanzen zu kultivieren. Der sogenannte „Urweizen“ gehörte sicherlich auch dazu. Die gewonnenen Körner wurden zwischen zwei Mahlsteinen mit der Hand zu grobem Mehl zerkleinert. Dieses geschieht heute in abgelegenen Regionen immer noch so. Durch gezielte Auslese und auch Mutationen entwickelten sich im Laufe der Jahrtausende in unseren Breiten verschiedene Getreidesorten, wie Roggen, Hafer, Gerste und unterschiedliche Weizenarten. Im asiatischen Raum ist der Reis vorherrschend und in vielen Gegenden auch der Mais.

Zu Beginn des Getreideanbaus war der Ertrag noch dürftig, denn man kannte noch keinen Dünger und war ganz auf die Qualität der Böden angewiesen. Der Anbau von Getreide war früher sehr arbeitsintensiv und mühsam. Es war viel Handarbeit erforderlich. Bevor es Sämaschinen gab, mussten die Körner mit der Hand ausgesät und dann auf unterschiedliche Art und Weise in den Boden eingearbeitet werden damit sie nicht von den Vögeln aufgepickt werden konnten.

Die Unkrautbekämpfung gestaltete sich bei diesem breitwürfigen Ausbringen der Saat schwierig bis unmöglich. Auch wenn die ersten Sämaschinen noch recht primitiv waren, so konnte man jetzt aber zwischen den Reihen das Kraut durch Hacken bekämpfen. Ich habe die Zeit noch erlebt, als wir das Unkraut im Getreide noch mit einem

Ackerstriegel bekämpften. Unterstützt wurde dies zusätzlich durch den gezielten Einsatz von Kalkstickstoff. Dieser Dünger in Pulverform verschonte zwar die Getreidepflanzen verätzte aber das frisch aufgelaufene breitblättrige Unkraut. Trotzdem waren die Felder durch später auflaufende Pflanzen bei weitem nicht frei von Unkraut. Durch den Einsatz von Spritzmitteln wird das Getreidefeld heute nahezu „clean“ gemacht.

Die Ernte des Getreides gestaltete sich am Anfang sehr schwierig. Das einfache Heraus- oder Abreißen war nicht mehr erforderlich, als es einfache Sicheln und schließlich größere Sensen gab. Das Getreide reifte bei dieser Art der Ernte nicht, wie heute üblich, auf dem Halm aus, sondern wurde schon in der sogenannten „Milchreife“ gemäht. Das hatte zwei Gründe. Zum einen war das Stroh dann noch nicht so trocken und ließ sich leichter mähen und zum anderen wollte man verhindern, dass durch den Mähvorgang und den folgenden Arbeitsgängen viele Körner ausfallen würden. Ich habe das Mähen mit der Sense nur noch teilweise miterlebt, aber als wir noch Kuhbauern waren und weniger Land hatten, war es gang und gäbe, das Getreide mit der Sense zu mähen. Dafür gab es für die Sense einen Aufsatz aus hölzernen Stäben, einen sogenannten Haken. Dadurch wurde verhindert, dass das Stroh über die Sense fiel. So konnte es kontrolliert in eine Reihe, auch Schwad genannt, abgelegt werden. Durch einen „Abnehmer“ wurde das Stroh dann möglichst akkurat aufgenommen und portionsweise abgelegt. Der „Binder“ hat dieses Bündel schließlich mit einer Handvoll Strohhalmen zu Garben gebunden. Am späten Nachmittag mussten diese Garben aber noch zu Stiegen aufgestellt werden. Dazu nahm man unter jeden Arm eine Garbe und stellte diese praktisch wie ein Dach auf. Zunächst wurden sechs Garbenpaare in Reihe aufgestellt und dann von jeder Seite noch vier Garben dazu, sodass eine Stiege aus 20 Garben bestand. Besonders beim Roggen waren diese Arbeiten sehr mühevoll, da diese Getreideart damals noch auf sehr langen Halmen wuchs. „Langstroh“ hat man es deshalb auch genannt. Aus diesem Grund hat sich dieses Getreide bei starkem Regen und Wind oft „hingelegt“, was zur Folge hatte, dass dieses dann nicht nur schwer zu mähen war, sondern auch bei ungünstiger Witterung schon auf dem Halm ausgewachsen und sehr häufig von Unkraut überwuchert war.

Wenn das Feld mit der Sense abgemäht war, wurde der Stoppel noch sorgsam abgeharkt, damit auch liegengebliebene Halme geerntet werden konnten. Dafür gab es eine spezielle etwa 120 cm breite sogenannte „Schleppharke“ die mit 15 cm langen leicht gebogenen Eisenzinken ausgestattet war. Diese Harke wurde übrigens auch bei der Heuernte benutzt, wenn nach dem Aufladen des losen Heus noch Reste liegen geblieben waren. Hierfür kamen aber auch breite Holzharken zum Einsatz.

Zu meiner Zeit wurde das gesamte Feld bei uns schon mit einem Mähbinder abgemäht. Der Zeitpunkt, die sogenannte „Milchreife“ der Körner, war zwar der gleiche aber jetzt wurden die Garben automatisch mit einem Bindfaden gebunden. Da wir zu der Zeit noch nicht sehr viel Getreide angebaut haben, war der Zeitaufwand für den befreundeten Bauern, der diese Arbeit ausführte, nicht so relevant. Als wir dann ab 1958 einen eigenen kleinen Trecker besaßen, wurde auch ein eigener Mähbinder gekauft. Aber das Mähen mit der Sense war deshalb noch nicht ganz abgeschafft. Da der Mähbinder stets das Getreide neben der rechten Seite des Treckers mähte und man selten den benachbarten Schlag befahren konnte, haben wir an den Seiten eine Treckerbreite mit der Sense abgemäht. Es gab aber auch Bauern, die einfach in das stehende Getreide hineingefahren sind und dann später gegengemäht haben. Bei uns war das jedoch nicht üblich, weil dabei nach Ansicht meines Vaters zu viele Körner verlorengehen würden. So habe ich also das Handmähen noch miterlebt. Bei uns sah das so aus, dass mein Vater der „Mäher“ war, ich der „Abnehmer“ und meine Mutter die „Binderin“. Leider besaßen wir auch einige sehr lange Schläge, sodass dieses zuweilen doch sehr mühsam war. Vor allem dann, wenn auf beiden Seiten gemäht werden musste.

Waren auf dem Getreidefeld alle Garben zu Stiegen aufgestellt, begann das große Zittern bei den Getreideanbauern; denn in der nächsten Zeit sollte es möglichst nicht regnen, damit das Korn und auch das Stroh trocknen und reifen konnte. Leider hat sich das Wetter manchmal nicht nach diesem Wunsch gerichtet; was dann verheerende Folgen hatte. Das Korn begann in den Stiegen auszuwachsen. Im Extremfall hatten die Stiegen sogar grüne Köpfe. Wenn sich dann einige Sonnentage einstellten, wurden die Stiegen wieder auseinandergezerrt damit die Garben dann schneller von der Sonne getrocknet werden konnte. Die Qualität des Getreides hatte dadurch natürlich erheblich gelitten und konnte eigentlich nicht mehr als Brotgetreide genutzt werden.

Eine ähnliche Problematik gab es übrigens auch bei der Heuernte; denn auch hier hoffte man nach dem Mähen auf trockenes warmes Wetter. Es war nämlich sehr gefährlich, wenn das Heu zu früh eingebrachte wurde, weil man Angst vor drohendem Regen hatte. Dieses Heu konnte sich dann auf dem Heuboden selbst entzünden und zu großen Bränden führen. Um das zu verhindern, haben wir bei der Einlagerung von „Problemheu" rotes Viehsalz dazwischen gestreut. Trotzdem musste die Temperatur in der ersten Zeit immer wieder überprüft werden. Als das Heu später zu Ballen gepresst wurde, war die Gefahr etwas geringer, da jetzt nicht genügend Sauerstoff vorhanden war.

Jetzt wieder zur Getreideernte. Waren die Körner und das Stroh schließlich ausreichend getrocknet, wurde „eingefahren". Als wir noch nicht mit großen luftbereiften Anhängern ausgerüstet waren, wurden dafür sogenannte „Leiterwagen" eingesetzt. Dazu wurden von den normalen Ackerwagen die dicken Holzbretter entfernt, durch Zwischenstücke verlängert und dann mit langen, breiten Leitern versehen. Um die Grundfläche noch etwas zu vergrößern, wurden diese dann noch „ausgelegt". Beim Einfahren kamen bei uns meistens zwei Wagen zum Einsatz. Man fuhr mit „Wechselwagen", was bedeutete, dass der eine Wagen zuhause abgeladen wurde, während der andere auf dem Feld beladen wurde. Bis wir 1963 unsere große Holzscheune errichtet haben, wurde das Getreide noch auf unserem Hausboden eingelagert. Für das Abladen waren bis zu vier Personen erforderlich. Zunächst der „Upstoarker" der die Garben vom Wagen nach oben „stoarkte" (so lautete der plattdeutsche Fachbegriff für das Abladen mit der Forke). Dann den „Utstoarker", der die Gaben abnahm und auf die „Banse", so wurde das aufgestapelte Getreide genannt, ablegte. Solange diese Banse noch relativ niedrig war, reichte dafür eine kurzstielige Forke, ab einer bestimmten

Höhe musste aber eine Forke genommen werden, die einen besonders langen Stiel hatte. Die abgelegten Gaben mussten dann noch zum „Banser“ weitergereicht werden, der diese dann dort mit der Hand fein säuberlich in „Reihe und Glied“ aufschichtete. Diese Arbeit erforderte Erfahrung und Gewissenhaftigkeit, denn die Garben durften nicht einfach locker hingelegt werden, sondern jede einzelne musste mit den Knien fest in ihre Lage gepresst werden. So konnte mehr Getreide eingelagert werden, denn oft mangelte es an genügendem Platz. Auf unserem Getreideboden reichte die Banse nicht selten bis in die Spitze des Daches.

Dieses „Einfahren“ war für alle Beteiligten eine schweißtreibende und anstrengende Arbeit; vor allem auch deshalb, weil dabei meistens hochsommerliche Temperaturen herrschten.

Nach diesen Arbeiten wartete das Getreide bis in die Wintermonate hinein, um gedroschen zu werden. Ein erhalten gebliebener „Dreschflegel“ zeugt davon, dass auch bei uns in früheren Zeiten das Getreide damit ausgedroschen wurde. Noch heute sind Redewendungen erhalten geblieben, die von dieser Arbeit herrühren; wie zum Beispiel: „der ist ganz schön verdroschen worden“, oder „sie haben auf ihn eingedroschen.“ Um damals an die Körner zu gelangen, wurde das Getreide auf der Tenne in einem Kreis mit den Ähren zur Mitte, ausgebreitet. Das Dreschen mit den Flegeln wurde dann meistens von mehreren Dreschern in einem bestimmten Rhythmus ausgeübt.

An diesen Arbeitsablauf kann ich mich nur noch schemenhaft erinnern; bewusst aber an einen alten Dreschkasten, der mit einem Treibriemen durch einen separaten Motor angetrieben wurde. Dieser „Kasten“ stand direkt unter der Luke auf unserer Diele und das eingelagerte Getreide ging jetzt, im Gegensatz zum Einfahren, Garbe für Garbe den umgekehrten Weg nach unten. Dazu mussten sie genau mit der Forke auf den Garbentisch geworfen werden. Davor stand etwas vertieft der „Einschütter“ oder auch „Einleger“ genannt, der die Garben nun mit einem um das rechte Handgelenk an einer Manschette befestigtem hakenförmigen kleinem Messer das Band der Garben durchtrennte. Nun musste das Getreide vorsichtig in die Trommel eingeschüttet werden. Wenn dabei nicht sorgfältig gearbeitet wurde und zu viel Stroh auf einmal eingeschüttet worden war, konnte es passieren, dass die Trommel festsaß. Vor allem beim sehr langen Roggenstroh war dieses leicht der Fall.

Bei unserem alten Dreschkasten wurde das Korn noch nicht in Säcke abgefüllt, sondern fiel samt Spreu nach hinten auf die Diele. Nach vorne gelangte das ausgedroschene Stroh und musste dann so ähnlich wie auf dem Feld mit selbstgenbastelten Bändern aus Stroh eingebunden werden. Diese „Strohbünde“ wurden zunächst auf dem Hof aufgestapelt und dann später auf den Schweinehausboden verfrachtet. Das Roggenstroh diente ausschließlich zum Einstreuen in den Ställen, während das Stroh des Menggetreides, das aus Hafer und Gerste bestand, überwiegend an die Kühe verfüttert wurde. Das geschah zum Teil auch mit dem Weizenstroh.

Bei dem ausgedroschenen Getreide mussten damals die Körner noch von der Spreu getrennt werden. Auch dieser Vorgang ist als ein Spruch immer noch erhalten geblieben: „Da trennt sich die Spreu vom Weizen.“

Diese Arbeit wird noch heute, wie anfänglich auch bei uns, in manchen Regionen immer noch mit runden Sieben ausgeübt. Dabei wird das noch verunreinigte Getreide bei möglichst starkem Wind immer wieder hochgeschleudert damit die Spreu und andere Teilchen vom Wind weggetragen werden. Solche Siebe sind bei uns noch in unterschiedlicher Größe erhalten geblieben. Ich habe nur die Zeit kennen gelernt, als wir für diese Arbeit eine sogenannte „Staubmühle" benutzt haben. Mit einer Handkurbel wurden große Holzflügel angetrieben. Durch den dadurch erzeugten Luftstrom wurden die oben vorsichtig eingeschütteten Körner im Vorbeirieseln gereinigt. Jetzt hatte man auf der einen Seite das gereinigte Getreide und auf der anderen das sogenannte „Kaff". Dieses wurde zum Teil als Beigabe an die Kühe verfüttert oder auf den in einer Ecke des Hofes befindlichen „Kaffberg" gebracht. Diese Reste boten damals den Vögeln im Winter noch reichlich Nahrung; denn es befanden sich nicht nur restliche Getreidekörner, sondern auch viele Unkrautsamen in diesem Haufen.

Diese Arbeiten wurden einfacher, als wir uns Ende der 50er Jahre einen moderneren Dreschkasten anschafften. Jetzt konnte das bereits gereinigte Getreide gleich in Säcke abgefüllt werden und obendrein wurde das Stroh durch den anhängenden „Binder" automatisch gebunden. Auch das Kaff wurde nun separat ausgestoßen und musste seitlich auf einen Haufen verfrachtet werden. Erst später wurde es dann, je nach Bestimmung, entsorgt.

Der Einsatz der neuen Maschine änderte aber nichts an der unangenehmen Tatsache, dass es in dem eingelagerten Getreide weiterhin von Ratten und Mäusen nur so wimmelte. Bei jeder weggenommenen Garbe konnte man damit rechnen, dass sich darunter einige dieser Nager befanden. Je niedriger die Banse wurde je zahlreicher wurden diese Viecher; besonders in der letzten Lage. Nicht selten habe ich sogar einige weiße Mäuse gesichtet. Ich hatte dabei zwar Gummistiefel an, aber trotzdem hatte ich bei dieser Arbeit immer ein mulmiges Gefühl.

Der gesamte Arbeitsablauf der Getreideernte veränderte sich zum Positiven, als bei uns zum Ende der 60er Jahre ein kleiner Selbstfahrer-Mähdrescher angeschafft wurde. Jetzt wurden viele bisher geschilderte Arbeitsgänge direkt auf dem Feld erledigt. Das war auch deshalb möglich, weil das Getreide nun auf dem Halm bis zur vollkommenen Reife verblieb. Bei der Ernte wurden die Körner in einem Tank aufgefangen und dann auf bereitgestellte Wagen abgelassen. Anschließend haben wir dieses bei der Genossenschaft im Nachbarort abgeliefert. Das gebundene Stroh musste nur noch in die Scheune gebracht werden. Allerdings war die Arbeit mit dem Mähdrescher für meinen Vater oft recht unangenehm, weil dieser noch nicht mit einer heute üblichen Kabine ausgestattet war und er deshalb im Freien sitzen musste und bei ungünstigem Wind von Staub eingehüllt war. Ein vor dem Gesicht angebrachtes großes Taschentuch sollte ein einigermaßen freies Atmen ermöglichen und eine „Motorradbrille“ die Augen schützen. Diesen Mähdrescher habe ich nicht ein einziges Mal gefahren. Mein Vater war wohl der Ansicht, dass nur er damit zurechtkommen und sich auch mit den Macken dieses alten Gerätes am besten auskennen würde. Bedauert habe ich das allerdings auch nicht.

Dass mein Vater diese Arbeit aber noch bis zu seinem 78. Lebensjahr auf dieser Art und Weise erledigt hat, ist für mich bewundernswert. Als wir kein Vieh mehr hatten, wurde das Stroh nicht mehr eingebunden, sondern verblieb als Häcksel auf dem Acker.

Der verklärte Blick in die Vergangenheit mag vielleicht ein gewisses nostalgisches und romantisches Bild abgeben, aber da ich diese Zeit noch hautnah miterleben konnte, weiß ich, wie anstrengend und schweißtreibend die Getreideernte war.

Heute wird diese Arbeit bei beträchtlicher Schnittbreite der Mähdrescher in klimatisierten Kabinen recht komfortabel erledigt.

15. Kapitel
Mein Dorf im Wandel der Zeit

Nach dem großen Brand im Jahre 1832, bei dem das alte Rundlingsdorf fast vollständig zerstört wurde, entstand in westlicher bis nördlicher Richtung davon das neue Dorf. Am alten Standort wurden keine Häuser wieder errichtet, weil dieses Gelände zu nass war. Deshalb wird es seitdem nur noch als Wiese genutzt. Lange Zeit zeigte der alte Dorfbrunnen, der hier erhalten geblieben war, bis vor einigen Jahren noch die vermeintliche Mitte des alten Dorfes an. So trocken wie man es sich gerne gewünscht hätte, ist es aber im unteren Dorf, dort wo auch unser Haus steht, leider nicht; denn in nassen Jahren mit vielen Niederschlägen im Winterhalbjahr hat man manchmal wochenlang bis zu 30 cm Wasser im Keller. Das ist zum Glück in den letzten Jahren aber nicht mehr der Fall gewesen.

Das Bild unseres Dorfes veränderte sich zu Beginn des 20. Jahrhunderts entscheidend. In dem wirtschaftlich aufstrebenden Kaiserreich entstanden in den Jahren nach der Jahrhundertwende die oft majestätisch wirkenden Bauernhäuser. Sie sind auch deshalb so groß, weil für eine Großfamilie, die aus drei Generationen bestand und auch für die Knechte und Mägde genügend Platz vorhanden sein musste.

Der größere Teil dieser Häuser ist oft der Wirtschaftstrakt mit einem langen Kuhstall, in dem etwa 30 Kühe angebunden waren. Auf dem Boden darüber war Stroh und Heu für das Vieh untergebracht. Des Weiteren befinden sich auf allen bäuerlichen Grundstücken noch große Scheunen in denen das Getreide eingelagert wurde. Außerdem noch Ställe für die Schweine und Pferde sowie Geräteschuppen.

Obwohl die ehemaligen großen Bauernhöfe fast alle an der etwa 800 m langen Hauptstraße liegen, kann man den Ort nicht als typisches Straßendorf bezeichnen, denn im Laufe der Zeit sind abseits der Hauptstraße noch weitere Häuser errichtet worden, wie zum Beispiel die typischen Bauernkaten für die Mitarbeiter der Bauern. Diese Häuser waren überwiegend für vier Familien vorgesehen.

In dem ausgewiesenen Siedlungsgebiet am nördlichen Rand des Ortes sind in den 30er Jahren nur wenige Häuser errichtet worden. In den Nachkriegsjahren haben Bauern dort aber weitere Wohnungen für ihre Bediensteten gebaut. Vervollständigt wird dieses Gebiet durch einige Einfamilienhäuser. Seit etwa zwanzig Jahren ist im östlichen Bereich noch eine weitere Siedlung entstanden.

Unser Haus steht genau in der Mitte des Dorfes. Zu beiden Seiten geht es in südlicher und nördlicher Richtung bergan. Auch gen Westen steigt das Gelände leicht an. Nur im Osten bleibt es flach und es befindet sich dort ein großes Feuchtgebiet mit ausgedehnten Wiesen.

Zur Straßenseite hin haben wir eine zweiflügelige große Haustür, eine sogenannte „Klingeltür“. Sie wird deshalb von uns so genannt, weil über dieser Tür innen eine kleine Glocke angebracht war, die ein kleiner Klöppel zum Läuten brachte. Es „klingelte“, wenn die Tür geöffnet wurde. Dazu muss erwähnt werden, dass es früher völlig unüblich war, tagsüber die Tür abzuschließen, wenn jemand im Hause war. Durch das Klingeln wurde man auf einen eintretenden Gast aufmerksam gemacht. Seit vielen Jahren „klingelt“ es bei uns aber nicht mehr, weil die Glocke defekt war und abgebaut worden ist. Jetzt läutet es elektronisch.

Wenn ich durch diese Tür unser Haus verlasse, wäre als erstes unsere Dorfstraße zu erwähnen, die ich noch als Kopfsteinpflaster kennengelernt habe. Außerhalb des Ortes gab es zu der Zeit aber schon eine Teerstraße. Mitte der 1960er Jahre wurde dann nach umfangreichen Arbeiten die Dorfstraße mit einem neuen Regenwasserkanal versehen und asphaltiert. Die gutgemeinte Kanalisierung hatte für die Dorfmitte, und damit auch unserem Haus, verheerende Folgen. Bei starkem Regen steht das Wasser bis in die heutigen Tage hinein fast 50 cm hoch vor unserer und des Nachbarn Haustür. Diese Problematik mit dem Wasser in der Ortsmitte hat man in früheren Jahren nicht so extrem gehabt. Ursprünglich wurde das anfallende Regenwasser in Gräben zu den Wiesen abgeleitet und dann mit einem ausgeklügelten Kanalsystem über mehrere größere Auffangbecken schließlich in Richtung eines Waldgebietes im Westen unseres Dorfes geleitet. Auf Eddelstorfer Seite sind dies der kleine und große „Blanken“ und auf Altenmedinger der „Saal“. Diese Teiche waren im Winter hervorragend zum Schlittschuhlaufen geeignet. Wenn sie denn mal zugefroren waren. Unsere beiden Blanken sind nun aber zu einem großen Teil verlandet und daher ist dieses dort nicht mehr möglich. Ganz typisch für unser Dorf war in lauen Sommernächten seit ewigen Zeiten das „Froschkonzert“, das dann von hier zu vernehmen war. Leider ist das jetzt nur noch ganz selten und schwach zu hören, da die Blanken durch die letzten beiden Dürrejahre ausgetrocknet sind. Vielleicht ist auch dafür mitverantwortlich, dass ein Ausbaggern wegen strenger Naturschutzauflagen nur schwer umzusetzen ist.

Bei der Verkoppelung, auch „Rezess“ genannt, im Jahre 1841 wurde dieses sechs Morgen (eineinhalb Hektar) große Gelände als Schweinewiese ausgewiesen. Diese konnte von allen „Interessenten“ unbegrenzt genutzt werden. Bei der Verkoppelung hatten damals zehn interessierte Bürger jeweils etwa 100 Morgen Land erhalten. Es gab also folglich damals zehn etwa gleichgroße Bauernhöfe. Von diesen namentlich aufgeführten Familien ist heute keine mehr in unserem Dorf ansässig. Mein Ur-Ur-Urgroßvater ist in diesem „Rezess“ an elfter Stelle mit einer zugewiesenen Fläche von 2,4 Morgen als Brinkbesitzer aufgeführt. Der Rezess besteht aus insgesamt 29 §§ und enthält neben vielen anderen Regelungen zum Beispiel Bestimmungen über die Breite der Wege, wie diese zu unterhalten sind, über deren Randbepflanzung und auch über die Bewässerung und Entwässerung von Grundstücken. Obwohl der Rezess am 30. Juni 1841 durch die Königlich-Hannoversche-Dostei zu Lüneburg für verbindlich erklärt wurde, ist fraglich, ob dieser heute noch uneingeschränkte Gültigkeit besitzt.

Als die Bebauung zu Beginn des 20. Jahrhunderts fortschritt, erhielt die Dorfstraße das Kopfsteinpflaster und in der Dorfmitte wurden drei Sammelschächte gemauert, die das Oberflächenwasser aufnahmen. Jetzt wurde das Wasser aber nicht mehr Richtung Wiesen abgeleitet, sondern zur Sandkuhle. Hier war ein tiefes trichterförmiges Loch ausgehoben worden. Dieses befand sich links neben dem heutigen Bouleplatz. Ich kann mich noch gut an das große Betonrohr erinnern, das am Grund herausragte. Dieses Loch reichte aus, um das anfallende Wasser aufnehmen zu können. Außerdem konnte es in dem Sand auch sehr schnell versickern. Hinzu kommt noch, dass es damals so gut wie keine versiegelten Flächen gab und das Wasser schon vorher zu einem großen Teil versickern konnte.

Aber auch das Abwasser der immer zahlreicher werdenden Kleinkläranlagen wurde in dieses Rohrsystem abgeleitet. 1950 wurde deshalb eine, allerdings viel zu kleine, Rohrleitung gen Westen zum dort im Wald gelegenen gemeindeeigenen großen Teich, dem „Farkenpfuhl", verlegt. Da die Sandkuhle dann bald eingeebnet wurde und danach kein Wasser mehr aufnahm, gelangte sowohl das Oberflächenwasser als auch das Abwasser jahrelang in diesem Teich. Die Folge von der Einleitung des nährstoffreichen Abwassers führte leider zu einer fortschreitenden Verlandung des „Farkenpfuhl".

Nachdem das Dorf Ende der 70er Jahre an die zentrale Wasserversorgung angeschlossen worden war, folgte Mitte der 80er Jahre die zentrale Abwasserentsorgung. Das Oberflächenwasser fließt aber bis heute immer noch zu dem besagten Teich im Wald; oder besser gesagt: es soll dort hinfließen.

Nicht nur die Versiegelung, sondern auch die starke Neigung der ausgebauten Kurve in der Dorfmitte führte nach der Asphaltierung zu den stetigen Überschwemmungen. Die verheerendste gab es schon kurz nach der Fertigstellung. Im Juni 1966 fielen in kurzer Zeit mehr als 120 Liter pro m². Die Folge waren unzählige vollgelaufene Keller; das allerdings nicht nur in der Dorfmitte sondern auch in anderen Bereichen. So drohte auch unser Hauskeller vollzulaufen. Um das zu verhindern, haben mein Vater und ich während des Gewitters auf unserem Hof Säcke mit Sand gefüllt. Plötzlich zuckte ein greller Blitz hernieder dem zeitgleich ein ohrenbetäubender Donnerschlag folgte. Es lag eine nicht zu beschreibende Spannung in der Luft. Vor Schreck fielen uns die Gerätschaften aus den Händen und wir fanden uns geschockt im nahen Kuhstall wieder; ohne wahrgenommen zu haben, wie wir da hineingekommen waren. Zuerst dachten wir, es hätte bei uns eingeschlagen. Als wir jedoch erleichtert feststellen konnten, dass nirgendwo Rauch aufstieg, setzten wir unsere Arbeit fort. Später haben wir erfahren, dass es bei unserem Nachbarn, nur 50 Meter von uns entfernt, in eine Birke eingeschlagen hatte. Die in der Nähe sitzenden Gänse sind zum Glück nur benommen gewesen und haben sich schnell wieder erholt. Diese hohe Niederschlagsmenge war sicher eine Ausnahme, aber es ist trotzdem zu hoffen, dass bei einer Erneuerung der inzwischen sehr maroden Straße auch die Oberwasserproblematik gelöst wird.

In diesem Zusammenhang müssen noch zwei andere Katastrophen erwähnt werden, die auch unser Dorf betroffen haben: Die Schneekatastrophen von 1969 und 1978/79!

Die Kyffhäuserkameradschaft hatte am 15. Februar 1969 die traditionelle Generalversammlung mit anschließendem Essen und Tanz. In dieser Nacht begann es unaufhörlich zu schneien. Weil dann auch noch ein sehr starker Ostwind einsetzte, kam es zu meterhohen Schneeverwehungen. Die Straßen waren unpassierbar und wir waren von der Außenwelt abgeschnitten. So war es mir auch unmöglich, meinen Dienst bei der Bundeswehr am Montag anzutreten.

Meine Vorgesetzten beim Musikkorps zeigten dafür allerdings Verständnis; denn ich war ja nicht der einzige Betroffene. So wie mir ging es vielen anderen Menschen im Dorf. Und wenn man nicht zur Arbeit gehen kann, wird was gemacht? Man trifft sich am Montagmorgen in der Kneipe, um die Lage zu besprechen. Nach einigen kühlen Getränken wurde folgender Beschluss gefasst: Wir müssen uns freischaufeln, damit in einem Notfall der Nachbarort erreicht werden kann! Um die Mittagszeit trafen sich dann etwa 15 Männer, um mit Plattschaufeln bei stürmischem Ostwind gegen die Schneemassen anzukämpfen. Am späten Nachmittag war auch tatsächlich der Nachbarort erreicht. Auf dem Rückweg musste aber leider festgestellt werden, dass der starke Wind die Straße teilweise schon wieder zugeweht hatte. Trotzdem war diese Aktion ein einmaliges Gemeinschaftserlebnis. Arbeit macht durstig; also wurden anschließend in der Kneipe noch lange Fachgespräche geführt. Warum aber für diese Arbeit keine Frontlader der Bauern eingesetzt worden sind, erschließt sich mir bis heute nicht. Oder gab es die noch nicht? Mit unserem gemeindeeigenen Schneepflug waren die Straßen jedenfalls nicht freizubekommen. Erst am Dienstagnachmittag „befreite" uns ein Bergepanzer der Bundeswehr und ich konnte dann am Mittwoch meinen Dienst in Lüneburg wieder antreten.

Die andere Schneekatastrophe begann am Jahreswechsel 1978/79. Zunächst kam es zu Blitzeis, das ein Fahrverbot zur Folge hatte. Danach setzte starker Schneefall ein. Ein eiskalter Winter setzte sich fest und am 13. Februar kam es nach erneuten ergiebigen Schneefällen und starkem Ostwind wieder zu Schneeverwehungen. Besonders in

Schleswig-Holstein und auch großen Teilen der DDR herrschten dramatische Zustände, weil dort tagelang der Strom ausgefallen war. Das Vieh konnte nicht versorgt und die Kühe nicht gemolken werden. Da die Straßenmeisterei nun schon mit modernerem Gerät ausgerüstet war, blieben wir nur einen Tag von der Außenwelt abgeschnitten und ich konnte dann wieder zu meiner Dienststelle fahren.

Mitte März kam es noch einmal zu erheblichen Schneefällen. Die somit angehäufte sehr hohe Schneedecke blieb außergewöhnlich lange erhalten. Das hatte unter anderem zur Folge, dass keine Fußballspiele ausgetragen werden konnten. Auch an ein Training war nicht zu denken. Am 10. April entschloss sich der 1. Vorsitzender des Sportvereins schließlich, den Trainingsplatz durch eine Raupe seines Arbeitgebers von den Schneemassen zu befreien. Zwei Tage später setzte dann das herbeigesehnte Tauwetter endlich ein.

Nun starte ich zu einem Rundgang und schildere, wie ich „Mein Dorf" seit meiner Kindheit zu Beginn der 50er Jahre in Erinnerung habe und wie es sich mir im Frühjahr 2019 darstellt.

Direkt gegenüber von uns, auf der anderen Straßenseite, steht eine ursprüngliche Bauernkate, die zu dem dahinter befindlichen großen Bauernhaus gehörte. 1923 war dort das mit Stroh gedeckte Haus nach einem Blitzschlag abgebrannt. Mein Opa erzählte mir, dass das Gewitter eigentlich vorbei gewesen sei und er mit Oma schon die Kühe angespannt hätte, um zur Arbeit aufs Feld zu fahren. Sozusagen aus heiterem Himmel kam es zu diesem fürchterlichen Schlag.

Der damalige Besitzer hatte sich bei dem Neubau wohl übernommen und auch die Einführung der Rentenmark wirkte sich negativ aus. Außerdem hielt sich das Gerücht, dass er Geld bei Pferderennen verspielt habe. Wahrscheinlicher ist jedoch, dass er bei der Aufnahme der damals üblichen Privatkredite an die falschen Leute geraten war und diese ihn dann in den Zwangsverkauf getrieben haben. Jedenfalls musste der Betrieb abgegeben werden und die Familie ist dann in diese Kate eingezogen und hat dort eine kleine Landwirtschaft betrieben. Außerdem wurde lange Zeit auch der Milchwagen gefahren. Mit einem speziellen Anhänger wurden die Milchkannen von den Bauern abgeholt und zur Molkerei gebracht. Damit war Schluss, als die Milch später mit einem Tankwagen abgeholt worden ist. Mit dem jüngsten Sohn bin ich während der Schulzeit in der gleichen Klasse gegangen. Leider haben wir uns im Alter von ungefähr elf Jahren einmal fürchterlich geprügelt. Nein, nein! Nicht weil wir in Streit geraten waren, sondern auf Anweisung unseres Sportlehrers in der Mittelschule. Ein Klassenkamerad hatte zwei Paar Boxhandschuhe mitgebracht; und weil die Benutzung dieser Handschuhe als „Boxsport" bezeichnet wird, meinte der Lehrer, man könne ja damit den Sportunterricht gestalten. Also teilte er nach seiner Meinung gleichwertige Paare ein und bestimmte uns beide als Gegner. Man sollte es nicht denken, aber diese drei Minuten waren ganz schön anstrengend und wir waren froh, als der Kampf vorbei war. Nach eigener Einschätzung habe ich wohl nach Punkten verloren. Einen K.O. hat es in dieser Sportstunde zum Glück nicht gegeben.

Sowohl der große Hof als auch diese jetzt renovierte Kate, haben inzwischen mehrere Besitzer gehabt. Die Ländereien sind verkauft oder verpachtet worden. Zu meiner Jugendzeit wurde auf dem großen Bauernhof neben der Landwirtschaft auch eine große Pferdezucht mit über einhundert Pferden betrieben. Davon zeugt noch heute eine in den 60er Jahren errichtete große Reithalle. Die jetzigen Besitzer haben diesen Hof 1970 gekauft. Leider sind sie zweimal von Katastrophen heimgesucht worden. Im November 1972 ist die zu einem Hühnerstall mit Käfighaltung ausgebaute große Scheune bei einem schweren Orkan wie eine Streichholzschachtel umgekippt. Mit großer Mühe konnten zwar von der herbeigerufenen Feuerwehr sehr viele Hühner gerettet werden, aber mit der Eierproduktion war es trotzdem vorbei. Und dann ist im Oktober 1985 der ehemalige Kuhstall und nun zu einem Schweinestall umfunktionierte Wirtschaftstrakt ein Raub der Flammen geworden. Das anhängende Wohnhaus konnte zum Glück gerettet werden.

Auf der anderen Straßenseite von diesem Hof und in unserer unmittelbaren Nachbarschaft befand sich das Kolonial- und Lebensmittelgeschäft. Ein typischer Dorfladen in dem so ziemlich alles erworben werden konnte. Im Angebot waren neben den Lebensmitteln und Haushaltsgegenständen auch alle möglichen Metallartikel, wie zum Beispiel Schrauben und Nägel, sowie verschiedene Zeitschriften und sogar einige Textilien.

Gehandelt wurde auch mit Torf, Brikett und Düngemittel. Außerdem wurde bis weit in die 50er Jahre hinein auch eine kleine Landwirtschaft betrieben. Beim Schlachten haben wir dort zum Beispiel auch die Dosen ab- und zudrehen lassen. Der einzige Sohn war schon zu Beginn des

2. Weltkrieges in Belgien gefallen. Deshalb wurde dieses Unternehmen später von einer Tochter bewirtschaftet, die mit einem ehemaligen Lehrling verheiratet war. Unterstützt wurde sie von ihrer Schwester. Da auch eine Gaststätte und der 1911 errichtete Saal dazu gehörten, hatten nicht nur die Vereine hier ihre Heimat, sondern dieser Betrieb war im Ort auch wichtiger Dreh- und Anlaufpunkt und diente der Kontaktpflege.

Im Clubzimmer der Gaststätte stand seit etwa 1956 ein für unsere jetzigen Verhältnisse kleiner, aber zu der damaligen Zeit normal großer Fernseher. Da die meisten Familien noch keinen eigenen besaßen, versammelte sich vor allem die jüngere Generation abends in diesem Zimmer. Besonders am Samstagabend war dieser Raum bis auf den letzten Platz gefüllt. Den ersten Fernseher im Dorf gab es allerdings schon während der Fußballweltmeisterschaft 1954 in der nördlich gelegenen Siedlung. Ich war zwar nicht dabei, aber von Erzählungen habe ich erfahren, dass die kleine Stube dort beim historischen Finale „brechend voll“ gewesen sein soll.

Die Freundschaft zu den beiden Nachbarkindern ermöglichte es mir und meiner Schwester sowie Cousine, dass wir damals manchmal schon nachmittags bei ihnen vor dem Fernseher sitzen durften. Dann verfolgten wir mit Spannung die Geschichten von „Fury“, einem schwarzen Hengst oder die Westernserie „Bonanza“. Und es gab zwischen uns Kindern noch eine andere Besonderheit. Bei bestimmten Gerichten, die auf dem Speiseplan der beiden Haushalte standen, luden wir uns gegenseitig zum Essen ein. Das war insbesondere dann der Fall, wenn es Pfannkuchen oder Kartoffelpuffer zu essen gab. Beide Kinder sind später, genau wie ich, im Dorf verblieben. Das Mädchen ist nach der Aufgabe des Betriebes mit der Familie in ein neues Zweifamilienhaus im nördlichen Dorf gezogen und der Junge hat in den 70er Jahren an der Alten Salzstraße einen Neubau bezogen.

Nachdem der nachbarschaftliche Betrieb von der Familie nicht mehr weitergeführt werden konnte, wurde dieser Ende der 1980er Jahre verpachtet. Obwohl er bereits in den 1960er Jahren zu einem recht großen Selbstbedienungsladen ausgebaut worden war, gaben die neuen Pächter diesen bald auf, weil die Kundschaft immer häufiger zu den neuen Discountern abwanderte. Die Gastwirtschaft erlebte aber noch einige Blütejahre. Die Erben verkauften schließlich alles zu Beginn des neuen Jahrtausends. Es begann der langsame aber stetige Abstieg. Zu Beginn des Jahres 2019 sind letztendlich, im wahrsten Sinne des Wortes, die Lichter ausgegangen; die Vereine haben ihre Heimat verloren und das Dorf den Mittelpunkt des geselligen Miteinander. Mitverantwortlich ist aber auch die Tatsache, dass sich das Dorfleben verändert hat. Es gibt immer weniger Menschen, die zum „Dämmerschoppen" oder des Abends in die Kneipe gehen, um in gemütlicher Runde ein Bier zu trinken. Auch die Skatrunden in der von Zigaretten- und Zigarrenrauch total vernebelten Gaststätte gab es bald so gut wie gar nicht mehr. In diesem Zusammenhang stellt sich heute schon die Frage, wie man diesen damals üblichen Qualm ertragen konnte. Aber das war Normalität und man hat ihn gar nicht als Belästigung empfunden. Jetzt steht das Haus leer und wie es weitergehen soll, ist noch unklar.

Das zu diesem Betrieb ursprünglich gehörende große Gebäude gegenüber vom Spritzenhaus diente früher als Scheune und Lagerraum. Zusammen mit dem anhängenden Mietshaus wurde dieses Objekt schon Anfang der 70er Jahre verkauft. Später auch das Ende der 80er im Garten errichtete Einfamilienhaus. Beide Käufer bewohnen diese Häuser auch heute noch.

Gehe ich unsere Dorfstraße in linker (südlicher) Richtung nun weiter, so komme ich nach etwa 100 Metern zu unserem kleinen Dorfplatz auf dem das „Spritzenhaus“ der 1902 gegründeten „Freiwillige Feuerwehr“ steht.

Hier haben wir Kinder uns oft zum Spielen getroffen. Das war auch deshalb unproblematisch, weil damals noch kein so reger Straßenverkehr herrschte. 2018 wurde das „Feuerwehrgerätehaus“, wie man es heute nennen soll, in eigener Regie umfangreich saniert und der Schlauchturm mit neuen Brettern versehen. Jetzt wird er bei Dunkelheit sogar wie eine Kirche angestrahlt.

In dem großen Haus, in östlicher Richtung schräg gegenüber, etwas abseits der Hauptstraße, wurde damals eine Landwirtschaft betrieben. Hier befand sich früher einmal eine Kneipe in der seinerzeit die Feuerwehr gegründet worden war. Zu diesem Betrieb gehörte auch eine Ziegelei, die etwa 800 Meter außerhalb des Dorfes angesiedelt war. Hier standen etwa 30 Männer in Lohn und Brot. Die weit in die Tiefe reichenden Lehmvorkommen waren ausschlaggebend für die Errichtung dieser Ziegelei. Der „Edelstorfer Stein“ war ob seiner hervorragenden Haltbarkeit (Festigkeit) sowie seines Aussehens in Nah und Fern äußerst begehrt. Selbstverständlich ist auch unser Haus mit Steinen dieser Ziegelei gemauert worden. Weit sichtbar waren die beiden hohen Schornsteine von den Brennöfen. Durch eine schrille Pfeife wurden der Beginn und das Ende der Arbeit, einschließlich der Pausen, verkündet. Dieser durchdringende Ton war bis in das Dorf hinein zu hören. Sehr oft war ich nicht auf diesem Gelände. Das letzte Mal als Feuerwehrmann, als die Ziegelei unter dubiosen Umständen 1972 bis auf die Grundmauern niederbrannte. Da das Gebäude überwiegend aus Balken und Brettern bestand, gab es für die Feuerwehren keine Rettungsmöglichkeiten, das zu verhindern. Die Produktion wurde danach nicht wieder aufgenommen.

Auf dem Stammsitz der Familie wurde noch einige Jahre eine Landwirtschaft betrieben. Nachdem die Ländereien schließlich verkauft oder verpachtet worden waren, wurde der Betrieb aufgegeben und an die jetzigen Besitzer verkauft.

Gegenüber des Spritzenhauses in westlicher Richtung befand sich ursprünglich ein altes strohgedecktes großes Bauernhaus. Als das Dach jedoch marode war, wurde es mit Eternitplatten neu eingedeckt. Dieser große Hof ist aber leider durch Misswirtschaft Pleite gegangen und dann von dem neuen Besitzer bis vor zwei Jahren weitergeführt worden. Nach dessen Tod sind die Ländereien verkauft, die Hofstelle geteilt und das Wohnhaus von den neuen Besitzern liebevoll instandgesetzt worden.

Vom Spritzenhaus aus in südlicher Richtung gesehen, gab es während meiner Kindheit an der Hauptstraße noch fünf weitere bäuerliche Betriebe mit zum Teil stattlichen Gebäuden. Aus den unterschiedlichsten Gründen sind alle im Laufe der Jahre aufgegeben und verkauft worden. In vielen Fällen hat das auch daran gelegen, dass sie noch in

Gutsherrenart geführt wurden und die Besitzer über ihre Verhältnisse gelebt haben. Sie haben schlichtweg schlecht gewirtschaftet. In diesem Bereich wird nur noch auf einem kleineren Hof eine Landwirtschaft betrieben. Es waren die ursprünglich zu diesem Hof gehörenden Ackerflächen, die bei der schon erwähnten Verkoppelung meinem Ur-Urgroßvater zur Übernahme angeboten wurden.

Auf dem größten dieser Bauernhöfe hat Mitte der 80er Jahre der neue Besitzer in großem Umfang investiert. Es fanden zahlreiche Baumaßnahmen statt und so entstand ein herausragender Hotelbetrieb mit einem großen Reiterhof. Zwar waren bei dem vorherigen Bauern auch stets Pferde auf dem Hof und eine kleine Reithalle vorhanden, jetzt wurde aber zusätzlich noch eine große moderne Reithalle errichtet sowie entsprechende Stallungen ausgebaut. Schon sehr schnell wurden diese idealen Voraussetzungen von vielen Pferdebesitzern und –freunden angenommen; zumal auch zwei Reitlehrer fest angestellt waren. Das hatte auch zur Folge, dass recht bald ein Reitverein gegründet wurde, der sehr aktiv war. In guter Erinnerung geblieben ist eine Fahrt mit einem großen Pferdeschlitten durch die tiefverschneite Eddelstorfer Landschaft, die Mitglieder organisiert hatten.

Die frühere „Schluckkammer“ im ehemaligen Schweinehaus wurde zu einer gemütlichen „Troika“ ausgebaut und auch alle anderen renovierten Gebäude waren mit einem Schankraum versehen, sodass man von einem perfekten Ensemble sprechen kann. Der Höhepunkt für das Dorf war die 750-Jahr-Feier im Jahre 1990, die zum Teil auch auf dem Gelände des Hofes stattfand. Schon bald gehörte auch der Nachbarhof zum Betrieb. Auf diesem Gelände wurde sogar ein Tennisplatz erstellt. Es hatte also eine herausragende Entwicklung stattgefunden. Zum Leidwesen der Dorfbewohner musste der Besitzer diesen Betrieb nach wenigen Jahren wegen dubioser Geschäftspraktiken verkaufen. Leider kam die Übergabe an einen weltweit bekannten Pferdezüchter nicht zustande, weil dieser „nur“ 3 Millionen DM geboten hatte jedoch angeblich 3,2 verlangt worden waren. Nun wechselten die Besitzer recht schnell und der Abstieg war nicht mehr aufzuhalten. Auch kriminelle Energie war in einem Fall mit im Spiel. Nach insgesamt gut zehn Jahren war leider wieder Schluss. Die Käuferin des Nachbargrundstückes ermöglichte dem Sportverein, den dazugehörigen Tennisplatz zu nutzen und so entstand plötzlich im Verein auch eine Tennisabteilung. Nach wenigen Jahren wurde die Einrichtung jedoch verkauft und somit gehörte diese Abteilung leider wieder der Vergangenheit an. Später eröffneten andere Besitzer auf diesem Hof eine kleine Gaststätte, die sich schnell einen guten Namen machte. Leider ist sie im letzten Jahr aufgegeben worden. Was die jetzigen Besitzer dort planen, ist nicht so recht ersichtlich und wohl nur Insidern bekannt.

Abseits links von der Hauptstraße, ebenfalls in südlicher Richtung, in dem Bereich des alten Dorfes, sind noch weitere Gebäude vorhanden. Jedoch nicht mehr der alte Schafstall, der 1970 ein Raub der Flammen geworden ist.

Eine alte Bauernkate, die ursprünglich zu einem der großen Bauernhöfe gehört hatte, war zu Beginn der 1930er Jahre in diesem Bereich von meinem Großvater mütterlicherseits gekauft worden. Dieses Haus wurde im Laufe der Jahre umfangreich saniert. Die ursprünglich kleine Landwirtschaft ist immer mehr erweitert worden und mein Cousin bewirtschaftet jetzt einen relativ großen Betrieb. Sein Vater bewohnt ein auf diesem Gelände errichtetes Altenteilerhaus.

In diesem Bereich, an der Peripherie des Dorfes, gibt es noch eine größere ehemalige Bauernkate, in der ursprünglich vier Familien wohnten. Hier lebte auch eine Schneiderin, die ihre Tätigkeit solange ausübte, bis die Familie Ende der 50er Jahre verzogen ist. Nach mehreren Besitzerwechsel und Umbauten bewohnen jetzt nur noch zwei Familien dieses Haus. Schließlich steht in diesem Bereich noch ein Haus aus dem 19. Jahrhundert. Hier war zu Beginn des 20. Jahrhunderts für einige Zeit auch ein Bauunternehmen ansässig. Dieses Haus ist bis in die 90er Jahre im Familienbesitz verblieben. Es ist mehrmals renoviert und ausgebaut worden und hat inzwischen verschiedene Besitzer gehabt.

Gegenüber in den Wiesen befindet sich in der Nähe der Straße ein Teich, auf dem wir auch Schlittschuh gelaufen sind. Es ist eine „Mergelkuhle“, die bisher noch nie ausgetrocknet ist. Entstanden ist sie durch die Gewinnung von kalkhaltigem Mergel, der als Dünger genutzt wurde. Diese Anwendung war aber etwas problematisch, denn es konnten damit zwar zu Beginn Erfolge erzielt und die Erträge gesteigert werden, wenn aber dem Boden keine weiteren Nährstoffe zugefügt wurden, hatte das zur Folge, dass dieser ausgezehrt war und die Ernten immer schlechter wurden. Dann hieß es: Der Boden ist „ausgemergelt“.

Am Rand des alten Dorfes in der Nähe der Wiesen stand in den 50er Jahren noch eine strohgedeckte sogenannte „Armenkate“. Solche Häuser gab es früher häufig in den Dörfern. Sie wurden von der Gemeinde mittellosen Bürgern zur Verfügung gestellt und waren oft nicht mit Strom versorgt. Hier hatte unser Dorfschuster seine Werkstatt, die er nach dem Abriss in eine kleine Wohnung im zu der Gaststätte gehörenden Haus gegenüber des Spritzenhauses verlegte. Ich habe ihn als ein Original in Erinnerung. Obwohl er in ärmlichen Verhältnissen lebte, war davon nichts zu merken, wenn er sich richtig toll ausstaffierte, um als Kellner bei Veranstaltungen in unserer Gaststätte zu arbeiten. Mit diesem Unikum konnte man viel Spaß haben. Leider ist er nach dem Umzug bald verstorben und es gab fortan in unserm Dorf keinen Schuster mehr.

Nach dem Abriss der maroden alten Kate hat der Ziegelleibesitzer dort zwei Zweifamilienhäuser errichtet, die vornehmlich für seine Mitarbeiter gedacht waren. Neben diesen Häusern ist später ein Mehrfamilienhaus errichtet worden. Und ebenfalls in diesem Bereich steht etwas Abseits noch eine kleine ehemalige Bauernkate.

Jetzt führt mich meine gedankliche Wanderung durch das Dorf in nördliche Richtung zunächst zu unserem rechten Nachbarn; zur alten Schmiede.

Während meiner Kindheit herrschte in dieser Schmiede reger Betrieb.

Es war sehr interessant, das Treiben in so einer Dorfschmiede mitzuerleben. So sind auch viele Eindrücke bei mir haften geblieben. Da sind vor allem die Geräusche zu nennen. Insbesondere haben sich zwei, die ich schon frühmorgens in meinem Bett wahrgenommen habe, eingeprägt.

Zunächst, und das war im Sommer um ca. 06.00 Uhr der Fall, konnte man ein Rumpeln und Brummen vernehmen. Es wurde als erstes die „Transmission" eingeschaltet. Ein Elektromotor hat diese weit verzweigte Treibriemenverbindung angetrieben. Durch eine Spannvorrichtung konnten die entsprechenden Maschinen und Geräte zu- oder abgeschaltet werden. Wenn ich mich einmal in der Schmiede aufhalten durfte, habe ich diese faszinierende Konstruktion, die dort unter der Decke angebracht war, immer wieder staunend bewundert.

Nachdem die Transmission in Gang gesetzt und das Feuer zu neuem Leben entfacht worden war, begann auch bald das Schmieden. Und das ist das zweite unvergessene Geräusch, das ich wahrnehmen konnte. Das helle und dumpfere „Ping, Ping, Ping", wenn der Schmiedehammer das glühende Eisen bearbeitete. Nach einigen Schlägen auf das zu bearbeiteten Eisen, ließ der Schmied zwischendurch den Hammer immer wieder auf dem Amboss springen. Zu der damaligen Zeit, war es noch nicht üblich, dass kleinere Reparaturen oder Schweißarbeiten von den Bauern selbst verrichtet wurden, sondern man ging damit zum Schmied. Und so war dort bis weit in die 1960er Jahre hinein Hochbetrieb.

Aber auch ein besonderer Geruch bleibt mir unvergessen.

Wie es sich für eine Dorfschmiede gehörte, wurden hier auch die Pferde beschlagen; es wurden die Hufeisen ersetzt. Es war schon bewundernswert zu sehen, wie viel Kraft und Geschick nötig war, dieses zu bewerkstelligen; denn die Pferde waren nicht immer kooperativ. Sie weigerten sich manchmal, das entsprechende Bein anzuheben. Dann gab es ein langes Hin und Her, ein Schlagen und Austreten, das zumindest in unserer Schmiede durchweg glimpflich abging, aber durchaus zu Verletzungen führen konnte. Wenn das alte Hufeisen entfernt war, musste das neue angepasst und glühend auf dem Amboss bearbeitet werden. (Redewendung: schmiede das Eisen so lange es heiß ist). Bei diesem Anpassen und dem dann folgendem Beschlagen war das Eisen noch sehr heiß und wurde praktisch in das Horn der Hufe eingebrannt. Jedenfalls qualmte es sehr und roch nach verbranntem Horn. Betreten durften wir Kinder die Schmiede aus Sicherheitsgründen nicht, sondern nur von draußen das Treiben beobachten.

Aus Erzählungen meines Opas weiß ich, dass mit dem alten Schmied kein gutes nachbarschaftliches Verhältnis gepflegt werden konnte und es des Öfteren zu Nachbarschaftsstreitigkeiten gekommen war. Einmal ging es zum Beispiel um die Errichtung einer Überdachung zwischen unseren Häusern, die später von uns „Schauer" genannt wurde. Die angrenzende Schmiede stand genau auf der Grenze und zwischen beiden Gebäuden befand sich eine fünf Meter breite Zufahrt zu unserem Hof. Da diese bei Nässe immer aufgeweicht war und noch trockene Abstellmöglichkeiten für alle möglichen Gerätschaften geschaffen werden sollte, wollte mein Großvater diesen Bereich überdachen. Der Nachbar verweigerte jedoch die Genehmigung, weil die Außenwand seiner Schmiede mit in den Bau einbezogen werden sollte. Nach langem Hin und Her konnte dann doch dieser „Schauer" errichtet werden. Ich weiß nicht mehr, ob mir damals mein Opa auch erzählt hat, unter welchen Bedingungen das dann doch möglich wurde. Im

Jahre 2009 habe ich den wahrscheinlichen Grund bei nötigen Reparaturarbeiten festgestellt. Zwar durften die Ständer und Querbalken an der Schmiedewand anlehnen, es gab aber absolut keine Verbindung zur Wand. Die Konstruktion war praktisch an dieser Seite freitragend. Nur die Dachpappe durfte an der Wand befestigt werden.

Als der Sohn die Schmiede übernommen hatte, gab es keine Schwierigkeiten mehr; es herrschte sogar ein freundschaftliches Verhältnis. Das lag zum einen daran, dass sich seine zweite Frau, die sehr religiös war, schnell mit meiner Oma angefreundet hatte und zum anderen daran, dass mein Vater die Buchführung für diesen Betrieb erledigte. Die Freundschaft war so ausgeprägt, dass mein Vater sich sogar den VW-Käfer für wichtige Angelegenheiten ausleihen durfte als er noch kein eigenes Auto besaß.

Da es keine Nachkommen oder Nachfolger gab, wurde die Schmiede schließlich Ende der 1970er Jahre geschlossen. Nach dem Tod der Nachbarn ist das Haus zwar verkauft worden, der neue Besitzer hat aber bisher kein Interesse für eine Renovierung gezeigt. Jetzt ist es unbewohnt und verkommt zusehends.

Gegenüber der Schmiede hatte nach dem Krieg für einige Jahre ein Schneidermeister, der auch mit Bekleidung handelte, die obere Etage belegt. Da mein Vater auch dessen Buchhaltung erledigte, war es selbstverständlich, dass dieser Schneider mich 1960 aus Anlass meiner Konfirmation von „Kopf bis Fuß“ für den Betrag von 100 DM komplett einkleidete; einschließlich einer Armbanduhr und neuer Schuhe. Das erste Mal in meinem Leben einen Anzug, ein weißes Hemd, eine schwarze Fliege und eine Armbanduhr zu tragen, war für mich schon ein komisches Gefühl und gewöhnungsbedürftig. Da ich unüblicherweise vier Patenonkel hatte, war die Feier auch dementsprechend groß.

Die Besitzer des Hauses wohnten im unteren Bereich. Sie hatten leider ihre Söhne im Krieg verloren. Der Ehemann war „Ploasterer", also Steinsetzer. Ich kann mich noch ganz schwach daran erinnern, dass er unseren Hof mit Feldsteinen gepflastert hat. Sein leider schon verstorbener Enkel war unser letzter Hausschlachter als wir noch selber geschlachtet haben. Jetzt wird das Haus immer noch von Nachfahren bewohnt.

Neben diesem Gebäude steht unsere alte Dorfschule. 1839 begann dort der Unterricht mit allen Klassen in einem großen Raum. Genau wie meine Vorfahren, wurde auch ich dort eingeschult. Zu meiner Zeit war sie aber schon um einen Anbau erweitert worden in dem die Klassen fünf bis acht unterrichtet worden sind. Bis 1968 existierte diese Schule. Danach mussten die Kinder ins Nachbardorf zum Unterricht. Das Gebäude und das Schulland wurden wenig später verkauft. Die Schule wird immer noch von Nachkommen des damaligen Käufers bewohnt. Auf dem ehemaligen Schulhof hat eine Eddelstorfer Familie später ein Haus errichtet.

Dieses alte Schulgebäude befindet sich an der zentralen Straßenkreuzung des Dorfes. Hier steht auch das architektonisch wohl schönste alte Haus des Dorfes. Schon seit über 160 Jahren war hier ein Bauunternehmen ansässig. Dieses 1913 erbaute große majestätisch wirkende Gebäude ist ein Meisterwerk des Maurerhandwerks. Mein Opa hat mir erzählt, dass die Baupläne ein Teil der Meisterprüfung gewesen sein sollen. Von dem Senior wird berichtet, dass er in den letzten Tagen des Krieges das Dorf wohl davor bewahrt habe, von den anrückenden Engländern beschossen zu werden. Vor dem Ort hatten sich in einem kleinen Wäldchen „Kindersoldaten" verschanzt. Diese hatten von den regulären Truppen, die sich aus dem Staub gemacht hatten, den Auftrag erhalten, anrückende gegnerische Panzer mit Panzerfäusten zu bekämpfen.

Dem damaligen „Dorfvorsteher" ist es tatsächlich gelungen, diese Jungen davon abzubringen. Dieses Vorgehen hätte damals zwingend die Todesstrafe zur Folge gehabt, wenn ein überzeugter Nazi davon erfahren hätte oder eine entsprechende Amtsperson noch vor Ort gewesen wäre.

Wir Kinder haben diesen Maurermeister nicht mehr lange erlebt, denn er ist schon recht früh verstorben. Aber ich weiß noch, dass man sich vor ihm höllisch in Acht nehmen musste. Er machte sich nämlich gerne einen Spaß daraus, andere zu veräppeln. Zu seinen Opfern gehörte auch ich.
Als ich ihm einmal begegnete, wies er mit einem Finger in Richtung meiner Beine und sagte: „Du hesst Schiet an Been" was frei übersetzt auf hochdeutsch so viel wie „Du hast in die Sch… getreten" bedeutet. Daraufhin habe ich dann das vermeintlich betroffene Bein angehoben, um zu kontrollieren, ob am Schuh etwas zu sehen wäre. In dem Moment sagte er dann: „Is anner Been" (ist das andere Bein) und konnte sich dann darüber köstlich amüsieren, dass er wieder ein Opfer gefunden hatte. Am anderen Schuh war natürlich auch nichts zu entdecken.

Das Baugewerbe ist sehr von der Konjunktur abhängig und so schwankte auch stets die Zahl der Beschäftigten. In guten Zeiten fanden bis zu 20 Personen in diesem Betrieb Arbeit. Nach der Wiedervereinigung verlagerte sich die Bautätigkeit jedoch in Richtung Osten. Darunter litt dieser Betrieb erheblich. Er wurde nach und nach verkleinert und schließlich aufgegeben. Die Familie bewohnt dieses schmucke Haus aber immer noch.

Gehe ich an der besagten Kreuzung Richtung Westen, so führt mich der Weg zu dem etwa 800 m außerhalb des Dorfes gelegene Sportgelände des ansässigen Sportvereins. Unmittelbar an der Kreuzung jedoch, befindet sich das Haus und Grundstück, das in zwei Generationen von Kartoffelhändlern bewohnt war. Beide habe ich insbesondere dann erlebt, wenn sie die Qualität und Beschaffenheit der von uns erworbenen Kartoffeln überprüft haben. Es wurde von ihnen aber auch mit anderen Gütern Handel getrieben. Anfang der achtziger Jahre ist dieser Landhandel aus Altersgründen aufgegeben worden; aber auch, weil es sich nicht mehr lohnte. Vor allem der Ältere von ihnen kann als ein Original bezeichnet werden. Legendär sind seine Sprüche, die er während des Skatspielens in unserer Kneipe zum Besten gab. Heute wird das Haus von einem Nachkommen mit seiner Familie bewohnt.

In dem dann folgenden Haus wurde ursprünglich eine kleine Landwirtschaft im Vollerwerb betrieben und in dem nächsten als Nebenerwerb. Heute dienen beide nur noch Wohnzwecken.

Danach folgt noch eine für unsere Gegend typische alte Bauernkate für vier Familien, die aber inzwischen umgebaut und renoviert wurde und in zwei Partien aufgeteilt worden ist. Abschließend auf dieser Straßenseite folgt ein neueres Einfamilienhaus.

Gegenüber, auf der linken Seite, hatte die ursprünglich mit in unserem Haus wohnende Familie des Bruders meines Vaters 1960 ihr Siedlungshaus bezogen. Als mein Onkel vor einigen Jahren als letzter Bewohner verstarb, wurde das Haus verkauft.

In den letzten Jahren sind auf dieser Seite noch drei weitere Häuser errichtet worden.

Gehe ich diese Straße wieder zurück und überquere die zentrale Kreuzung in Richtung Osten, befindet sich auf der rechten Straßenseite das einzige noch mit Riet gedeckte Haus des Ortes. Es ist nach dem großen Brand 1836 erbaut worden und zählt somit zu den ältesten Häusern. Zu dieser Familie pflegten wir stets ein freundschaftliches Verhältnis; zumal unsere Grundstücke unmittelbar nebeneinander liegen. Früher wurde dort noch eine kleine Landwirtschaft betrieben. Aber das ist schon lange Vergangenheit.

Auf der anderen Straßenseite stehen drei Häuser. Zwei sind von ehemaligen Mitarbeitern des Baugeschäftes errichtet worden.

In dem ersten hat der Bruder unseres Nachbarn (der „Ploasterer) eine Schusterei betrieben. Die Söhne der Brüder sind leider im Krieg gefallen. Seine Witwe hat hier nach dem Krieg eine kleine Schneiderei betrieben und zusätzlich noch die Poststelle verwaltet, die vorher in der Gaststätte beheimatet war. Unterstützt wurde sie dabei von ihrer Tochter. Deren Mann kam aus einem Obstanbaugebiet und hat neben seiner Tätigkeit als Postangestellter noch zwei außerhalb des Ortes gelegene Obstplantagen betrieben. In dieser Poststelle befand sich für lange Zeit eines von zwei öffentlichen Telefonen. Das andere war in der Gastwirtschaft zugänglich. In den neunziger Jahren wurde unsere Poststelle leider geschlossen und die Dorfbevölkerung musste ins Nachbardorf gehen. Aber auch dort gibt es jetzt keine Poststelle mehr. Geblieben ist uns zum Glück zumindest der Briefkasten, der vor diesem Haus an die Vergangenheit erinnert. Da die Nachkommen nicht im Dorf geblieben sind, hat dieses Haus den Besitzer gewechselt und die Ländereien sind verpachtet worden.

Das eine von den folgenden „Maurerhäusern“ wird noch immer von einer Familienangehörigen bewohnt; während das andere nach dem Tod der Bewohner verkauft worden ist.

In nördlicher Richtung unmittelbar hinter dieser kleinen Häuserzeile hatten wir früher Land gepachtet und landwirtschaftlich genutzt. Diese Ländereien wurden um 1990 von dem Bauunternehmen käuflich erworben und es entstand hier eine neue Siedlung. Jetzt stehen dort fünfzehn Häuser, die überwiegend von „Neubürgern“ im Laufe der Jahre errichtet worden sind. Einige Bewohner haben sich in das Dorf- und Vereinsleben hervorragend eingebracht. Der größere Teil leider nicht.

Wenn ich die Hauptstraße weiter bergauf gehe, gelange ich auf der linken Seite zu einer ehemaligen Bauernkate, die dem Schmiedemeister gehörte. Da dieser früher auch Land bewirtschaftet hatte, lebten dort ursprünglich auch einige Bedienstete. Zu meiner Zeit war der vordere Trakt schon als Bäckerei ausgebaut und entsprechend verbreitert worden. Die anderen Wohnungen befanden sich aber noch im alten Zustand. In einer dieser Wohnungen war eine weitere Schneiderin tätig. Wir hatten also damals drei Schneiderinnen und einen Schneider in unserem Dorf. Es war damals nicht üblich, sich Bekleidung in einem Geschäft in der Stadt zu kaufen, weil das den meisten Menschen zu teuer war. Wenn es also etwas zu nähen gab, hat man es selber gemacht. War das zu kompliziert, ging man zu den Fachleuten.

Ein großes Dielentor zwischen der Bäckerei und den anderen Wohnungen zeugte davon, dass hier ursprünglich im kleinen Rahmen Landwirtschaft betrieben worden war. So lagerte auf dem Boden noch etwas Stroh. Dieses wäre dem Haus allerdings beinahe zum Verhängnis geworden.

Im Mai 1954 war am Nachmittag ein Gewitter über unseren Ort hinweggezogen. Einige Schläge waren sehr laut gewesen, was bedeutete, dass der Blitz nicht weit entfernt niedergegangen sein musste. Als wir schon sicher waren, dass wieder alles gut gegangen war, vernahmen wir plötzlich die Alarmsignale der Hornisten von der Feuerwehr. Gesehen habe ich auch einen Radfahrer, der mit einem Nebelhorn durch das Dorf gefahren ist. Das bedeutete: Feuer!

Wir Kinder wagten uns allerdings nicht vor die Tür und schauten nur kurz aus den Fenstern. In Richtung Norden ließen schwarze Rauchschwaden nichts Gutes befürchten. Ich war sehr beeindruckt, zitterte vor Angst und fragte immer wieder: „Fängt das jetzt auch bei uns an?“ Die große Angst vor Feuer war eigentlich immer präsent, denn auf unsrem Hausboden lagerte auch sehr viel Heu und Stroh.

Und die Vorstellung, dieses könnte einmal in Brand geraten, war schon angsteinflößend.

Erleichtert konnte ich bald feststellen, dass der schwarze Rauch schon weniger wurde und nach gut einer Stunde ganz verschwunden war. Mein Vater, der mitverantwortlich für die Einsatzleitung der Feuerwehr war, erzählte dann später, was geschehen war. Der Rest des auf dem Boden gelagerten Strohs des ursprünglichen landwirtschaftlichen Kleinbetriebes war durch einen Blitzschlag in Brand geraten. Durch das rasche und überlegt Eingreifen der Feuerwehren, konnte ein Ausbreiten des Feuers verhindert werden. Nur ein kleiner Teil des Daches war zerstört worden. Der Schaden konnte relativ schnell behoben werden. Die Bäckerei profitierte sogar noch etwas davon, denn die ursprüngliche Diele wurde in diesem Zusammenhang als zusätzlicher Arbeits- und Vorratsraum ausgebaut und der Wohnraum erweitert. Ich habe mich erst am nächsten Tag zu dem Brandort gewagt und den Schaden näher angeschaut.

Im Gegensatz zu diesem Ernstfall habe ich bei den Übungsabenden und Wettkämpfen der Feuerwehr sehr gerne zugeschaut. Meistens war eine große Kinderschar versammelt, die dem Treiben der Feuerwehrleute staunend zuschaute. Etwas Spott kam auf, wenn die Schläuche kleine Löcher bekamen und das Wasser wie eine Fontänen herausspritzte. Manchmal platzten sie auch mit einem lauten Knall. Die Löcher wurden dann nach Möglichkeit mit sogenannten „Schlauchschellen“, die aus ungefähr acht cm breitem Aluminiumblech bestanden, verschlossen; die geplatzten Schläuche natürlich sofort ausgewechselt. Diese Aufgaben wurden von dem „Schlauchtrupp“ übernommen.

Da die Schläuche damals noch nicht die heutige Qualität besaßen, hatten diese Feuerwehrleute reichlich Arbeit. Ich habe oft zugeschaut, wenn mein Vater diese kleinen Löcher später in unserer Werkstatt geflickt hat.

Die Bäckerei konnte nach dem Brand schon bald den Betrieb wieder aufnehmen. Nach einigen Jahren kam ein neuer Pächter, der den Verkaufsraum erweiterte und somit auch sein Angebot. Als er sich auch noch der Handelsgesellschaft „SPAR“ anschloss und sogar Rabattmarken ausgab, entstand eine ernsthafte Konkurrenz für unseren alteingesessenen Dorfladen. Aber schon nach wenigen Jahren erhielt dieser Pächter ein lukratives Angebot als Filialleiter eines größeren Ladens und ist verzogen. Leider konnte kein neuer Pächter für „unsere“ Bäckerei gefunden werden.

Das ganze Objekt wurde schließlich von dem ortsansässigen Bauunternehmer erworben und 1972 zu einem großen Mehrfamilienhaus ausgebaut.

Hinter diesem Komplex führt ein schmaler Weg zur nahegelegenen Sandkuhle in der wir Kinder oft gespielt haben. Hier wurde jahrzehntelang Sand entnommen. Benötigt wurde dieser in großem Umfang wenn Flächen mit Feldsteinen gepflastert werden sollten. Alle Höfe der Bauern sind zum Beispiel mit einem solchen Pflaster versehen worden. Aber auch die Dorfstraßen waren früher mit einem sogenannten „Kopfsteinpflaster“ ausgestattet. Bei der großen Anzahl von benötigten Steinen, kann man sagen, dass unsere Gegend im wahrsten Sinne des Wortes „steinreich“ gewesen ist. Jahrzehntelang war es bei den landwirtschaftlichen Betrieben üblich, einmal im Jahr den Acker nach Steinen abzusuchen. Diese „Sammelsteine“ wurden mit der dafür bestimmten „Steinforke“ oder auch per Hand zusammengetragen. Jeder Betrieb hatte irgendwo in der Feldmark einen „Steinehaufen“ auf dem sie dann landeten. Heute werden meistens nur noch sehr große Steine entfernt.

Bei Kartoffelbetrieben werden sie aber immer noch gesammelt, weil sie als Nebenprodukt vom Roder aufgenommen werden und dann auch wieder auf einem Haufen landen.

Schon zu meiner Kindheit wurde in der Sandkuhle der Abbau von Sand eingeschränkt und schließlich ganz verboten, weil die dadurch entstandene Böschung schon nahe an die angrenzenden Grundstücke reichte. Vor einigen Jahren ist die ganze Fläche begradigt und begrünt worden. Die Gemeinde hat dann dort einen „Mehrgenerationenspielplatz“ errichtet. Dabei wurde auch die Boule-Bahn für die ortsansässige Boule-Gruppe erweitert.

Setze ich meine Wanderung auf der Hauptstraße nach der Bäckerei fort, folgen ein weiteres großes Mehrfamilienhaus des Bauunternehmers und dann zwei Einfamilienhäuser.

Wenn ich auf dem Berg angekommen bin, habe ich vorher auf der rechten Seite ein Haus passiert, in dem nach dem Krieg noch eine kleine Landwirtschaft betrieben worden ist. Die ist aber schon lange aufgegeben worden. Unter dem neuen Besitzer wird es nur noch als reines Wohnhaus genutzt.

Gegenüber dieses Grundstücks zweigt die „Alte Salzstraße“ von der Hauptstraße, der „Alten Dorfstraße“, nach links ab. Auf diesem Weg gelangt man zum außerhalb gelegenen Schießstand und ebenfalls dem Sportgelände. Ursprünglich führte dieser alte Postweg vom Nachbarort kommend nördlich am alten Dorf vorbei und wurde seit dem 13. Jahrhundert auch als Transportweg für das Lüneburger Salz genutzt. Mein Opa hat mir einmal erklärt, was es mit dem Ortsnamen dieses Nachbarortes „Vorwerk“ auf sich haben soll. Dieser Name komme von „Fuhrwerk“ was bedeute, dass an diesem Ort früher die Pferde gewechselt und auch eventuell nötige Reparaturen vorgenommen worden sind.

Diese „Alte Salzstraße“ ist der breiteste Weg in unserer Gemarkung, weil er mit zwei Fahrspuren ausgestattet war. Zum einen gab es den „Sommerweg“ der in der trockenen Jahreszeit relativ gut zu befahren war und zum anderen den „Schlechtwetterweg“, der überwiegend im Winterhalbjahr befahren wurde, weil dieser an den besonders nassen Stellen mit Sammelsteinen, stellenweise auch Pflastersteinen, befestigt war. So konnte vermieden werden, dass man sich auf dem grundlosen Weg festgefahren hat.

Jetzt ist er in Gänze bis Lüneburg nicht mehr befahrbar, weil neue Straßen ihn unterbrochen haben. In großen Teilen ist er nur noch einspurig.

Der Bruder meines Opas mütterlicherseits hat sich 1931 in dem Gebiet dieses Weges niedergelassen. Er war genau wie mein Opa Waldarbeiter und nebenbei Kleinlandwirt. Wenn bei uns in der Landwirtschaft eine zusätzliche männliche Arbeitskraft erforderlich war, hat er häufig ausgeholfen; wie zum Beispiel bei der Getreideernte oder dem Kartoffelsortieren. Sein Sohn hat in diesem Haus nach bestandener Meisterprüfung Anfang der siebziger Jahre eine Tischlerei eingerichtet, die stetig erweiterte wurde. Nach seinem Tode wird sie nun von seinem jüngsten Sohn erfolgreich weitergeführt. Dieser wohnt mit seiner Familie gegenüber in dem ehemaligen Siedlungshaus aus den 1960er Jahren. Ursprünglich war dieses von der Familie seiner Tante bewohnt gewesen.

Im Laufe der Jahre sind im Bereich der „Alten Salzstraße“ noch drei weitere Einfamilienhäuser entstanden.

Am Anfang dieser Straße habe ich ein Grundstück passiert, das zwischen „Alte Salzstraße“ und „Alte Dorfstraße“ liegt. Hier befindet sich ein Haus, das, genau wie unseres, im Jahre 1907 errichtet worden ist. Die Erkerseite hat viel Ähnlichkeit mit unserem Haus. Eine große Diele mit dem entsprechenden Tor weist darauf hin, dass hier, trotz des fehlenden großen Wirtschaftstraktes, ursprünglich eine kleine Landwirtschaft betrieben worden ist. Davon zeugt auch ein schmaler, niedriger anhängender Schweinestall mit dazugehöriger Schweineküche. Wie auf nahezu allen anderen Grundstücken, befand sich das „Plumpsklo“ auch hier im Stall und nicht im Wohnhaus. Das hängt damit zusammen, dass das besagte Klo fast immer über einer Jauchegrube errichtet wurde. Deshalb machte es auch „Plumps“ wenn man „machte“. Die Landwirtschaft war zu meiner Zeit aber bereits aufgegeben und es wurde nur noch eine Tischlerei betrieben. Leider war der Tischlermeister im Krieg gefallen und seine Witwe „bediente“ sich dann innerbetrieblich und heiratete einen Gesellen, der den Betrieb weiterführte.

Mit dem gemeinsamen Sohn bin ich zusammen eingeschult und bis zur vierten Klasse zur Schule gegangen. Ich muss gestehen, dass Kinder manchmal ganz schön gemein sein können! Als er einen etwa fünfmarkstückgroßen Grützbeutel an der Stirn bekam, wurde er kurzerhand von uns „Grützbulle“ genannt. Und auf Grund seiner schlechten schulischen Leistungen hat man sich über ihn oft lustig gemacht. Ich habe mich mit ihm aber gut vertragen, denn er war ansonsten ein sehr umgänglicher Mensch. Er hat später Elektriker gelernt, ob seiner Lernschwäche aber den Abschluss nicht geschafft. Trotzdem hat er auf diesem Gebiet seine praktischen Qualitäten gehabt und mit Rundfunk- und Fernsehgeräten viel experimentiert. So hatte er zum Beispiel in seiner Werkstatt zeitweise sogar einen eigenen „Rundfunksender Eddelstorf“ betrieben, der im ganzen Dorf zu empfangen war. Dieser wurde jedoch bald geortet und er bekam daraufhin erhebliche Schwierigkeiten mit dem Gesetzgeber und der Sender war somit schnell wieder verschwunden. Wenn aber ein Radio oder Fernseher defekt war, haben viele Dorfbewohner ihn um Hilfe gebeten. Außerdem wurde er auch bei vielen Privatfeiern von uns als Discjockey verpflichtet und sorgte dann mit guter Musik für Stimmung. Eigentlich hieß er Adelbert, wurde aber fast immer nur „Ali“ genannt.

Sein Vater litt unter einer unangenehmen Behinderung; er stotterte so stark, dass er kaum ein Wort herausbekam. Erzählt wurde, dass sei davon gekommen, weil er früher einmal ein Bund Stroh auf den Kopf bekommen habe. Aber das wird wohl nicht stimmen.

Seine Frau war, etwas gelinde ausgedrückt, sehr dominant. Genau wie ihr Sohn aus erster Ehe, hatte auch ihr Mann erhebliche Schwierigkeiten mit ihr. Außerhalb der Reichweite seiner Frau war er aber ein sehr geselliger Mensch, der immer zu Späßen aufgelegt war.

Die ihn erlebt haben, werden ihn als ein besonderes Original in Erinnerung behalten. Er nahm sich nicht so wichtig und hatte erstaunliche Fähigkeiten. Aus heutiger Sicht kann man durchaus sagen, dass er ein ausgeprägtes künstlerisches Talent besaß.

Wenn er sich im Gasthaus aufhielt, war er eine Stimmungskanone mit der man viel Spaß haben konnte. Bereitwillig hat er Lustiges vorgetragen, wie zum Beispiel den „einarmigen Geiger". Dazu musste er sich kurz im Nebenraum präparieren und kam dann einarmig herein; den anderen unter der Kleidung versteckend. In der Hand hatte er einen Besenstiel, der den Geigenbogen darstellen sollte. Nun begann er, auf seiner „Luftgeige" zu spielen und imitierte dazu mit hoher Stimme eine Geigenmelodie; was schon zu anerkennendem Beifall animierte. Als er dann den als „Geigenbogen" dienenden Besenstiel herab nahm, um zwischendurch ein Schluck Bier trinken zu können, kam plötzlich aus dem Hosenschlitz ein „Ungetüm" hervor und dieser Zeigefinger umfasste dann unter schallendem Gelächter den Besenstiel.

Es hat mich immer wieder erstaunt, dass er zwar kaum einen Satz richtig zustande bringen, aber ganze Lieder mit schönem Gesang vortragen konnte; ohne auch nur einmal anzustoßen. Unvergessen bleibt mir, wie er einmal zu uns in das Musikzimmer gekommen ist. Er hatte eine Zitter mitgebracht und hat meinem Opa und mir darauf etwas vorgespielt. Wir beide waren davon total überrascht und beeindruckt, wie schön er darauf spielen und dazu singen konnte. Mir ist bis heute unbegreiflich, warum ich das von ihm nie wieder erlebt habe. Ein Onkel erzählte mir einmal, dass er ihm sogar das Geigenspiel beibringen wollte. Leider ist er schon relativ früh freiwillig aus dem Leben geschieden.

Nach den folgenden Querelen innerhalb der Familie, es gab ja noch den Sohn aus erster Ehe, wurde der Betrieb schließlich Anfang der siebziger Jahre verkauft. Der Nachfolger hat sich der „alternativen“ Tischlerei verschrieben und arbeitete ausschließlich mit Holz. Leider ist er vor drei Jahren bei einem Verkehrsunfall ums Leben gekommen. Nun führt ein Pächter den Betrieb in seinem Sinn fort. Die Angehörigen des Verstorbenen leben nicht mehr im Ort.

Gegenüber dieser Tischlerei hatte ein Stellmacher eine kleine Werkstatt gepachtet. Hier wurden nicht nur Stiele für die unterschiedlichsten Arbeitsmittel wie Forken, Schaufeln und Harken hergestellt, sondern vor allem auch die Holzräder für die Ackerwagen der Landwirtschaft. Der Stellmacher brachte diese Räder dann zu unserem Schmied, der die benötigten Eisenreifen anpasste. Dieser Standort wurde bald aufgegeben und an einer anderen Stelle des Dorfes ein Wohnhaus und eine größere Werkstatt errichtet. Weil aber die mit Gummireifen ausgestatteten Wagen, die deshalb lange auch als „Gummiwagen“ bezeichnet wurden, in der Landwirtschaft immer mehr zum Einsatz kamen, hat der Stellmacher den Betrieb bald aufgegeben.

Auf dem Weg zum nördlichen Ortsausgang folgt auf der linken Seite ein Haus, das zu Beginn des 20. Jahrhundert erbaut worden ist und sich noch immer im Familienbesitz befindet. Auch hier ist früher eine kleine Landwirtschaft betrieben worden. Der Erbauer und dessen Sohn waren zusätzlich noch als Hausschlachter tätig. Der Vater ist im Krieg verstorben und sein Sohn gefallen. Von den Nachkommen hat der jüngste Sohn dann mit seiner Familie dieses Haus bewohnt, während der ältere gegenüber an der Alten Salzstraße in den 60er Jahren ein Haus errichtet hat. Dieser Sohn war lange Zeit Bürgermeister unseres Dorfes und nach der Gebietsreform im Jahre 1972 auch von der neuen Einheitsgemeinde. Außerdem war er als 1. Vorsitzender des Sportvereins maßgeblich für den Ausbau der Sportanlage verantwortlich. Durch sein Wirken sind die Grundlagen für eine erfolgreiche Vereinsarbeit geschaffen worden.

Am Ausgang des Ortes sind auf der linken Seite der „Alten Dorfstraße“ zwei Siedlungshäuser gebaut worden und auf der rechten sind im Laufe der Jahre noch einige Neubauten entstanden.

Am Ende des Dorfes ist auf der rechten Seite, fast schon außerhalb des Dorfes, 1960 ein „Aussiedlerhof“ gegründet worden. Diese Familie hatte ursprünglich Flächen in der Nähe eines Truppenübungsplatzes landwirtschaftlich betrieben, die nun aber von der Bundeswehr beansprucht wurden. Mit behördlicher Unterstützung ist dann hier ein neuer Betrieb gegründet worden, der noch heute existiert.

Mein Weg führt mich nun zu der am nordwestlichen Ortsrand gelegenen „alten“ Siedlung am „Kleukerberg“. Dieses Gebiet wird in erster Linie von Mehrfamilienhäusern geprägt, die von Bauern für ihre Beschäftigten errichtet worden sind; zum Teil vor dem Krieg aber auch noch nach dem Krieg. Oft waren dies sogenannte „Deputat-Wohnungen“; was bedeutet, dass die Mitarbeiter hier umsonst wohnen konnten und in einem bestimmten Umfang auch Naturalien von ihrem Arbeitgeber bekamen. So waren sie in der Lage, sich selbst zu versorgen. Aus diesem

Grund waren auch immer Stallungen vorhanden, um Schweine und Kleinvieh halten zu können. Eine Entlohnung fand nur im geringen Maße statt; manchmal gar nicht. Auch zu den in diesem Gebiet errichteten Einfamilienhäusern gehören in den meisten Fällen Stallungen.

In dieser Siedlung ist in der Nachkriegszeit von einer Familie noch ein kleiner Lebensmittelladen betrieben worden, in dem es aber nur die wichtigsten Sachen des täglichen Bedarfs zu kaufen gab. Als sowohl die Bäckerei als auch der Dorfladen erweitert wurden, ist dieser Laden aufgegeben worden.

Ebenfalls in diesem Gebiet angesiedelt hatte sich der schon erwähnte Stellmacher.

Jetzt muss ich unser Dorf verlassen und komme in nordöstlicher Richtung zu der 400 Meter entfernten Mühle. Sie wurde auf einer Anhöhe errichtet; dem 78 Meter hohen „Kesterberg". Früher hatte sie noch Flügel; ich kenne sie aber nur ohne. Hier lieferten die vielen kleinen Landwirtschaften des Ortes ihr Getreide ab. Einen Teil davon ließen sie für den Eigenbedarf als grobes Schrot für das Vieh mahlen: der andere wurde zu feinem Mehl vermahlen und damit unter anderem auch die ortsansässige Bäckerei beliefert.

Bei der Abrechnung konnten sich die Lieferanten den Gesamtbetrag auszahlen lassen oder sie erhielten auf Wunsch für den an die Bäckerei gelieferten Teil Wertmarken. Mit diesen sogenannten „Brotmarken" konnte man dann dort Brot erwerben. Für den Transport der Säcke hat einige Jahre unser Nachbar mit Pferd und Wagen gesorgt.

Neben dieser Dorfversorgung betrieb der Müllermeister aber auch einen überregionalen Korn- und Mehlhandel.

Ende der 1950er Jahre gab der Pächter jedoch den Betrieb auf. Zum einen aus gesundheitlichen Gründen und zum anderen deshalb, weil es sich nicht mehr lohnte.

Der Besitzer des dazugehörigen landwirtschaftlichen Betriebes ließ diese Mühle für einige Jahre unberührt, ehe er sie dann verkaufte. Die neuen Besitzer haben sie als Wohnraum ausgebaut und sind bis heute dort ansässig.

Die Landwirtschaft wird immer noch von der Familie betrieben. Während meiner Jugendzeit war hier ein Mann beschäftigt, der auch als ein „Original" bezeichnet werden kann. Leider ist dieser sehr unglücklich ums Leben gekommen. Nach einer Feier der Feuerwehr ist er in einen Zierteich gestürzt, der nur mit 20 cm hohem Wasser gefüllt war. Er ist wohl so unglücklich gefallen, dass er auf den Boden mit dem Kopf aufgeschlagen ist und dabei das Bewusstsein verloren hat. Da dabei jedoch Mund und Nase unter Wasser gerieten, ist er in diesem niedrigen Wasser ertrunken.

Diese „Originale", die es wohl in allen Dörfern gegeben hat, hatten etwas Besonderes an sich. Sie hoben sich von der Masse ab und konnten durch ihre Wesensart die Menschen erfreuen und zum Lachen bringen.

In unserem Dorf habe ich mehrere Menschen erleben dürfen, die diese Eigenschaften hatten. Heute gibt es solche Typen kaum noch.

Nun ist der gedankliche Rundgang beendet und ich fasse zusammen, was es in unserem Dorf in den Nachkriegsjahren alles gegeben hat und was davon geblieben oder neu entstanden ist.

In den Nachkriegsjahren waren durch den Zustrom von Flüchtlingen aus den Ostgebieten bis zu 900 Personen im Dorf ansässig. Nur durch angeordnete „Zwangseinquartierungen“ war dieses Problem zu lösen. Durch Auswanderung und Verzug in den 50er Jahren sank die Anzahl nach und nach auf ein erträgliches Maß und pendelte sich später auf etwa 300 Bürger ein.

Damals gab es acht große Bauernhöfe; jetzt gibt es nur noch drei bewirtschaftete landwirtschaftliche Betriebe und es sind nur noch wenige Personen in der Landwirtschaft beschäftigt.

Damals hatten die Bauern jeweils etwa 30 Kühe; hinzu kamen noch die Kühe in den kleineren Betrieben, sodass sich über 200 im Dorf befanden. Jetzt kann man die Anzahl an zwei Händen abzählen.

Alle drei Lebensmittelläden haben aufgegeben, ebenso der Bäcker.

Die vier Schneidereien gibt es nicht mehr, auch keinen Schuhmacher, Stellmacher und Kartoffelhändler.

Die ehemalige Schmiede verkommt nun zusehends.

Die größten Arbeitgeber, die Ziegelei und das Bauunternehmen, haben den Betrieb eingestellt.

Die Schule wurde 1968 geschlossen.

Bis 1972 war die Gemeinde stets selbstständig gewesen. Nach der Gebietsreform wurde sie zum Ortsteil einer Einheitsgemeinde.

Eine Poststelle gibt es heute nicht nur hier, sondern auch im größeren Nachbarort nicht mehr.

Aber - statt einer Tischlerei haben wir nun zwei, die eine unterschiedliche Ausrichtung haben.

Neu hinzugekommen sind vier Gartenbaubetriebe beziehungsweise Hausmeisterservices.

Zu dieser Aufzählung gehört auch, dass die Gaststätte mit dem dazugehörigen Saal nicht mehr bewirtschaftet wird. Wie in so vielen anderen Dörfern auch.

Geblieben sind jedoch die vielen Erinnerungen:

Die Dorfkneipe, die es seit dem Beginn des 20. Jahrhunderts gegeben hat. Früher war sie ganztägig geöffnet. Zuletzt nur noch ab 17.00 Uhr für wenige Stunden. Nicht nur von der Lage her, sondern auch sonst Mittelpunkt des dörflichen Lebens.

Der Frühschoppen, der besonders am Sonntagmorgen oft zu lange ausgedehnt wurde und dann zuhause ein Erdbeben auslöste. Aber es mussten ja die Probleme der letzten Woche ausgiebig diskutiert werden. Genauso das vergangene Wochenende am Montag beim Dämmerschoppen. Nicht nur der internationale und nationale Fußballsport wurde dabei analysiert, sondern natürlich auch der Sieg oder die Niederlage der heimischen Mannschaft.

Die vielen Sportgruppen, die nach getaner Arbeit den Flüssigkeitsverlust wieder ausgleichen mussten.

Die „dritte Halbzeit“ der Fußballer mit Bier und Gesang. „Der Stiefel muss sterben!“ Die Flasche Korn, später Weinbrand; manchmal auch Cola-Rum. Der Sparclub. Wenn der Sparkasten am Abend ausgenommen wurde, kamen viele Mitglieder in die Kneipe, um kurz vorher noch zu sparen. Manche gingen gleich wieder aber viel verblieben für einige Zeit. Was eigentlich auch so erhofft war.

Beim „Biermax“ wurde an der Theke aber auch am Tisch eine Runde ausgeknobelt.

Zum „Käseknobeln“ versammelte man sich, wenn das Bier hungrig gemacht hatte. Die dicke Käsescheibe wurde einfach auf einem kleinen Teller aus dem Laden geholt. Dazu wurde ein Glas Senf gereicht. In die Mitte kam ein Zahnstocher, dann wurde reihum geknobelt. Bei einer bestimmten Zahl konnte „in einem Schnitt“ ein Stück vom Käse abgeschnitten werden. Zuerst waren diese noch recht groß, wurden dann aber immer kleiner; bis es bald nur noch um Millimeter ging. Derjenige, bei dem der Zahnstocher dann schließlich umgefallen ist, hatte den Käse zu bezahlen. Verzwickt konnte es werden, wenn statt des Käses eine Scheibe Jagdwurst auf den Teller kam. Dabei konnte es passieren, dass der erste Schnitt misslang, weil man ein sehniges Ende erwischt hatte und sich das erhoffte Stück, auch unter spöttischem Gelächter und Anfeuerungsrufen der Mitstreiter, nicht lösen ließ. Da ein zweites Ansetzen nicht erlaubt war, war die Runde schnell zu Ende. Zwar musste dann die Jagdwurst von ihm bezahlt werden, aber der Betreffende war ja dann alleiniger Besitzer. Alleine verzehrt hat er sie aber meistens nicht.

Zu erwähnen sind auch die legendären Skatrunden am Sonntagnachmittag und auch in den Abendstunden. Vor allem auch die verschiedenen Originale mit denen man in gemütlicher Runde viel Spaß haben konnte.

Nicht der letzte, aber die vorherigen Wirte, die dem letzten Gast bis in die späte Nacht hinein geduldig zugehört haben.

Die unzähligen Feiern in der Kneipe und im Clubzimmer. Spanferkelessen der Sportler, Konfirmationen, Geburtstage, Jubiläen.

Nachdem das Vieh draußen auf der großen Waage gewogen worden war, traf man sich anschließend noch zu einem Umtrunk in der Kneipe.

Dann der 1911 errichtete Saal! Wie viele Ehen wurden hier beim Tanz angebahnt, wie viele Hochzeiten und andere Jubiläen gefeiert? Welchen Wandel der Musik hat er miterlebt? Von Beginn an mit der Kapelle Burmester. Zunächst als reine Blaskapelle; später auch mit aktueller Schlagermusik; bis sich die Kapelle in den 80er Jahren auflöste. Dann folgten die unterschiedlichsten Bands und schließlich die Discjockeys.

Die fabelhaften Dekorationen aus Anlass der Maskerade Ende der 40er Jahre. Bei der „Waldschänke" wurden die Theke und die Bühnenseite waldähnlich verwandelt. Oder 1948 „Die Eisrevue", als tausende an Schnüren befestigte Wattebällchen den ganzen Saal in eine Winterlandschaft verwandelten. Bis Ostern konnte dieses Meisterwerk angeschaut und bewundert werden. Erst nach dem dann stattgefundenen Feuerwehrball hatte der Winter ausgedient.

Den Abschluss dieser Serie bildete im Februar 1949 „Der Rosengarten". Überliefert ist, dass unvorstellbare 15 000 Rosen an Apfelzweigen befestigt waren, die man aus speziellem Papier angefertigt hatte.

Dann ist zu nennen der ab 1946 über 50 Jahre gefeierte „Bunte Abend". Die vielen Übungsabende mit anschließender „Besprechung". Der Weinbrand bei der Theatergruppe, der Bonekamp bei der Altherrentruppe, die auf süßem Bärenfang umschaltete wenn der Bonekamp nicht mehr mundete. Lampenfieber vor dem Auftritte. Ein völlig verqualmter Saal. Die stimmungsvolle vorweihnachtliche Kaffeetafel bei Kerzenschein. Vorführungen von klein bis groß. Der krönende Abschluss durch die Theatergruppe. Grandiose Schauspieler. Der Tanz bis in den frühen Morgen. Der Gesang an der Theke und in der Sektbar. Das gemeinsame Singen von „Ein schöner Land" wenn man sich am Ende des Tanzabends sitzend und händereichend zu einem großen Kreis auf dem abgedunkelten Saal versammelt hatte. Die Kerzen eines mehrarmigen Leuchters sorgten für eine romantische Stimmung.

Die vielen anderen Veranstaltungen von Vereinen und Verbänden.

Erlebt habe ich noch, dass die Dezimalwaagen, die im Dorf genutzt wurden, auf dem Saal geeicht worden sind.

Und auch zwei unterschiedliche Generationen von Soldaten haben sich in diesen Räumen aufgehalten. Die kaisertreuen im ersten und die hitlergläubigen im zweiten Weltkrieg. Vor allem beim „Heimaturlaub" wurde ausgiebig gefeiert, aber nicht wenige sind nie wieder zurückgekommen. Im April 1945 hielten sich schließlich ganz andere Soldaten in den Räumen auf. Britische und kanadische waren hier, wie in vielen anderen Häusern auch, für einige Wochen einquartiert.

Wenn das Haus seine Geschichte erzählen könnte, würde es sicher noch so manches andere berichten können.

Alles ist Vergangenheit aber noch nicht von allen vergessen.

Und es gibt noch etwas, was wir einmal hatten und jetzt nicht mehr haben: Das Transformatorenhaus am Ortsrand, dass vom Stromversorger errichtet wurde. Ist es schon 1913 gebaut worden, als der Ort mit Strom versorgt wurde? Ich weiß es nicht; jedenfalls wurde es vor einigen Jahren abgerissen, weil durch die Verlegung der Überlandleitungen unter die Erde moderne Umspannkästen installiert wurden.

Da das alte Transformatorenhaus ein dorfbildprägendes Gebäude war, bedaure ich aus historischer und vielleicht auch aus nostalgischer Sicht diesen Abriss sehr. Das Ärgerliche dabei ist jedoch, dass ich es hätte verhindern können; denn dieses Gebäude konnte zu einem symbolischen Preis sehr günstig erworben werden. Und ich habe mich tatsächlich aus den vorher genannten Gründen sehr intensiv damit befasst; es aber schließlich doch nicht gemacht, weil ich unvorhersehbare, nachteilige Folgen befürchtete. Dass dieses aber völlig unbegründet war, erfuhr ich leider erst einige Zeit später. Ein ehemaliger Schulfreund, der sich beim NABU engagiert, erzählte mir, dass diese Häuser mit Vorliebe von seiner Organisation aufgekauft werden, um sie dann als Nistmöglichkeit für Eulen und Turmfalken herzurichten. Nun ärgerte nicht nur ich mich, sondern auch mein Schulfreund über den Abriss des Transformatorenhauses.

In Vergessenheit geraten sind leider einige Gebräuche und Sitten, die es in unserem Dorf einmal gegeben hat. Dazu gehören auch Schnorrertouren, die jetzt nicht mehr durchgeführt werden.

Der Spielmannszug des Schützenclubs hat den alten Brauch des Faslamumzuges 1980 noch einmal aufleben lassen und fast dreißig Jahre durchgeführt. Das Zusammengetragene wurde hierbei in gemütlicher Runde zusammen mit der eingeladenen Dorfgemeinschaft auf dem Saal der Gaststätte verzehrt.

Sehr lange hat sich das „Thomsen“ gehalten. Dabei sind verkleidete Kinder am 21. Dezember, dem Thomasabend, durchs Dorf gezogen und haben um eine milde Gabe gebeten, nachdem sie ein Lied vorgetragen hatten. Das Gesammelte wurde dann untereinander aufgeteilt. Seit etwa zehn Jahren geschieht dieses aber auch nicht mehr. Das aus Amerika eingeschleuste „Halloween“ wird in unserem Dorf kaum praktiziert.

Der ursächliche Grund dieser Schnorrertouren war nicht nur die Zusammenkunft in froher Runde, sondern auch darin begründet, dass die Ärmeren um eine barmherzige Gabe gebeten haben.

So war es auch mit dem „Pingstkaan“, wie die plattdeutsche Bezeichnung dafür lautet. Als Kind habe ich ihn nur noch einmal bewusst erlebt. Hierbei wurde ein selbstgebasteltes etwa eineinhalb Meter hohes kastenartiges Gestell von einer darin befindlichen Person getragen. Geschmückt war es mit frischem Birkengrün und bunten Papierstreifen. Oben war, warum auch immer, ein Hahn aus Papier montiert. Vielleicht ist deshalb die Bezeichnung „Pfingsthahn“ die richtige, aber falsch überliefert worden. Aber es kann auch sein, dass diese Bezeichnung von „Pfingstkarren“ abgeleitet worden ist; denn in manchen Gegenden wird ein kleiner, ebenfalls mit frischem Grün geschmückter Karren, mit einem Jungen darin, durchs Dorf gezogen. Wie der Name es schon sagt, fand diese Zeremonie stets am Pfingstfest statt. Veranstaltet wurde dieser Brauch von den Schulkindern, die von Haus zu Haus gingen, um Geld für einen gemeinsamen Schulausflug zu sammeln. Mit dem

Erlös sollte es allen Kindern ermöglicht werden, daran teilnehmen zu können. Die gespendeten Eier wurden an die Eierfrau verkauft. Bei der Bitte, um eine milde Gabe, wurde nicht gesungen, sondern ein plattdeutscher Spruch gemeinsam aufgesagt:

„Wi bringt jük een bunten Jung ins Huus. Wer em seen will, de kummt rut.

De Bloomen hept wie afgeplükt und domit hept wi em utgeschmückt.

Söss Eier in uns Kiep, jü ward seelig un wi ward riek."

Auf hochdeutsch: „Wir bringen euch einen bunten Jungen ins Haus. Wer ihn sehen will, der kommt raus. Die Blumen haben wir abgepflückt und damit haben wir ihn ausgeschmückt. Sechs Eier in unsere Kiepe, ihr werdet selig und wir werden reich."

Und dann wäre da noch ein spezieller Brauch, den ich auch in meiner Kindheit mitbekommen habe. Der Ort des Geschehens war die Werkstatt unserer damaligen Tischlerei. Hier wurde zu Beginn des Jahres die Sitzung der „Schweinekasse" abgehalten. Zu diesem „Verein" hatten sich Schweinehalter zusammengeschlossen. Nicht die Bauern, sondern die sogenannten „kleinen Leute", die sich zur Selbstversorgung Schweine gehalten hatten. Hin und wieder konnte es passieren, dass ein Schwein, aus welchen Gründen auch immer, verendete. Das war dann ein enormer Verlust für den Betroffenen. Durch einen festgelegten Mitgliedsbeitrag konnte man sich dagegen versichern und erhielt dann aus dieser „Schweinekasse" zumindest eine finanzielle Entschädigung, damit man ein Schlachtschwein erwerben konnte. Bei der jährlichen Versammlung wurde der Rechenschaftsbericht vorgelegt und anschließend zünftig gefeiert.

Nicht weil ich dabei gewesen wäre, sondern weil ich den gewaltigen Lärm, der nach draußen drang, im Vorbeigehen vernommen habe, ist diese Begebenheit bei mir in Erinnerung verblieben. Die gute Stimmung hatte einen ganz besonderen Grund; denn bei diesem Treffen gab es nämlich eine Besonderheit. Es wurde „Koschale“ (Kaltschale) getrunken oder besser gesagt „gelöffelt“. Dieses bei uns vollkommen in Vergessenheit geratene „Getränk“ bestand überwiegend aus einem speziellen Honigkuchen, der in Branntwein eingeweicht war. Da diese Mischung sehr schmackhaft war, wurde davon auch reichlich genossen. Die Wirkung war enorm und ließ den Lärmpegel dementsprechend ansteigen. Anfang der 1960er Jahre war es mit dieser „Schweinekasse“ vorbei, weil die privaten Schweinehalter immer weniger geworden waren.

Im Gegensatz zu heute, wurde in den ersten Jahrzehnten nach dem Krieg bedeutend mehr gefeiert und getanzt.

Das Jahr begann mit den Generalversammlungen von Feuerwehr, Sportverein und Kyffhäuserkameradschaft, aus der später der Schützenclub hervorging. Nach dem offiziellen Teil wurde gemeinsam gegessen und anschließend getanzt. Heute gibt es das gemeinsame Essen noch bei der Feuerwehr und dem Sportverein. Getanzt wird bei den drei Organisationen aber nicht mehr.

Die Treibjagd, die regelmäßig am Jahresanfang durchgeführt wurde, gibt es schon seit vielen Jahren nicht mehr, weil der Bestand von Hasen und Kaninchen bei uns sehr stark zurückgegangen ist. In meiner Kindheit und Jugendzeit bin ich zu diesen Jagden oft als Treiber mitgegangen. Das war eine sehr spannende Angelegenheit und nicht selten wurden dabei etwa 80 Hasen und Kaninchen geschossen.

Das sogenannte „Hasenessen“ zu dem die Jagdgenossenschaft und der Jagdpächter die Landbesitzer einladen, wird aber im Februar noch veranstaltet. Früher wurde dabei in unserer Kneipe bis in den frühen Morgen „getagt“, Skat gespielt und traditionell nur Rumgrog getrunken. Nicht nur das hat sich verändert, sondern auch die Teilnehmerzahl, die sich auf etwa 15 Personen halbiert hat. Die Anzahl der Landbesitzer ist zurückgegangen und das Essen findet nun auswärts statt.

Ebenfalls im Winter wurde Fastnacht gefeiert und dabei eine „Preismaskerade“ veranstaltet. Bereits am Nachmittag fand die Kindermaskerade statt. Zwei Bilder von der Demaskierung zeugen davon, dass auch ich daran teilgenommen habe. Das letzte stammt aus 1956 als ich neun Jahre alt gewesen bin. Da keine weiteren Bilder existieren, kann es sein, dass danach auch keine Veranstaltungen mehr stattgefunden haben.

Der Schützenclub hatte nach seiner Gründung für lange Zeit im Februar noch den Winterball veranstaltet, aber vor einigen Jahren auch gestrichen.

An Ostern versammelten sich die Feuerwehrkameraden am Nachmittag zum „Kommers“ mit den benachbarten Wehren zu einem gemütlichen Umtrunk. Am Abend wurde natürlich noch zünftig gefeiert und getanzt. Der Begriff „Kommers“ stammt übrigens aus dem Lateinischen und war ursprünglich die Bezeichnung einer studentischen Feier aus festlichem Anlass.

Am ersten Pfingsttag traf sich die Bevölkerung bei Blasmusik der Kapelle Burmester am Schießstand außerhalb des Ortes. Veranstalter war die Kyffhäuser-Kameradschaft, der frühere Kriegerverein. Für die Kinder gab es die unterschiedlichsten Spiele, wie zum Beispiel Sackhüpfen oder Eierlaufen. Auch ein Kletterbaum war errichtet worden, an dessen Spitze sich ein Eichenkranz mit allerlei Naschzeug befand. In schwacher Erinnerung ist verblieben, dass es mir einmal gelungen ist, die Spitze zu erreichen und ich eine Süßigkeit abpflücken konnte. Am Abend fand ein Ball auf dem Saal statt. Daraus entstanden ist das heute noch gefeierte Schützenfest.

Im Sommer wurde für lange Zeit vom Sportverein ein Pokalturnier durchgeführt. Selbstverständlich mit abschließendem Tanzabend.

Am Sonnabend vor dem 1. Advent fand seit 1946 stets das Fest des Jahres, der „Bunte Abend" des Sportvereins statt. Erstmalig ist dieses Ereignis in 2018 ausgefallen, weil die Gaststätte geschlossen und es keine Ausweichmöglichkeit gegeben hatte. Es sind jedoch Bestrebungen vorhanden, dieses Fest zu erhalten. Ob dieses gelingen wird ist jedoch fraglich.

Eine Woche nach dem „Bunten Abend" hatte der Sparclub bis weit in die achtziger Jahre hinein das Spargeld ausgezahlt. Nach dem gemeinsamen Essen wurde getanzt. Ende der 1970er Jahre war mit dem Tanzen Schluss, aber der Club existierte noch bis vor einigen Jahren.

Wie überall, wurde früher auch bei uns in der Kneipe mit Begeisterung Skat gespielt. Bei dem jeweils am Sonnabend vor dem dritten Advent stattgefundenen „Preisskat" nahmen in der Blütezeit bis zu 80 Personen teil. Zwar wird im

Anschluss der Jahreshauptversammlung des Sportvereins auch heute noch ein solches Turnier durchgeführt, aber dann nehmen daran nur etwa sechzehn Personen teil. Skat ist nicht mehr so sehr angesagt und wird in den Kneipen kaum noch gespielt.

Abgeschlossen wurde das Jahr mit einem zünftigen Silvesterball des Sportvereins. Aber leider auch nur noch bis Ende der siebziger Jahre als öffentliche Veranstaltung. Danach feierte man noch im privaten Rahmen auf dem Saal. Aber auch das ist in den letzten Jahren, parallel zum Niedergang der Dorfkneipe, unterblieben.

Nach der Wiedergründung des Sportvereins im Jahre 1946 wurden neben dem Fußball auch viele andere Sportarten betrieben.

So wurde für einige Jahre sogar regelmäßig auf dem Saal geturnt. Davon zeugten noch lange die entsprechenden Geräte. Aus dieser Gruppe ging auch ein Turner hervor, der später in einem anderen Verein sogar Landesmeister geworden ist.

Sehr erfolgreich und über die Kreisgrenze hinaus bekannt, war in den Nachkriegsjahren die neugegründete Volkstanzgruppe. Die sehr engagierte Ehefrau unseres Lehrers hatte die Einstudierung übernommen und mein Vater begleitete die Tänze auf dem Akkordeon. Da zu der Zeit viele junge Menschen im Ort wohnten, hatte diese Gruppe einen regen Zulauf. Besonders stolz war man auf die Mitwirkung in dem 1960 gedrehten Heimatfilm „Wenn die Heide blüht". Zu sehen ist ein kurzer Auftritt beim Heideblütenfest in Amelinghausen. 1965 ist eine solche Formation beim „Bunten Abend" das letzte Mal aufgetreten. Das lag vor allem daran, dass keine Person für die

Einstudierung zur Verfügung stand und außerdem das Interesse am Volkstanz nachgelassen hatte.

Ebenso erging es der Tischtennisabteilung, die zwar nie an Punktspielen teilgenommen hatte, aber trotzdem lange Zeit regen Zulauf hatte. Ende der 60er Jahre war auch damit Schluss.

In den 1970er Jahren ist eine Gymnastik-Abteilung der Damen gegründet worden, die einen außerordentlich großen Zuspruch hatte. In abgespeckter Form existierte sie in Kooperation mit dem Nachbarverein noch bis vor wenigen Jahren.

Die Fußballsparte erlebte ein stetes Auf und Ab und befindet sich im Moment in einer vorzüglichen Lage und ist so erfolgreich wie nie zuvor. Der Aufstieg in die Bezirksliga ist für diesen kleinen Verein als sensationell einzustufen.

Im Jahre 1969 hatte der Sportverein das alte Sonnenwendfeuer aus Anlass des Besuches eines Berliner Fußballvereins als Osterfeuer wieder aufleben lassen. Aus heutiger Sicht völlig unvorstellbar, wurden dabei unzählige alte Autoreifen, die über eingegrabene lange Balken aufgeschichtet waren, verbrannt. Eine weit sichtbare riesige schwarze Rauchsäule war das Ergebnis und sorgte für Begeisterung ob der Größe des Osterfeuers. Leider war das Gelände über das Jahr hinweg frei zugänglich und der Platz wurde zunehmend als willkommene Möglichkeit gesehen, dort unliebsamen Müll abzuladen. Der Höhepunkt der Dreistigkeit war ein abgelegter Kühlschrank. Seit einigen Jahren wird diese Veranstaltung nun regelmäßig am Ostersonnabend von der Feuerwehr hervorragend organisiert.

Das Gelände ist jetzt auch abgesperrt und es darf unmittelbar vor Ostern nur noch Busch angeliefert werden.

Bei dem am Sonnabend vor dem ersten Advent stattgefundenen „Bunten Abend“ hat von Anfang an der sogenannte „SVE-Chor“ einige Lieder zur Begrüßung gesungen. Im Jahre 2002 ist daraus unter meiner Leitung der „Fidelia-Chor“ hervorgegangen. Schon bald stellten sich bei den zahlreichen Auftritten große Erfolge ein. Bei einem befreundeten Musikproduzenten im Nachbarort wurde nicht nur eine eigene CD aufgenommen, sondern viele Aufnahmen auch als „Hintergrund-Chor“ begleitet. Sehr beliebt waren auch die gemeinsamen Konzerte mit der „Lüneburger Blaskapelle“. Leider waren ab 2010 keine Auftritte mehr möglich, weil die Mitgliederzahl aus Altersgründen und krankheitsbedingt erheblich geschrumpft war. Bei dem „Bunten Abend“ des Sportvereins wurde aber unter der alten Bezeichnung in einer kleinen Besetzung weiterhin gesungen.

Aus dem früheren Kriegerverein ist nach dem Krieg die Kyffhäuser-Kameradschaft entstanden und daraus wiederum im Jahre 1978 der „Schützenclub Eddelstorf.“ Daraus folgernd gab es in diesem Jahr den ersten Schützenkönig des Vereins. Schon vorher wurden gelegentlich mit dem Kleinkalibergewehr Vergleichswettkämpfe durchgeführt, aber jetzt wurde der Schießsport intensiviert und hatte einen großen Zuspruch. Durch die Umbenennung konnte man auch unter dem Dach des Deutschen Sportbundes dem Deutschen Schützenbund beitreten und regelmäßig an Wettkämpfen auf Kreis- bis Landesebene teilnehmen. Zunächst fanden sowohl das Training als auch die Wettkämpfe mit dem Luftgewehr noch auf dem Saal der Gaststätte statt.

Das regelmäßige Training zahlte sich bald aus und es konnten schnell die ersten Erfolge erzielt werden. Das setzte sich verstärkt fort, nachdem der alte Schießstand abgerissen und durch ein neues Schützenhaus ersetzt worden war. Für eine kurze Zeit hat die 1. Mannschaft sogar in der 2. Bundesliga geschossen. Vor einigen Jahren ist dieses Gebäude erweitert worden und es können jetzt auch hochwertige Wettkämpfe auf der Anlage durchgeführt werde. Zwar ist die Anzahl der Mannschaften geschrumpft, aber die erste ist sehr erfolgreich und schießt in einer relativ hohen Klasse. Über die Landesmeisterschaften konnten sich schon einige Mitglieder die Startberechtigung bei der Deutschen Meisterschaft sichern und dort auch beachtliche Erfolge verzeichnen. Auch im Nachwuchsbereich wachsen gute Talente heran und lassen hoffen, dass hier weiterhin Spitzensport betrieben werden kann. Aber natürlich ist auch die Kameradschaftspflege und das gesellige Miteinander ein ganz wichtiger Gründungszweck des Vereins.

Zum Schützenclub gehört seit 1979 ein sehr aktiver Spielmannszug, der jungen Menschen die Möglichkeit bietet, sich musikalisch zu betätigen. Diese Musikgruppe trägt erheblich dazu bei, dass das Vereinsleben gut funktioniert.

In den letzten Jahren sind verhältnismäßig viele junge Familien zugezogen. Das liegt vor allem daran, dass im Gegensatz zu Hamburg und auch Lüneburg in unserem Dorf Häuser noch relativ günstig erworben werden können. Die etwas weitere Anfahrt zur Arbeitsstelle nimmt man dafür gerne in Kauf. Profitiert hat davon insbesondere die Feuerwehr, die viele neue Mitglieder vorweisen kann.

Leider wird eine alte Tradition in der Feuerwehr nicht mehr praktiziert. Seit der Gründung im Jahre 1902 gab es stets Hornisten, die den Dienst mit Signalen begleiteten. Dieses war notwendig, um Befehle über weite Strecken weitergeben zu können. Der erste Stabshornist war damals mein Großvater. In den 50er Jahren hat dann ein Onkel von mir diese Aufgabe übernommen. In den 70er und 80er Jahren waren wir mit vier Hornisten bei der Feuerwehr aktiv und unsere Aufgabe beschränkte sich überwiegend darauf, vor gemeinsamen Diensten das „Sammeln“ zu blasen. Bei der Generalversammlung haben wir oft mehrstimmige Stücke dargeboten. Als 1979 mein Onkel Gemeindebrandmeister wurde, habe ich den Posten des Stabshornisten von ihm übernommen und über dreißig Jahre aktiv ausgeübt. Leider bin ich im Laufe der Jahre als einziger Hornist verblieben und habe schließlich vor etwa zehn Jahren mit dem Blasen der Signale ganz aufgehört. So war also mein Großvater der erste und ich wahrscheinlich der letzte Stabshornist der Freiwilligen Feuerwehr. Nur bei besonderen Anlässen präsentiere ich manchmal noch die alten Signale.

Legendär verliefen früher die Generalversammlungen der Feuerwehr. Wenn es viele Beförderungen und sonstige Auszeichnungen gegeben hatte, wurden auch dementsprechend viele Runden Korn und Bier getrunken. Dadurch stieg nicht nur der Lärmpegel sondern auch die Stimmung. Vor allem unter den Altgedienten befanden sich einige sangesfreudige Kameraden, die dann bald zünftige Lieder anstimmten. Hier taten sich besonders mein Großvater mütterlicherseits sowie sein Bruder hervor. Nach dem reichlichen Genuss von Alkohol und Gesang mussten aber noch die Ehefrauen zu dem anschließenden Essen und Tanz abgeholt werden. Das bereitete hier und da erhebliche Probleme, weil manche Ehefrau mit dem Zustand des holden Gatten gar nicht einverstanden war. „So goa ik mit di nich los! Goa man aleen!“ lautete dann die entrüstete Ansage. Sie wolle so nicht mitgehen und er solle man alleine gehen. Diese Zweifel waren zwar oft nicht ganz unberechtigt, aber nach gutem Zureden wurde es meistens doch noch ein schöner Abend.

Von der „Altherren-Theatergruppe“ des Sportvereins, die ab 1982 fast 30 Jahre lang das Programm des „Bunten Abends“ mitgestaltete, ist 2006 eine Boule-Gruppe gegründet worden und trifft sich seitdem regelmäßig wöchentlich zum Wettkampf. Im Winterhalbjahr tritt der Sport in den Hintergrund und es bleibt bei einer gemütlichen „Klönrunde“, an der elf Rentner und Pensionäre teilnehmen. In angeregter Diskussion wird dabei versucht, Lösungsansätze für die großen und kleinen Probleme der Welt zu finden. Da ein Treffen in der Kneipe nicht mehr möglich ist, ist man froh und dankbar, dass zu den Tagungen das Gartenhäuschen eines Mitgliedes genutzt werden kann.

Ausgehend von der Initiative zweier Frauen ist vor einigen Jahren ein schöner neuer Brauch ins Leben gerufen worden. Vom ersten bis zum vierten Advent findet der „Adventskalender“ statt. Am Sonntag, Mittwoch und Freitag sind die Dorfbewohner bei einem „heißen Getränk“ jeweils um 19.00 Uhr bei wechselnden Familien zu einem kurzen Plausch vor der Tür eingeladen. Diese Veranstaltung wird sehr gut angenommen und bietet eine hervorragende Möglichkeit, auch einmal mit Neubürgern ins Gespräch zu kommen.

Abschließend kann ich festhalten, dass leider vieles verloren gegangen ist und sich das Dorfleben nicht mehr mit dem meiner Kindheit vergleichen lässt. Wenn man aber berücksichtigt, dass das Dorf nur etwa 330 Einwohner hat, ist es schon erstaunlich, wie vielseitig das Angebot immer noch ist, um sich in das dörfliche Leben einbringen zu können.

Und jetzt noch „Mein letzter Wille."

Nein, nein! Damit meine ich nicht mein Testament, sondern den gleichnamigen Fernsehfilm. Im Herbst 1993 verwandelte sich unser Dorf in Hollywood. Aus welchem Grund auch immer, hatte sich der Produzent für einige Szenen unser Dorf ausgesucht. Der Saal unserer Gaststätte wurde kurzerhand in ein italienisches Lokal umgewandelt. Einige Bewohner wurden als Statisten angeworben; darunter auch unsere älteste Tochter. Sie waren Gäste in dem Lokal. Einige Szenen wurden an der Bushaltestelle beim Spritzenhaus gedreht und unsere Feuerwehr musste für Regen sorgen, als der Hauptdarsteller am Abend das Gasthaus verlassen sollte. An einem anderen Tag wurde ein Sarg auf einem alten Anhänger durch das Dorf gefahren. Wie beim Film üblich, geschah das mehrmals bis die Szene „im Kasten" war, um bei der Fachsprache zu bleiben. Außerdem war die Feuerwehr auch bei einem gestellten Verkehrsunfall außerhalb unseres Ortes im Einsatz. Wie so oft „beim Film" wurde viel aufgenommen aber später davon wenig gezeigt. 1995 ist er dann im Fernsehen gesendet worden. In einigen kurzen Szenen war auch tatsächlich etwas von unserem Dorf zu erkennen, aber das Gesamtwerk war nicht so berauschend. Jedenfalls ist es nicht zu einer Oscar-Nominierung gekommen.

16. Kapitel
Das Tanzen

Der Tanz als solches hat eine lange Tradition. Schon die Urvölker haben aus den verschiedensten Anlässe rituale Tänze aufgeführt. Dabei wurden sie durch einfachste Instrumente und Rhythmusgeräte begleitet und verfielen dabei nicht selten in Trancezuständen. Zwar gab es schon bestimmte Schrittfolgen, aber trotzdem konnte jeder für sich die Musik nach eigenen Empfindungen in Bewegung umsetzen. Der auch heute noch manchmal praktizierte „Freudentanz" beim Fußball nach einem erzielten Tor oder Sieg kann durchaus mit diesen ursprünglichen Formen in Verbindung gebracht werden. Erst vor einigen Jahrhunderten wurden die Tänze reglementiert. Das geschah zunächst in vornehmen Kreisen, also überwiegend „am Hofe". Zumeist waren dieses noch keine beschwingten Tänze, sondern es wurden bestimmte Formationen im Schreiten durchgeführt. Ein Überbleibsel aus diesen Zeiten ist die noch heute bekannte Polonaise. Wie es der Name schon verrät, stammt sie aus der vornehmen französischen Gesellschaft. Etwas hochnäsig hat diese höfische Zunft auf die in ihren Augen primitiven Tänze geschaut, die sich im untertänigen Volk eingebürgert hatten. Diese „Volkstänze" waren nicht so steif und wurden zu beschwingter Musik getanzt, wie es zum Beispiel bei der tschechischen Polka, die überall bekannt ist oder der polnischen Mazurka üblich ist. Des Weiteren gehören unter anderem dazu: die italienische Tarantella, der Flamenco in Spanien, der Csardas in Ungarn oder auch der Line- und Square-Dance in Amerika. Diese beiden Arten sind jedoch mehr oder weniger Formationstänze.

Zu diesen Tänzen gehörte fast immer eine landestypische Tracht. Gerade im süddeutschen Raum ist das noch heute sehr ausgeprägt. Aber auch in Norddeutschland entwickelten sich viele unterschiedliche Volkstänze. Aus diesen Urformen des Tanzes bildeten sich im Laufe der Jahre auch noch andere Formen heraus, wie zum Beispiel das Ballett, der professionelle Formationstanz mit seinen vielen Tanzarten oder auch der Eistanz im Wintersport.

Aus diesen Volkstänzen entwickelten sich im Laufe der Zeit die Gesellschaftstänze, die auf Volksfesten und anderen geselligen Zusammenkünften getanzt wurden. Diese Tänze wurden zunehmend nicht mehr in Formationen getanzt, sondern die Paare konnten frei ihre Runden drehen. Je nach Rhythmus waren aber bestimmte Tanzschritte zu erlernen. Dieses konnte bei fleißigem Üben unter Anleitung eines Partners während der Tanzveranstaltungen geschehen aber auch durch den Besuch einer Tanzschule.

Die Gestaltung dieser gesellschaftlichen Tanzvergnügen war von Region zu Region unterschiedlich. Aus Erzählungen weiß ich, dass es früher bei uns üblich war, dass die ledigen jungen Frauen in einer langen Reihe vor der Bühne auf Stühlen saßen, während sich die Männer gegenüber an der Theke aufhielten. Wenn nun die Musik zum Tanz aufspielte, gingen oder besser gesagt „stürmten“ die tanzwilligen Männer quer über den Saal und forderten die auserwählte Dame mit dem Satz „Darf ich zum Tanz bitten?“ oder kürzer: „Darf ich bitten?“ zum Tanzen auf. War die entsprechende Dame, aus welchen Gründen auch immer, dazu nicht bereit, hatte man sich „einen Korb geholt“, wie dieses landläufig genannt wurde. Das war für den betreffenden Mann äußerst unangenehm, vielleicht auch deprimierend und sollte eigentlich nur bei triftigen Gründen vorkommen.

Diese alte Tradition des Aufforderns wird auch heute noch in den Tanzschulen so gelehrt und praktiziert. Auch, dass die Männer sich überwiegend an der Theke aufhalten, ist immer noch, oft zum Verdruss der Partnerinnen, weit verbreitet.

Nicht mehr erlebt habe ich, dass die männlichen Tänzer „Tanzbänder" erwerben mussten. Der Eintritt war früher frei oder nur gering, aber wenn ein Mann tanzen wollte, musste dafür ein Obolus entrichtet werden. Dafür gab es zwei Möglichkeiten. Zum einen konnte man gleich am Anfang ein solches Band lösen, zum andern aber auch dann, wenn man sich erst später zum Tanzen entschieden hatte. Manche Teilnehmer mussten sich wohl erst einmal Mut antrinken. Aus Erzählungen weiß ich, dass bei uns fast immer der gleiche Mann diese „Vorschrift" überwachte. In gewissen Abständen erschien dieser auf der Tanzfläche und läutete mit einer Glocke. Daraufhin musste das Tanzen kurz eingestellt werden und die Tanzbänder wurden von ihm kontrolliert. Natürlich war er sehr erfahren und routiniert und wusste genau, wer schon bezahlt hatte und wer nicht. Da er recht resolut auftrat, hat auch niemand versucht, sich zu drücken. Also ging er meist zielgerichtet zu denen, die „unberechtigt" auf der Tanzfläche waren und kassierte das Geld für das Tanzen. Mit den Einnahmen wurde unter anderem auch die Musik bezahlt. Dass für die Musiker gesammelt wird, hat sich bis in die heutigen Tage gehalten. Und zwar dann, wenn die Tanzveranstaltung eigentlich, wie bestellt, zu Ende ist, aber noch eine gute Stimmung auf dem Saal herrscht und man deshalb gerne weitertanzen möchte. Wenn der Veranstalter dann eine Weiterzahlung der Musik ablehnt, wird auf dem Saal das erforderliche Geld gesammelt und es gibt eine Verlängerungsstunde. Auch der Erwerb von Tanzbändern hat sich bis in die Neuzeit gehalten. Jetzt müssen jedoch alle Personen schon zu Beginn an der Kasse den gleichen Eintritt bezahlen. also auch die Damen. Manchmal geschieht das aber auch durch einen Stempel auf den Handrücken. Vor allem in den Discotheken ist das schon lange gang und gäbe.

In einigen Regionen wurden bei den Tanzveranstaltungen noch volkstanzähnliche Formationen aufgeführt. Diese nannten sich „Bunte Tänze". Leider hat die ältere Generation diese Tanztradition nicht weitergeben können, weil die Jugendlichen dafür kein Interesse hatten. Es mag sein, dass es noch einige Ortschaften gibt, in denen dieses alte Kulturgut erhalten geblieben ist. In unserem Ort sind diese Formationstänze aber schon lange verschwunden und ich habe sie auch nie miterlebt. Auch als Musiker habe ich sie nicht begleiten müssen. Das aber auch deshalb, weil unsere Kapelle die dafür erforderlichen Musikstücke nicht kannte und auch keine Noten parat hatte.

Jahrzehntelang war es üblich, sich beim Tanzen paarweise anzufassen. Eine Renaissance des Einzeltanzes aus der Urzeit fand jedoch Anfang der 60er Jahre statt. Zwar gab es in den 20er Jahren schon den Charleston und in den 50ern den „Rock n Roll", aber erst durch den „Twist" in den 60er Jahren wurde das „Alleintanzen" immer populärer. Es wurde noch paarweise getanzt und bestimmte Bewegungen waren auch vorgegeben, aber man fasste sich nicht mehr an und im Großen und Ganzen waren der freien

Gestaltung keine Grenzen gesetzt. Besondere Umstände führten dazu, dass meine Cousine und ich das erste Mal einen „Twist“ bei einer Tanzveranstaltung in unserem Dorf aufgeführt haben. Wir hatten diesen bei einer Klassenfete zuvor kennengelernt und konnten nun an diesem Abend damit „glänzen“. Um uns herum wurde ein großer Kreis gebildet und begeistert geklatscht. Dieser „Twist“ war der Beginn einer „Tanzrevolution“. Besonders in den Discotheken ist es unüblich, dass die Paare sich anfassen. Jeder ist „Einzelkämpfer“ und gestaltet seinen Tanz so, wie es gefällt. Oft befindet man sich dabei in seiner eigenen Welt. In den Tanzschulen werden die alten Tänze allerdings noch gelehrt und vor allem auf den Dörfern auch noch praktiziert.

Leider sind im Laufe der Zeit die Tanzveranstaltungen in unserem Dorf immer weniger geworden und jetzt fast auf null heruntergefahren worden, weil unsere Dorfkneipe und damit auch unser Saal nicht mehr betrieben wird. Nur beim Schützenfest kann im Schützenhaus eine solche Veranstaltung noch stattfinden.

Ich habe die „goldenen Zeiten“ zum Glück noch erleben dürfen. Das Tanzen erlernt habe ich als junger Bursche von meinen „alten“ Tanten, die mir die entsprechenden Schritte bei den Veranstaltungen mit viel Geduld beigebracht haben. Damals habe ich sie als „alte Tanten“ angesehen, wenn ich aber rückblickend ihr Alter berechne, komme ich gerade einmal auf 30 bis 35 Jahre. Sie waren also noch „junge“ Tanten. Eigentlich sind nur drei verschiedene Tanzschritte ausreichend, um einen Tanzabend erfolgreich zu gestalten.

Eine beliebte Besonderheit bei den Tanzveranstaltungen war, und ist auch heute noch, der „Jägermarsch". Der Name wird davon abgeleitet, weil zu Beginn immer der „Marsch der Freiwilligen Jäger" gespielt wurde; bei den nächsten Touren aber überwiegend bekannte Musikstücke zum Mitsingen. Da die Anforderungen an das „Tanzvermögen" nicht sehr groß waren, es musste nur kurz ein Walzer getanzt werden, hatten auch viele Nichttänzer Mut mitzumachen. Während des „Jägermarsches" wurden zunächst ein großer äußerer und ein innerer Kreis gebildet und nach der Musik in gegensätzlicher Richtung marschiert; die Herren außen und die Damen innen. Wenn die Musik dann abrupt endete, konnten die Herren die entsprechende Dame auffordern bei der sie gerade zum Stehen gekommen waren und einen Walzer tanzen. Dabei kam es nicht selten vor, dass die Auserwählte auch von dem Nachbarn auserkoren war und ein kleiner Zweikampf um die Gunst der Dame entstand. Aber man hatte ja nach kurzer Zeit eine weitere Chance. Das Gute war, dass auch diejenigen zum Mitmachen animiert wurden, die für das Tanzen nicht so talentiert waren, auch vielleicht keinen Mut zum Auffordern einer Dame hatten. Außerdem war der verlangte Walzer nur kurz und auch für Ungeübte zu meistern. Nach etlichen Runden war dann Schluss und von der Kapelle kam die Durchsage: „Die Herren führen die Damen an die Theke oder Sektbar". Sehr oft kam einem diese Aufforderung sehr gelegen, manchmal war das Interesse für die betreffende Dame aber nicht so ausgeprägt und man war froh, wenn diese darauf verzichtete. Umgekehrt hat es sich wohl genauso verhalten.

Grundsätzlich war es üblich, dass nur die Herren zum Tanz aufforderten. Aber auch den Damen wurde dieses Recht eingeräumt; jedoch meistens nur einmal am Abend. Dafür ertönte ein Tusch der Kapelle und es erfolgte die entsprechende Ansage. Der Schlagzeuger „meiner“ Band pflegte dann immer zu verkünden: „Auf Wunsch einer einzelnen Dame - Damenwahl!“ Manchmal entsprach das tatsächlich der Wahrheit, dass dieser Wunsch an uns herangetragen worden war.

Zu besonderen Anlässen gab es den „Ehrentanz“ bei dem die geehrten in einem großen Kreis unter rhythmischem Klatschen ihre Ehrenrunde absolvierten. Bei bekennenden Nichttänzern war das allerdings für das betreffende Paar eine große Herausforderung.

Bei den Tanzveranstaltungen wurden viele Freundschaften geknüpft, die dann später oft zur Heirat geführt haben. Auch ich habe meine Frau auf einer solchen Veranstaltung kennen gelernt.

Als in früheren Jahren die Motorisierung noch nicht so fortgeschritten war wie heute, ist man gerne zu Fuß zu den Festen der Nachbardörfer gegangen. Für die Männer konnte es bei diesen Feiern zu gefährlichen Situationen kommen, wenn sie eine Frau aus dem betreffenden Dorf auserkoren hatten und wiederholt mit dieser tanzten; also mit ihr „anbändeln“ wollten. Damit waren die männlichen Dorfbewohner meistens gar nicht einverstanden und der betreffende Auswärtige wurde nicht selten mit den Worten „Wi pert uns Heuner sülbst“ (wörtlich auf hochdeutsch übersetzt: wir treten unsere Hühner selber -) bedroht. Dann war es ratsam, sich mit reichlich Freibier „einzuhänseln“, um den Dorffrieden wieder herzustellen. Aber grundsätzlich war dieser nachbarschaftliche Austausch begrüßenswert, um einer dörflichen Inzucht vorzubeugen...

Heute wird immer wieder von gewalttätigen Auseinandersetzungen berichtet, die für großes Unverständnis sorgen. Oft wird dann gesagt: „So was gab es früher aber nicht." Dem ist aber leider nicht so. „Früher" war es fast selbstverständlich, dass es bei den Tanzveranstaltungen zu Schlägereien gekommen ist. Meistens ging das Gerangel an der Theke zur vorgerückten Stunde los. Eigentlich kannte man seine Pappenheimer! Bestimmte Personen waren dafür berüchtigt, Streit anzuzetteln. Wenn diese bei der Veranstaltung anwesend waren, konnte man nahezu sicher davon ausgehen, dass etwas passieren würde. Fast immer haben diese ihren Ruf dann auch bestätigt. Ende der 60er Jahre sind diese Auseinandersetzungen in unserem Dorf aber abgeflaut, weil die betreffenden Personen nicht mehr zum Tanz gingen oder ihre Ehefrauen sie gezähmt hatten.

Von einer besonderen Begebenheit aus der unmittelbaren Nachkriegszeit weiß ich nur von Erzählungen. Und zwar hängt dieses mit dem Mangel an Alkohol zusammen. Ein Tanzvergnügen ohne Alkohol war kaum vorstellbar und so wurde zu diesen Veranstaltungen der verbotenerweise schwarzgebrannte Schnaps mitgenommen. Der durfte allerdings nicht auf dem Saal verzehrt werden. Also wurden diese Flaschen draußen versteckt. Nun hatte es sich zugetragen, dass beobachtet worden war wie jemand selbstgemachten köstlichen Eierlikör versteckte. Das hatte wohl jemand bemerkt, der wusste, dass gerade eine Kuh gekalbt hatte. Es wurde kurzerhand der Eierlikör abgefüllt und durch frische „Biestmilch" ersetzt. Das ist die erste sehr nahrhafte Milch, die unmittelbar nach dem Kalben gemolken wird. Sie hat eine kräftige gelbe Farbe und kommt der Konsistenz des Eierlikörs sehr nahe. Jedenfalls ist dieser Schabernack voll gelungen und der „Verstecker“ hatte den Tausch in der Dunkelheit nicht bemerkt und entsetzt den kräftigen Schluck aus der Pulle im hohen Bogen wieder ausgespukt. Zu Unrecht, denn diese Biestmilch wäre bestimmt gesünder gewesen als der erwartete Eierlikör. Wer der oder die Übeltäter waren, ist mir nicht bekannt. Es können „Freunde“ gewesen sein, aber auch Heranwachsende, die das Treiben draußen beobachtet hatten. Jedenfalls habe ich diese Geschichte des Öfteren gehört wenn aus dieser Zeit berichtet worden ist. Sie sollte also wahr sein.

Eine andere Begebenheit habe ich aber noch selber beobachten könne. Wenn in der warmen Jahreszeit auf dem Saal gefeiert wurde, waren oft die Fenster weit geöffnet, um frische Luft hereinzulassen. Und in diesen Fenstern lehnten dann die „alten Tanten“ wie wir Kinder diese Frauen nannten. Aber so alt waren sie gar nicht, denn es handelte sich hierbei vorwiegend um Kriegerwitwen, die beim Tanz zuschauen wollten. Für diese Generation gab es einfach keine Männer mehr. Die unverheirateten Männer, die den Krieg überlebt hatten, „bedienten“ sich bei der jüngeren Generation. Frauen gab es ja genug nur eben keine freien älteren Männer. Nur ganz selten haben Kriegerwitwen einen neuen Mann gefunden. Bei diesen „alten Tanten“ gab es natürlich auch Frauen, die aus purer Neugier durch die Fenster schauten. Sie wollten sich „informieren“ wer mit wem getanzt hatte und ob sich hier und da etwas Ernstes anbahnen würde. Dann konnten sie diese Neuigkeiten an Interessierte weitergeben. „Tratschen“ wird das genannt. Im Winter haben aber einige von ihnen auch etwas abseits auf dem Saal gesessen und interessiert das Treiben beobachtet.

Ganz eigene Gesetze hatten die Hochzeitsfeiern.

Zwei Tage vor der Hochzeit wurde zunächst der Polterabend zünftig gefeiert. Das ist zwar heute seltener geworden aber doch noch üblich. Manchmal werden beide Feiern zu einer „Polterhochzeit“ vereint. Meistens wurde die Hochzeit an einem Sonnabend gefeiert. Da das Standesamt an diesem Tag nicht besetzt war, fand die „Standesamtliche Eheschließung“ in der Regel schon am Freitag statt. Auch wenn es in Filmen oft anders dargestellt wird, ist es in Deutschland so, dass vor der kirchlichen „Trauung“ immer die gesetzliche „Eheschließung“ erfolgen muss. Wenn das Paar also vor den Traualter tritt, ist es bereits verheiratet.

An dem Beispiel unserer Hochzeit schildere ich den Ablauf wie dieses Ereignis im Jahre 1973 abgelaufen ist und wie es in dieser Zeit üblich war.

Voranstellen möchte ich aber unsere „Eheanbahnung“, denn diese war der in der heutigen Zeit immer wieder einfordernde Gleichberechtigung schon weit voraus. Es ist vielfach immer noch Tradition, dass der Mann der Auserwählten einen Heiratsantrag macht und bei deren Vater um ihre Hand anhält. Das war bei ans ganz anders. Nachdem wir uns schon zwei Jahre kannten, fragte ich meine Freundin vor ihrem Geburtstag, welchen Geschenkwunsch sie denn hätte. „Du könntest mir ja einen Verlobungsring schenken“ lautete ihre Antwort. Obwohl ich mir damit eigentlich noch etwas Zeit lassen wollte, stimmte ich diesem „Heiratsantrag“ spontan zu. Ihren Eltern haben wir das dann nur noch „formlos“ mitgeteilt. So wurde ihr Geburtstag im Januar auch zu unserem Verlobungstag. Wenn man das Thema Gleichberechtigung konsequent auslegt, hätte sie, wenn ich bei ihren Eltern um ihre Hand angehalten hätte, eigentlich umgekehrt auch bei meinen Eltern um meine Hand anhalten müssen. Jedenfalls verlief unsere „Eheanbahnung“ völlig unkonventionell. Wir waren uns auch schnell einig, dass die Hochzeit, auf ihren Wunsch hin, im „Wonnemonat“ Mai stattfinden sollte. Wir hätten eigentlich auf eine Verlobungsfeier verzichten können. Aber damals war es üblich, dass man zu diesem Ereignis fast vom ganzen Dorf beschenkt wurde. Darauf wollten wir natürlich nicht verzichten. Na, ja! Gefeiert haben wir aber auch ganz gerne.

So auch bei unserm Polterabend, der in der freigeräumten Scheune stattfand. Da „mein“ Musikkorps der Bundeswehr zu Beginn ein Ständchen gespielt hatte und danach die „Brennerbesetzung“, in der ich an diesem Abend auch mitwirkte, mit zünftiger Blasmusik zum Tanzen und Feiern aufgespielt hat, waren über 200 Gäste gekommen, die dieses Spektakel miterleben wollten. Bei vielen Teilnehmern ist dieses Fest in steter Erinnerung geblieben und 32 geleerte Kornflaschen zeugten von einer ausgelassenen Stimmung. Natürlich musste sich auch das Brautpaar „bis in den frühen Morgen“ ausgiebig daran beteiligen. Da der Termin beim Standesamt am folgenden Freitag schon um 10.00 Uhr angesetzt war, sind wir wohl nicht im Vollbesitz der geistigen Kräfte gewesen. Aber die anwesenden Trauzeugen haben gewährleistet, dass alles ordnungsgemäß abgelaufen ist und unsere Eheschließung als rechtswirksam anzusehen ist.

Bei unserer Hochzeitsfeier waren wir aber ausgeschlafen und das Fest begann schon ab 10.00 Uhr mit einem kräftigen Frühstück. Erst danach legten die Damen ihre festliche Garderobe an. Bevor es zur kirchlichen Trauung ging, versammelten sich alle Gäste vor unserem Haus und konnten sich noch frei bewegen. Bis der „Zeremonienmeister“ das Wort ergriff und den ledigen Damen ihren jeweiligen Tischherrn zuteilte. Dieser Akt war manchmal für die Betreffenden richtungsweisend für den Verlauf der weiteren Feier. Sollte dieser Partner nicht ganz den Vorstellungen entsprochen haben, gab es im Laufe des Abends aber noch genug Möglichkeiten, in fremde Reviere vorzustoßen. Im Anschluss daran wurde von allen ein Spalier für das Brautpaar gebildet. Die Herren auf einer Seite und die Damen auf der gegenüberliegenden. Am Ende des Spaliers stand eine Nobelkarosse als Hochzeitskutsche. Unser Gang durch das Spalier wurde musikalisch von der Kapelle begleitet. Als wir dann im Wagen Platz genommen hatten, ging die Fahrt keineswegs ungehindert zur Kirche. Es wurde unterwegs fleißig „Strick gehalten“. In kurzen Abständen musste gestoppt werden, um den Strickhaltern eine kleine Gabe auszuhändigen. Bei den Kindern waren dies Süßigkeiten bei den Erwachsenen meistens eine kleine Flasche Schnaps. Wenn man das Dorf endlich verlassen hatte, stand dem weiteren Verlauf der Feier jedoch nichts mehr im Wege.

Nach der kirchlichen Trauung und dem obligatorischem Fotografieren konnte endlich mit dem köstlichen Festmahl begonnen werden. Während dieser Zeit wurde auch oft eine Hochzeitszeitung vorgelesen in der zu jedem Gast ein kleiner Spruch enthalten war. Außerdem lagen Texte für gemeinsame Lieder auf dem Tisch. Auf die Zeitung haben wir allerdings verzichtet, weil ich kein großer Freund solcher Zeitungen war. Das besondere bei unserem Essen war die einmalige Tischmusik. Es hatten sich nämlich die Musiker meines Vaters und meine Kollegen vom Musikkorps zu einem großen „Salonorchester" vereint, das sogar mit Streichmusik unterhielt. Nachdem wir das Hochzeitsmenü mit der Hauptspeise „Elchbraten" genossen hatten, konnten wir nach der anschließenden Umbaupause zum „gemütlichen Teil" der Veranstaltung übergehen. Als Brautpaar eröffneten wir mit dem „Ehrentanz" den Festball, der nicht nur für uns, sondern für alle Beteiligten wohl unvergessen bleibt, denn auch zum Tanz spielte eine „vereinigte" Kapelle in ungewöhnlich großer Besetzung auf.

Wie bei einer solchen Feier damals üblich, gab es auch bei uns einige Besonderheiten. Eine wäre zum Beispiel der „Kissentanz", der meistens erst zur vorgerückten Stunde durchgeführt wurde. Dies geschah zwar gelegentlich auch bei öffentlichen Vergnügen, den ich aber nur noch bei Familienfeiern erlebt habe. Dazu wurde ein großer Kreis gebildet und innen ging eine Person auf „Beutefang". Dazu wurde ein ganz bestimmtes Musikstück gespielt. Wenn ein „Opfer" gefunden war, wurde ein mitgeführtes Kissen vor diesem auf den Boden gelegt und unter Begleitung einer speziellen Melodie knieten dann beide darauf nieder und umarmten sich. Zusätzlich war aber noch ein „Aufpasser" mit einer Decke im Kreis, der diese über das betreffende Paar ausbreitete. Jetzt begann das große Rätselraten, ob sich das Paar tatsächlich unter der Decke küssen würde. Was ja eigentlich auch der Sinn dieses Spieles sein sollte. Dieser „Deckenmann" der bei uns immer ein zu Späßen aufgelegter Mann war, hat dann manchmal unter die Decke geschaut und daraufhin schelmisch verkündet: „Sind noch nicht fertig“. Das hat natürlich zu allgemeinem Gelächter geführt. Wenn die beiden zwar verheiratet waren, aber nicht miteinander, konnte dieses „Techtelmechtel“ unter der Decke allerdings auch für gewisse Verstimmungen sorgen.

Traditionell wurde, und wird auch heute noch, bei Hochzeiten um Mitternacht der Schleier „vertanzt“. Das ist als ein symbolischer Akt anzusehen, denn dazu wurde die Melodie „wir binden dir den Jungfernkranz“ gespielt und auch gesungen. Für diese Zeremonie musste ein großer Kreis gebildet werden in dessen Mitte das Brautpaar tanzte. Dann wurde der Kreis immer mehr verengt und wenn die Musik plötzlich verstummte, stürzten sich alle auf die Braut, um ein Stück von dem Schleier zu ergattern. Da der Schleier in den Haaren befestigt wird, konnte dieses Gezerre sehr schmerzhaft sein. Deshalb wurde dieser vorher an vielen Stellen eingeschnitten und zusätzlich war es ratsam, dass der Bräutigam seine Hände noch auf den Kopf der Braut legte, um sie so gut wie möglich zu schützen. Wenn alles gesittet verlief, verblieb, wie geplant, nur noch ein kleiner Rest des Schleiers auf dem Kopf der Braut.

Danach ist die Braut symbolisch gesehen keine Braut mehr und es musste eine neue gesucht werden. Dazu wurden nun jeweils von den Frauen und Männern zwei separate Kreise gebildet. Bei den Frauen ging der Bräutigam und analog dazu bei den Männern die Braut in den Kreis. Beide gingen dann mit verbundenen Augen, wieder bei einer bestimmten Musik, die Runde ab und suchten nach einem neuen Paar. Die „Augenbinde“ war in der Regel so angebracht, dass es möglich war, unten etwas hervorschauen zu können. So konnte auch meistens das auserkorene Paar gefunden werden, das schon länger zusammen war und eine Hochzeit nicht ausgeschlossen war. Ich habe es aber auch erlebt, dass von einem der beiden ein „falscher“ Partner erwischt wurde. Das löste dann schallendes Gelächter aus und wurde „unbürokratisch“ korrigiert. Manchmal gab es auch darüber kleine Diskussionen, warum nicht ein anderes Paar ausgesucht worden war, weil dieses doch mit einer Heirat viel eher dran gewesen wäre. Aber es jedem recht zu machen, ist grundsätzlich nicht ganz einfach. Zu echten Verstimmungen hat das natürlich nicht geführt.

Bei unserer Hochzeit wurde nach dieser Zeremonie mit dem alten und neuen Brautpaar noch ein „Ehrentanz“ getanzt und anschließend kamen beide Bräute auf einem Stuhl sitzend auf die Theke und man hat sie im wahrsten Sinne des Wortes hochleben lassen und dazu bekannte Stimmungslieder gesungen. Allerdings gab es bei uns vor diesem Festakt noch ein großes Problem. Die Braut war um Mitternacht einfach nicht aufzufinden! Bei der stimmungsvollen Feier hatte ich nicht nur die Zeit, sondern auch meine Braut aus den Augen verloren. Als mich mein Vater aufgeregt auf den Schleiertanz aufmerksam machte, konnte ich sie jedenfalls nicht finden. Bei meinem Vater machte sich Unruhe breit, da für ihn alles genau nach Vorschrift verlaufen sollte; was nun ja nicht möglich zu sein schien. Wo war also die Braut? Sie war „entführt“ worden! Das musste ich mir nun eingestehen. So etwas war bei Hochzeiten durchaus üblich. Aber wohin war sie entführt worden? Und wie sollte ich sie finden? Zu diesem Zeitpunkt war ja niemand mehr alkoholfrei. Mit meinem Freund aus Bundeswehrzeiten machte ich mich bei starkem Nebel (oder waren wir benebelt?) trotzdem auf den Weg. Schließlich haben wir die Entführer im zehn Kilometer entfernten ehemaligen Aufenthaltsort meiner Braut entdeckt. Bei guter Stimmung saß die Gesellschaft in unserer Stammkneipe und wir wurden jubelnd empfangen. Nachdem ich die „Auslösung“ bezahlt hatte, ging es sofort zur Hochzeitsfeier zurück, wo wir schon sehnsüchtig erwartet wurden. Es soll aber tatsächlich passiert sein, dass die Braut nicht so schnell gefunden worden ist oder diese sogar mit ihren Entführern so ausgiebig gefeiert hatte, dass sie dabei „Zeit und Raum“ vergessen hatten und sich die Hochzeitsgesellschaft darüber so zerstritten hat, dass die Feier schließlich abgebrochen wurde. Ohne Braut auch keine Feier. Aber soweit ist es bei uns natürlich nicht gekommen. Zwar konnte der Schleier nicht zur vorgeschriebenen Zeit „vertanzt“ werden, aber es wurde anschließend trotzdem ausgelassen weitergefeiert.

Als nächstes stand aber bei unserer Feier noch ein weiteres Essen auf dem Programm. Um etwa ein Uhr wurde zum „Kalten Büfett“ verbunden mit einer „Tortenschlacht“ aufgerufen. Obwohl man ja vor wenigen Stunden ausgiebig gespeist hatte, konnte man tatsächlich schon wieder etwas essen.

Danach wurde bis in den frühen Morgen hinein ohne weitere Unterbrechungen gefeiert. Für uns als Brautpaar waren aber die „Verpflichtungen“ noch nicht zu Ende. Als wir schließlich zuhause unser Schlafzimmer betraten, traf uns der Schlag. Überall waren Erbsen verstreut. Noch Jahre später haben wir immer wieder Erbsen entdeckt wenn wir Kleidungsstücke aus dem Schrank nehmen wollten. Dieser Brauch hat allerdings auch manchmal für erhebliche Verstimmungen gesorgt, weil der Schabernack zu weit gegangen war und das Bett oder sogar Möbel auseinandergenommen worden waren. Da hört der Spaß dann doch auf.

Als wir schließlich zu Bett gegangen waren, wurde unten, wir wohnen in der ersten Etage, vor unserem Schlafzimmer noch freudig gesungen und um eine milde Gabe gebeten. Natürlich kannten wir diese Tradition und hatten uns dementsprechend vorbereitet und haben, an einem Strick befestigt, einige Sektflaschen heruntergelassen. Ich weiß nicht wie das geschehen konnte, aber plötzlich stand diese Gesellschaft in unserem Schlafzimmer und wollte den spendierten Sekt mit uns gemeinsam verkosten. Als das dann auch bewältigt worden war, konnten wir endlich zur Nachtruhe übergehen. Aber davon konnte gar keine Rede sein; denn es war ja schon lange hell und außerdem war man noch so aufgewühlt, sodass an einem geruhsamen Schlaf nicht zu denken war.

Eine andere alte Tradition wurde bei uns zum Glück nicht praktiziert; denn das hätte sonst noch zu einer weiteren Verlängerung der Veranstaltung geführt: „Der Tanz um die Linde", die allerdings manchmal auch eine Eiche oder gar eine alte Kastanie war. Ich habe dieses als Musiker in bestimmten Orten erlebt. Dazu mussten nach der Feier noch zwei oder drei Musiker mit einem Teil der Gesellschaft zur „Dorflinde" ziehen und dort noch einige Tänze begleiten. Auch wenn das manchmal etwas lästig war, habe ich dieses aus traditioneller Sicht als schönen Abschluss der Feier empfunden.

Rückblickend muss ich feststellen, dass es schade ist, dass die Tanzveranstaltungen in unserer Zeit immer seltener geworden sind; waren sie doch eine gute Gelegenheit, mit vorher Unbekannten ins Gespräch zu kommen oder neue Freundschaften zu knüpfen. Und das nicht nur beim Tanz, sondern auch während des Aufenthaltes an der Theke oder Sektbar. Im Grunde vereinsamen die Menschen immer mehr und versuchen dann häufig, über das Internet Kontakte zu knüpfen. Was manchmal zum Erfolg führt, aber leider auch oft zur großen Enttäuschung wird.

In dieser Beziehung waren die „guten" alten Zeiten wohl doch besser.

Meine Mutter und ich

bei meiner Taufe

Meine Oma und ich

mit unseren Schafen

Erste Laufversuche

mit meiner Mutter

Meine Cousine mit ihren Omas

Ich sollte nicht dabei sein

Meine Cousine und ich bei einer

wichtigen Sitzung

Die Familie meiner Mutter

(hinten mit weißer Schleife)

Vaters Mutter und Großeltern

Mein Vater auf dem Schoß

Oma und Opa in unserer Stube und beim gemeinsamen Anspannen der Kühe

Meine Großeltern mit ihren drei Söhnen

Der Zweiter von links ist mein Vater

Opa und ich in unserem Bienenzaun

vorne rechts steht die Zinkwanne

1907 - Meine Urgroßeltern mit 3 Kindern

Der Zweite von links ist mein späterer Opa

Meine Mutter und meine Familie

aus Anlass der 100-Jahrfeier

Unser Grundstück Anfang der 60er Jahre im Winter und nach dem Tauwetter

„Mickymaus-Bude". Meine Schwester in der Tür

Mein erster Schultag 1953

Bei der Arbeit im Frühjahr 1964

Erster Urlaub Okt. 1966

Block des Musikkorps

Musikschau mit Flügelhorn

Tanzmusik mit der Trompete und dem E-Bass

Musikschau in Arnheim (NL) 1967

Musikschau in Halifax (CAD) 1990

Gaststätte und Laden um 1900

„Vati Schwenke“ 1953 im Laden

Unsere Kühe beim Hochwasser 1966

Unsere Kinder 1979 auf Schneeberg

Faslam 1936 vor der Dorfgaststätte

„Pfingstkan“ 1947 mit Schulkindern

Vorbereitung für das Schlachten 1983

Ich unterstütze den Schlachter

Kartoffelernte 1936

Kaffee-Pause 1980 (wie 1954 mit den Kindern)

Kartoffeln sortieren in unserer Scheune

Das mühsame Rübenverziehen

1938 Leiterwagen für Getreideernte

Oma, Sohn Heinrich und Erntehilfe

1964 – Roggengarben werden aufgestellt

Eine Ecke wird mit der Sense gemäht

Die Ziegelei um 1950

Das Elternhaus meiner Mutter

Tanzkapelle Burmester

mein Vater mit Akkordeon

Kindertanz

meine Cousine mit Vater

Schleiertanz

mit meiner Braut